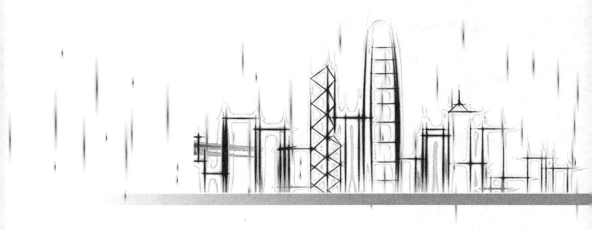

董事会资本、开放式创新模式与企业创新绩效的关系研究

李丽萍　陈启胜 ◎ 著

四川大学出版社
SICHUAN UNIVERSITY PRESS

图书在版编目（CIP）数据

董事会资本、开放式创新模式与企业创新绩效的关系研究 / 李丽萍，陈启胜著. — 成都：四川大学出版社，2023.11

ISBN 978-7-5690-6411-7

Ⅰ. ①董… Ⅱ. ①李… ②陈… Ⅲ. ①董事会－关系－企业创新－企业绩效－研究－中国②企业管理－创新管理－研究－中国 Ⅳ. ①F279.23

中国国家版本馆CIP数据核字（2023）第196511号

书　　名：董事会资本、开放式创新模式与企业创新绩效的关系研究
　　　　　 Dongshihui Ziben、Kaifangshi Chuangxin Moshi yu Qiye Chuangxin Jixiao de Guanxi Yanjiu
著　　者：李丽萍　陈启胜

选题策划：梁　平
责任编辑：梁　平
责任校对：李　梅
装帧设计：裴菊红
责任印制：王　炜

出版发行：四川大学出版社有限责任公司
　　　　　 地址：成都市一环路南一段24号（610065）
　　　　　 电话：（028）85408311（发行部）、85400276（总编室）
　　　　　 电子邮箱：scupress@vip.163.com
　　　　　 网址：https://press.scu.edu.cn
印前制作：四川胜翔数码印务设计有限公司
印刷装订：四川五洲彩印有限责任公司

成品尺寸：170 mm×240 mm
印　　张：14
字　　数：266千字

版　　次：2024年3月 第1版
印　　次：2024年3月 第1次印刷
定　　价：78.00元

扫码获取数字资源

四川大学出版社
微信公众号

前　言

　　创新是企业生存和发展的重要动力。开放式创新模式基于成本低、风险小、创新成果转化速度快等优势，成为当今创新的主流模式。但是在开放式创新活动中，企业决策者（董事会及高管）如何正确决策企业去哪里开放、向谁开放、开放程度如何、如何通过开放式创新网络构建良性的创新生态系统，进而帮助企业实现良好的创新绩效是企业所有者非常关注的问题，也是企业决策者面临的挑战。

　　在众多影响企业创新的因素中，董事会资本对创新产生的影响是无法忽视的。董事会成员不仅会利用教育背景、从业背景、海外背景等人力资本影响企业的创新决策，还会利用社会网络资源等社会资本为企业创新提供创新资源。近年来，关于董事会资本影响企业创新的研究越来越多，但仍存在一些不足。一方面，董事会资本对企业创新影响的研究大多数基于"投入—产出"视角，单纯地研究董事会资本与企业创新绩效的关系。而董事会资本对开放式创新模式的影响目前没有形成系统性、体系化的研究。另一方面，鲜有研究剖析董事会资本对企业创新绩效的影响机理及作用路径，且未将开放式创新模式嵌入该研究框架之内。例如，董事会资本如何影响企业去哪里寻求创新信息、与谁合作创新、是否建立创新网络，进而这些行为如何影响创新绩效等一系列问题至今没有得到系统性的解答。

　　基于董事会资本对企业创新影响的研究不足及重要性，以及开放式创新模式可提升企业创新绩效的背景，本书将"董事会资本→企业创新绩效"的范式完善至"董事会资本→开放式创新模式→企业创新绩效"的范式，以求解析董事会资本、开放式创新模式与企业创新绩效三者的关系。本书首先探讨了董事会资本广度与深度分别对企业开放式创新的开放度、开放对象组织多样性、开放对象国别多样性以及开放式创新网络中心度这四个维度的影响。其次，为了进一步论证董事会资本与企业开放式创新的关系，本书探讨了在高管激励机制以及股权性质影响下，董事会资本对企业开放式创新的影响。最后，在深入研

1

究了董事会资本对企业开放式创新的影响后，本书进一步探究了开放式创新模式在董事会资本与企业创新绩效之间的中介效应，并从开放式创新模式的角度归纳董事会资本作用于企业创新绩效的具体实施路径。

基于以上主要研究内容，本书具体的研究实施思路包括七个方面。第一，本书对关键概念做了界定，对理论基础做了介绍，对文献综述进行归纳并找出现有研究不足，为构建理论框架做铺垫。第二，本书根据资源依赖理论、资源基础理论、高层梯队理论等理论基础以及现有文献，梳理出董事会资本、开放式创新、创新绩效、高管激励机制与股权性质五个方面的关系，构建理论框架。第三，针对全书的研究问题，本书从董事会资本对企业开放式创新的影响、高管股权激励的调节效应、股权性质的调节效应、开放式创新对企业创新绩效的影响、董事会资本对企业创新绩效的影响、开放式创新对董事会资本与企业创新绩效的中介效应这六个方面提出研究假设。第四，本书利用 1999—2019 年间具有专利许可、买卖、合作研发行为的中国上市公司作为研究样本进行实证研究，验证假设是否成立。第五，本书结合研究假设与实证结果，提炼出董事会资本通过影响开放式创新模式，进而影响到创新绩效的作用路径。

通过以上研究工作，本书得出了一些重要的研究结论。①董事会资本广度与深度分别正向影响开放式创新的开放广度、开放对象组织多样性、开放对象国别多样性以及开放式创新网络中心度。②高管持股比例越高，董事会资本广度与深度对开放式创新的四个维度的正向作用就越强。③国有股权性质对董事会资本广度与开放式创新四个维度的正相关关系具有减弱作用。国有股权性质对董事会资本深度与开放广度以及开放式创新网络中心度的正相关关系具有减弱作用。国有股权性质对董事会资本深度与开放对象组织多样性以及国别多样性的正相关关系没有显著影响。④开放式创新的四个维度正向影响企业创新绩效。⑤董事会资本广度与深度正向影响企业创新绩效。⑥开放式创新的四个维度在董事会资本与企业创新绩效关系之间发挥着中介效应，并且本书归纳了六条具体作用路径。

本研究具有一定的创新性。从研究视角来说，以往研究聚焦在"投入—产出"的研究视角上，重在探究董事会资本影响企业创新绩效。本书从"投入—创新模式—产出"的视角论证董事会资本、开放式创新模式与企业创新绩效的关系，为董事会资本与企业创新的研究提供了新的研究视角。从研究内容来说，第一，本书构建了董事会资本影响企业开放式创新的理论体系，将以往董事会资本对企业绩效影响的关注点转移至董事会资本对企业开放式创新模式的影响，丰富了现有的董事会资本对创新影响的相关理论研究。第二，本书提出董事会资本对企业开放式创新的影响会受到公司治理激励机制及股权性质的影响与限制。这一结论丰富了公司治理对企业开放式创新模式影响的理论框架。第三，现有研究鲜有剖析董事会资本对企业创新绩效的影响机理及作用路径，且未将开放式创新模式嵌入该研究框架之内。本研究从开放式创新模式视角探究二者的作用机理，为探究董事会资本对创新绩效影响的作用机理提供了新的研究视角。

本书受成渝地区双城经济圈研究中心项目（CYSC22C004）、四川矿产资源研究中心资助项目（SCKCZY2023－YB006）资助。

目　　录

第一章　概论 …………………………………………………………（1）

  第一节　研究背景 ……………………………………………………（1）

  第二节　研究问题 ……………………………………………………（3）

  第三节　研究意义 ……………………………………………………（5）

  第四节　研究内容与框架 ……………………………………………（7）

  第五节　研究方法与技术路线 ………………………………………（10）

  第六节　研究创新点 …………………………………………………（14）

第二章　概念界定、理论基础与文献综述 …………………………（15）

  第一节　概念界定 ……………………………………………………（15）

  第二节　理论基础 ……………………………………………………（23）

  第三节　文献综述 ……………………………………………………（26）

  第四节　相关研究评述 ………………………………………………（43）

第三章　理论框架与研究假设 ………………………………………（46）

  第一节　董事会资本、开放式创新与企业创新绩效关系的理论框架

    ……………………………………………………………………（46）

  第二节　董事会资本对企业开放式创新影响的研究假设 …………（49）

  第三节　开放式创新对企业创新绩效影响的研究假设 ……………（57）

  第四节　董事会资本对企业创新绩效影响的研究假设 ……………（62）

  第五节　开放式创新对董事会资本与企业创新绩效关系的中介效应

    ……………………………………………………………………（63）

  第六节　本章小结 ……………………………………………………（67）

第四章　样本数据来源、变量定义及模型 …………………………（70）

  第一节　数据来源及样本选择 ………………………………………（70）

  第二节　变量定义与测量 ……………………………………………（82）

第三节　模型建立 …………………………………………………（89）
第四节　本章小结 …………………………………………………（94）

第五章　董事会资本、开放式创新与企业创新绩效关系的实证研究 ……（95）
第一节　描述性统计及相关性分析 ………………………………（95）
第二节　实证结果 …………………………………………………（99）
第三节　稳健性检验 ………………………………………………（138）
第四节　异质性检验 ………………………………………………（160）
第五节　假设检验结果汇总及讨论 ………………………………（176）
第六节　路径分析与机制提炼 ……………………………………（181）
第七节　本章小结 …………………………………………………（183）

第六章　结论、启示与展望 …………………………………………（184）
第一节　研究结论 …………………………………………………（184）
第二节　研究启示 …………………………………………………（187）
第三节　研究展望 …………………………………………………（190）

参考文献 …………………………………………………………………（192）

后　　记 …………………………………………………………………（214）

第一章　概论

第一节　研究背景

　　创新是企业乃至国家生存和发展的重要动力。创新不仅决定公司发展方向、发展规模、发展速度，还能帮助管理者提高管理效率，改变管理模式（Ortqvist，2010；Stuart，2015）。近年来，虽然我国创新实力有所提升，但从中美贸易冲突和科技竞争升级可以看出，我国一些关键核心技术受制于人的局面尚未根本改变。加大创新投入、积极寻求恰当的创新模式、掌握核心科技与提升创新绩效依旧倍受中国企业关注。为此，国家的"十四五"规划和二〇三五年远景目标强调"坚持创新驱动发展，全面塑造发展新优势"的发展目标；并且尤为强调推进产学研深度融合，支持企业搭建创新合作平台，提高信息与资源共享，鼓励大中小企业共享创新①。

　　企业选取合适的创新模式是提高创新绩效的重要途径。在中国，企业通常采用主流的开放式创新模式。相对于封闭式创新模式而言，该模式强调企业应同时将内部和外部的创新资源有机地结合起来，而不应该闭门造车（Chesbrough et al.，2007）。20 世纪 80 年代以前，封闭式创新是主流创新模式。在该模式下，企业的创意来自企业内部，并只依靠企业内部力量进行研发、生产和商业化（Felin et al.，2014）。随着知识与技术的碎片化分布，研发成本的增加，以及产品迭代速度的加快，封闭式创新模式变得不太能适应经济与科技发展的需要，企业创新模式开始由封闭式创新向开放式创新转变。开放式创新基于成本低、风险小、创新成果转化速度快等优势，成为当今创新的

---

① 中共中央：《中共中央关于制定国民经济和社会发展第十四个五年规划和二〇三五年远景目标的建议》，2020 年。

主流模式，并且引导了全球创新思维、创新活动和创新价值转向。为了实现良好的创新绩效，中国大企业采用与高校、科研机构合作，成立创新性平台等多种开放式创新活动路径①，如图 1—1 所示。

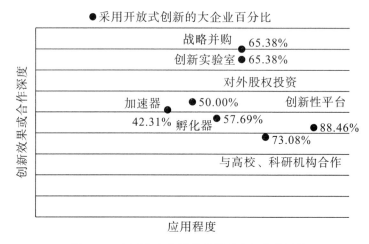

图 1—1　中国大企业开放式创新路径占比图②

在众多影响企业创新的因素中，董事会资本对创新产生的影响是无法忽视的。创新作为企业战略决策的重要组成，会受到董事会规模、CEO 二元性、独立董事占比以及董事会资本等因素的影响。董事会资本作为董事会治理的重要内容，最早由 Hillman 和 Dalziel（2003）提出。他们将董事会成员的自身经历、综合素质以及社会背景等因素归纳为董事会资本，并指出董事会资本不同，即使拥有相似董事会结构与特征的企业，在战略选择中也会呈现出不同的决策态度与行为。董事会成员不仅利用教育背景、从业背景与海外背景等人力资本影响企业的创新决策，还利用自身社会网络资源等社会资本为企业提供创新资源。

近年来，关于董事会资本影响企业创新的研究越来越多。大多数学者认为董事会成员的知识和技能的异质性，即人力资本多样性能够提高公司创新绩效（Erhardt et al.，2003；Kim et al.，2014）。而部分学者对社会资本与企业创新的关系持有不同观点：一部分学者认为董事会成员的社会网络以及行业内的扎根深度能为企业提供创新资源，提高企业创新绩效（王楠，2019）。另一部分

---

① 创业邦研究中心：《2020 年大企业开放创新研究报告》，https://baijiahao. baidu. com/s?id=1669078105451031196&wfr=spider&for=pc。

② 创业邦研究中心：《2020 年大企业开放创新研究报告》，https://baijiahao. baidu. com/s?id=1669078105451031196&wfr=spider&for=pc。

学者提出，过高的董事会社会资本会使董事会与管理层更容易达成高度共识，群体思维压制个体思维，阻碍创新活动（Muttakin et al.，2018）。另外，公司通过连锁董事与其他企业形成的技术创新联盟会增加企业之间的依赖性，而一旦依赖关系破裂，可能会产生冲突、机会主义和产权争夺，也会阻碍公司创新（Dakhli et al.，2004）。

关于董事会资本影响企业创新的研究，本书发现其存在一些不足。一方面，董事会资本对企业创新的研究基本聚焦在董事会资本对企业创新绩效的影响方面（Ariff et al.，2017）。良好的创新模式在提高企业创新绩效方面发挥着事半功倍的效应（翟瑞瑞等，2016）。众多实践以及理论研究表明，开放式创新模式能积极促进企业提高创新绩效（Bae et al.，2012；Greco et al.，2015）。而现有研究较少关注董事会资本对企业开放式创新模式的影响，为此，本书有必要厘清董事会资本与企业开放式创新模式之间的关系，这样才能更好地利用开放式创新模式提高创新绩效。另一方面，鲜有研究剖析董事会资本对企业创新绩效的影响机理及作用路径，且未将开放式创新模式嵌入该研究框架之内。例如，董事会资本如何影响企业去哪里寻求创新信息、与谁合作创新、是否建立创新网络，进而这些行为如何影响创新绩效等一系列问题至今没有得到系统性解答。

第二节　研究问题

基于董事会资本对企业创新影响的研究不足及重要性，以及开放式创新模式可提升企业创新绩效的背景，本书将"董事会资本→企业创新绩效"的范式完善至"董事会资本→开放式创新模式→企业创新绩效"的范式，研究董事会资本如何影响企业开放式创新模式，以及开放式创新对董事会资本与创新绩效关系的中介效应，以求解析董事会资本、开放式创新模式与企业创新绩效三者的关系。为了系统且深入研究董事会资本对企业开放式创新的影响，本书从高管激励机制以及股权性质的调节效应进一步论证董事会资本与开放式创新二者关系及其演变。本书的基本研究逻辑如图1-2所示。

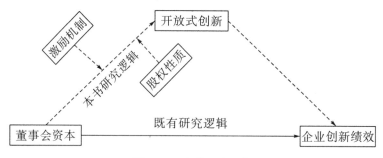

图1-2　本书研究逻辑

综上所述，本书提出的研究问题包括以下六个方面的内容：

第一，董事会资本对企业开放式创新会产生什么影响？董事会是公司常驻的最高决策层，从实践背景出发，董事会成员会参与企业开放式创新决策，解决向谁开放合作、去哪里寻求合作、开放程度如何以及是否要搭建创新网络寻求创新共享等问题。另外，董事会成员会利用自身社会资本为企业提供开放式创新资源。根据高层梯队理论，不同教育及职业背景的董事对相同事情的看法可能会有所差异，不同社会背景的董事会成员提供的创新资源也会有差异（Kim、Rasheed，2014）。为此，本书从董事会资本广度与深度对开放式创新的开放度、开放对象组织多样性、开放对象国别多样性以及开放式创新网络中心度四个方面的影响，系统深入地探讨不同的董事会资本对企业开放式创新的影响有何区别。

第二，高管股权激励机制对董事会资本与企业开放式创新的关系会产生什么影响？董事会一方面需要做好监督工作，防止高管出现严重的委托代理问题而损害股东利益；另一方面需要激励企业高管层，使其自身利益与股东利益趋于一致。企业在实施开放式创新活动中，因开放带来的知识、思维与文化异质性的碰撞，可能触碰到高管层的自身利益，会使高管层产生畏难情绪，影响开放式创新活动的执行（Walsh et al.，2016）。为此，本书欲探究企业通过实施高管股权激励机制是否能增强高管层对开放式创新活动的支持，进而帮助董事会积极有效地释放董事会资本的正向作用。本书通过验证股权激励的调节效应来回答该问题。

第三，股权性质对董事会资本与企业开放式创新的关系会产生什么影响？国有企业的股东是国家及政府，政府对国有企业的董事会以及高管层实行激励措施时，往往以企业短期利润最大化为目标，而不是企业（股东）价值最大化（徐二明等，2011）。由于缺乏长期的激励机制，多数国有企业董事会对企业的创新投入缺乏足够的重视。为了实现职位晋升，国有企业董事会成员更加关注企业的短期利益。在这种背景下，国有企业的董事会资本在开放式创新活动中发挥的作用与非国有企业相比，是否存在差异？本书通过验证股权性质的调节效应来回答该问题。

第四，开放式创新会怎样影响企业创新绩效？现有研究探讨了开放式创新如何影响企业创新绩效这一问题，并得到了一些结论。但是不同的研究样本得到的实证结论有所区别。而且大多数研究主要通过问卷调查的方式获取数据，并从开放式创新的单一维度研究其对创新绩效的影响。本书选取了中国上市公司，利用国家知识产权局数据库中的专利交易信息，同时探究开放式创新四个维度对创新绩效的影响，进一步厘清二者的关系，并为验证开放式创新的中介效应打下基础。

第五，董事会资本会怎样影响企业创新绩效？现有研究有的从人力资本与社会资本角度探讨了董事会资本对企业创新绩效的影响；也有研究将人力资本与社会资本融合在一起，从资本广度与深度的角度探讨二者关系，并得到了一些结论，但是结论并不统一。本书从广度与深度的角度，将董事会资本在传统测量基础上优化后，利用企业年发明专利数量表征企业创新绩效，来讨论董事会资本对企业创新绩效的影响。

第六，开放式创新在董事会资本与企业创新绩效关系之间发挥着中介效应是否成立？在梳理了董事会资本对企业开放式创新影响的理论体系之后，结合开放式创新对企业创新绩效的影响以及董事会资本对企业创新绩效的影响，本书进一步求证开放式创新在董事会资本与企业创新绩效关系之间发挥着中介效应是否成立，同时梳理出董事会资本通过开放式创新作用于创新绩效的具体作用路径。

第三节　研究意义

一、理论意义

本研究的理论意义包含以下几个方面：

第一，研究董事会资本对企业开放式创新的影响，丰富了董事会资本对企业创新行为影响的理论框架。将董事会资本与开放式创新模式相关联，有助于从资源基础观与资源依赖角度解读董事会资本在制定开放式创新决策以及具体实施中发挥的作用。

第二，研究在高管股权激励以及不同股权性质下的董事会资本对企业开放式创新的影响，不仅进一步证实了董事会资本与企业开放式创新之间的关系，而且还将董事会资本对企业开放式创新影响的相关理论拓展至公司治理维度对企业开放式创新的影响。这进一步完善了公司治理对企业创新的理论体系。

第三，针对董事会资本对企业创新的研究，本书从传统的"董事会资本→创新绩效"研究范式拓展至"董事会资本→开放式创新模式→企业创新绩效"研究范式，研究开放式创新对董事会资本与企业创新绩效关系的中介效应，从创新模式视角为探讨董事会资本与企业创新绩效的作用机理与路径提供了新思路。

第四，本书从公司治理角度完善了开放式创新的相关理论。从开放式创新的影响因素角度来看，以往研究主要聚焦在行业属性、知识资源、企业规模、年龄与吸收能力等企业外部因素以及企业基本因素，而较少涉及公司治理因素。本书提供了一种新的视角，完善了影响开放式创新因素的相关研究。

二、实践意义

本书的研究成果对企业开展创新活动以及政府制定创新政策具有一定的实践价值：

第一，本研究可帮助企业意识到提升董事会资本多样性的重要性。董事会人力资本以及社会资本的广度与深度会正向影响企业开放式创新的开放度、开放对象组织多样性、开放对象国别多样性以及开放式创新网络中心度，进而影响企业的创新绩效。企业可以从教育背景、职业背景、海外背景以及兼职背景等多方面提升董事会资本的多样性。

第二，本研究可帮助企业意识到制定合理的高管股权激励机制对充分发挥董事会资本的正向效应具有非常重要的意义。虽然董事会资本的广度与深度会正向影响企业开放式创新活动，但是这种积极作用能否很好地发挥，依赖于高管层的支持与有效执行。

第三，本研究可以帮助政府意识到为国有企业董事会以及高管层制定创新考核与激励制度的重要性。国有企业不仅是国家的经济稳定器，也是国家新科技新技术的领跑者。政府可以对国有企业的董事会与高管层实施量化的创新考核与激励机制，充分调动董事会与高管层重视开放式创新的积极性，落实开放式创新，将董事会资本的积极作用充分发挥。

第四，企业，尤其是中小企业应高度重视开放式创新模式的应用。开放式创新模式可显著提升企业创新绩效。相比于封闭式创新而言，开放式创新具有周期短、见效快与风险小的特点，中小企业可加大开放式创新活动，以获得良好的创新绩效。

第五，本研究能够帮助政府意识到促进中小企业实施开放式创新活动的重要性。

中小型企业是中国企业的主力军，帮助该类企业有效开展开放式创新活动，对于提升企业乃至国家的竞争力有着深远的影响与意义。国家可以制定合理的科技奖励政策，搭建信息共享平台，从根本上调动企业创新的积极性。

第四节　研究内容与框架

针对现有研究不足，本书将现有"董事会资本→企业创新绩效"的研究范式，拓展为"董事会资本→开放式创新模式→企业创新绩效"的研究范式，重点探讨了董事会资本对企业开放式创新的影响、在高管股权激励与股权性质的调节作用下二者关系的进一步验证以及开放式创新在董事会资本与企业创新绩效之间的中介效应。本书首先探讨董事会资本的广度与深度对企业开放式创新的四个维度的影响。这四个维度分别是开放度、开放对象组织多样性、开放对象国别多样性与开放式创新网络中心度。与此同时，围绕董事会资本对开放式创新过程的影响，本书探讨国有股权性质下董事会资本对企业开放式创新的影响以及在高管股权激励作用下的董事会资本对企业开放式创新影响的进一步演化。在深入研究了董事会资本对企业开放式创新的影响后，本研究进一步探究了开放式创新对企业创新绩效的影响、董事会资本对企业创新绩效的影响以及开放式创新在董事会资本与企业创新绩效之间的中介效应。围绕主要的研究内容，各章的具体安排内容如下：

第一章：概论。

本章首先提出本书的研究背景，总结研究现状及不足，提出研究问题。随后阐述本书研究的理论意义与实践意义。在此基础上，理出全书的研究内容与框架，列出全书需要用到的研究方法与技术路线图，提出全书的研究创新点。

第二章：概念界定、理论基础与文献综述。

本章就重要概念进行了阐述与界定，对相关理论做了系统的梳理，并分别阐述了各个理论对本研究的实际作用。与此同时，为了更好地厘清董事会资本与企业创新相关的研究现状，本章做了相应的文献综述。文献综述包含五个部分。第一部分为开放式创新与封闭式创新的比较，用于解释本书选取开放式创新模式的原因。第二部分为公司治理对企业创新绩效的影响，用于厘清公司治理的董事会治理、激励机制、股权结构三大板块对企业创新的影响。第三部分为董事会资本对企业创新绩效的影响。第四部分为开放式创新对企业创新绩效的影响。第五部分为影响企业开放式创新的因素。最后，基于上述文献综述，本书进行相关的研究评述，指出现有研究不足，引出全书的研究内容。

第三章：理论框架与研究假设。

该章首先基于现有的公司治理经典理论基础，对董事会资本和开放式创新的关系进行论述分析。其次在高管激励机制以及股权性质调节作用的影响下进一步论证二者的关系。再次，本书构建了开放式创新对董事会资本与企业创新绩效关系的中介效应的理论框架。最后提出研究假设。本书的研究假设分为四个部分：第一部分为董事会资本对企业开放式创新的影响，其中包含董事会资本的广度与深度对开放式创新四个维度的影响，以及在高管股权激励机制与股权性质的影响下二者的关系。第二部分为开放式创新对企业创新绩效的影响。第三部分为董事会资本对企业创新绩效的影响。第四部分为开放式创新的四个维度对董事会资本与企业创新绩效关系的中介效应。

第四章：样本数据来源、变量定义及模型。

该章分为四个部分。第一，就全书实证研究中用到的数据库进行介绍，对实证数据样本的选择思路及流程进行梳理，并从公司治理相关因素和开放式创新相关因素的角度对样本数据进行特征描述。第二，对实证中用到的变量进行了定义与测量。第三，对实证中用到的模型进行了介绍与剖析。第四部分为本章小结。

第五章：董事会资本、企业开放式创新与企业创新绩效的实证研究。

本章主要由七个小节构成。第一小节对需要纳入实证研究的变量样本进行描述性统计与相关性分析。第二小节汇报实证结果，对实证结果进行分析，论证假设是否得到支持。第三、四小节对实证结果进行稳健性检验与异质性检验。第五小节对假设检验情况进行汇总，并对没有被实证结果支持的假设进行可能的原因分析及讨论，进而在第六小节中基于实证结果提炼出董事会资本、开放式创新与创新绩效三者关系的作用机理及实施路径。最后是本章小结。

第六章：结论、启示与展望。

本章节首先概括研究结论，其次阐述理论贡献与实践指导意义，再次指出本研究的不足之处，最后提出未来研究方向。

总体研究框架如图1-3所示。

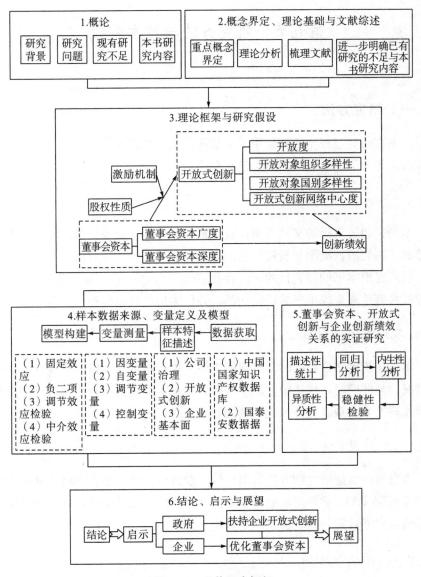

图1-3 总体研究框架

第五节　研究方法与技术路线

一、研究方法

本书在研究过程中主要使用了文献研究法、描述统计法、计量分析法、归纳演绎法等。下面对这几种方法进行介绍。

（一）文献研究法

本研究通过广泛的文献查阅，找出董事会资本、企业开放式创新、企业创新绩效、高管股权激励与股权性质的理论关联性。随后探究现有研究存在的不足，进而提出本书的研究目的、内容及意义。与此同时，本书通过查找文献，阅读经典理论来支撑本书的研究问题，并作为后续理论假设推导的基础。

（二）描述统计法

本书在梳理实证数据时，对数据采用了描述统计法，以展示现有数据的基本情况。与此同时，描述统计结果向读者展示了中国上市公司通过专利交易以及合作研发来实现企业开放式创新的基本情况。

（三）计量分析法

本书通过实证研究的方法对提出的假设进行验证。结合高级计量经济学知识以及 STATA16 软件，根据数据特征建立合适的数学模型，进而通过计算机处理形成实证数据，来验证假设是否成立。

（四）归纳演绎法

归纳法指的是从个别事物中获得具有概括性的规则，从特殊到一般，能体现众多事物的根本规律。演绎法与归纳法相反，是从既有的普遍性结论或者一般性事理推导出个别性结论，由较大范围缩小到所需的特定范围。本书在研究假设的提出以及理论框架的形成部分采用了归纳演绎法对现有理论及文献进行归纳或者演绎，形成新的理论假设。在董事会资本作用于开放式创新进而影响企业创新绩效的路径分析中，本书同样使用了归纳演绎法提炼出作用路径。

二、技术路线

本书主要的研究内容是探索董事会资本对企业开放式创新的影响、高管股权激励机制以及股权性质对董事会资本与企业开放式创新关系的影响，以及开放式创新在董事会资本与企业创新绩效关系之间的中介效应。围绕该研究内容，本研究过程包含五个部分，分别为构建理论框架、提出研究假设、实证检验、作用机理提炼与提出政策建议。围绕该研究思路，本研究对每部分研究的具体内容以及运用的研究方法进行了详细介绍。

（一）构建理论框架

通过文献研究法以及理论分析，本书明确了研究目标。基于研究目标，本书将研究涉及的核心概念如董事会资本、开放式创新与创新绩效等进行了界定，同时对相关理论进行了介绍，并对相关的文献进行了分析与综述，最后构建了董事会资本对企业开放式创新的影响、高管激励机制以及股权性质对其的调节作用，以及开放式创新对董事会资本与企业创新绩效关系的中介效应的理论框架。

（二）提出研究假设

结合理论框架以及文献综述，本书采用归纳演绎法提出研究假设，分别是董事会资本对企业开放式创新的影响、高管股权激励对董事会资本与企业开放式创新关系的调节效应、股权性质对董事会资本与企业开放式创新关系的调节效应、开放式创新对企业创新绩效的影响、董事会资本对企业创新绩效的影响，以及开放式创新在董事会资本与企业创新绩效关系之间发挥的中介效应。

（三）实证检验

本书利用描述性统计法以及计量分析法进行实证研究，在介绍了样本数据来源、变量定义和模型建立后进行实证结果的汇报与分析。

1. 样本数据来源

本研究实证以企业为观测单元，选取中国上市公司中具有专利许可、买卖以及合作研发行为的企业作为研究样本。样本数据包含公司治理、开放式创新、企业基本信息以及创新绩效四部分信息。公司治理数据通过国泰安系列研究数据库获得，开放式创新数据主要通过国家知识产权局数据库、企业官方网站以及第三方信息平台获得，企业创新绩效数据从国家知识产权局数据库获取。除此之外需要获取的企业其他信息，从企业的官方网站、第三方信息平台如天眼查，以及百度搜索获得。

2. 变量定义

本书主要讨论的是董事会资本、开放式创新、高管股权激励、股权性质与创新绩效之间的关系。董事会资本用董事会资本广度与深度两个维度表征。资本广度包括人力资本广度与社会资本广度，是教育背景异质性、职业背景异质性、海外背景异质性以及兼任背景异质性的 Blau 指数的加总。董事会资本深度包括人力资本深度与社会资本深度，是董事会任期的自然对数与连锁董事联结的组织数量的自然对数的加和。

开放式创新包括开放度、开放对象组织多样性、开放对象国别多样性以及开放式创新网络中心度四个维度。其中开放度分为开放广度与开放深度两个维度。开放广度用专利交易合作研发的组织数量的自然对数表征，开放深度用交易数量和合作研发专利数量之和除以专利交易和合作研发的组织数量之和表征。开放对象组织多样性与国别多样性用 Blau 指数表征。开放式创新网络中心度通过中心度的计算公式计算得出。

企业创新绩效用企业观察年的发明专利申请数量表征。高管持股比例用高管持股数与企业总股数的百分比表征，股权性质以国有企业与非国有企业的虚拟变量表征。

3. 模型建立

根据研究内容，本书实证部分主要包含四个板块。在董事会资本对企业开放式创新影响的实证中，本书采用非平衡面板固定效应模型。而对于高管股权激励与股权性质的调节效应的验证，本书采用温忠麟等（2005）提出的调节效应检验模型及检验程序。另外，本研究通过调节效应图进一步验证结果的准确性。关于董事会资本对企业创新绩效的影响以及开放式创新对企业创新绩效影响的实证，本书采用负二项回归模型。对于开放式创新的中介效应，本书采用温忠麟等（2004）提出的中介效应检验模型和检验程序以及 Soble 检验进行验证。在分析工具上，本书采用 Stata、Excel 与 Origin 等软件进行数据处理与分析。

（四）作用机理提炼

本书结合假设及实证结果，对董事会资本、开放式创新、企业创新绩效、高管激励机制与股权性质间的作用机理和实施路径进行了归纳与总结。首先，梳理出具体作用路径，并对不同路径的直接效应、间接效应与总效应进行量化；其次，绘制作用路径图，有助于读者对变量间的关系以及作用程度一目了然。

（五）提出政策建议

基于上述研究结果，本研究从提高董事会资本、加大开放式创新投入与提高企业创新绩效的角度，针对企业和政府分别提出实践建议和政策建议。

技术路线如图1-4所示。

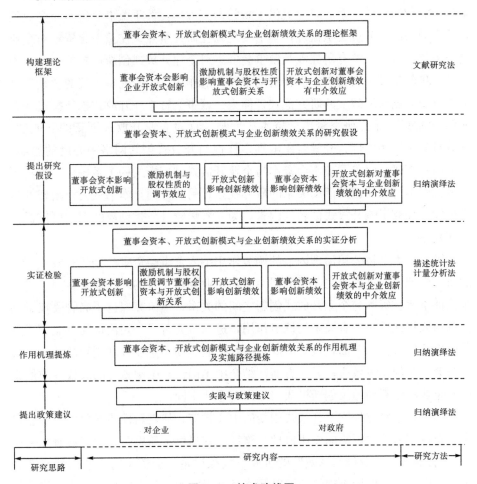

图1-4　技术路线图

第六节　研究创新点

本书重点探讨董事会资本、企业开放式创新、高管股权激励、股权性质与企业创新绩效的关系。在已有研究成果的基础上，本书的创新点主要有三个方面：

第一，本书研究了董事会资本对企业开放式创新模式的影响，为董事会资本与企业创新活动关系的研究提供了新的研究方向。关于董事会资本与企业创新关系的探讨，通过文献梳理，本书发现以往研究重点关注董事会资本对企业创新绩效的影响，鲜有研究涉及董事会资本对企业开放式创新模式的影响。为了进一步剖析董事会资本在创新活动中发挥的作用，本研究将传统的"董事会资本→企业创新绩效"的研究范式延伸为"董事会资本→开放式创新模式→企业创新绩效"，重点研究董事会资本广度与深度对企业开放式创新的开放度、开放对象组织多样性、开放对象国别多样性与开放式创新网络中心度的影响。一方面，本研究完善了董事会资本与企业开放式创新模式的关系研究，丰富了董事会资本与企业创新活动关系的研究视角；另一方面，本书从公司治理的角度出发，探究影响开放式创新的因素，为完善影响开放式创新的因素研究提供了新视角。

第二，本书将公司治理因素的调节作用纳入董事会资本与企业开放式创新的研究框架中，进一步完善了公司治理与企业创新关系的理论框架。为了进一步论证董事会资本与企业开放式创新之间的关系，本研究探讨了高管股权激励机制与股权性质对二者关系的调节作用，进一步完善了公司治理与企业创新关系的理论框架。一方面，良好的高管激励机制有助于企业开展创新活动，放大董事会资本的积极效应；另一方面，结合中国国情，中国特殊的股权性质使得国有企业的创新动力及创新模式与非国有企业不同。

第三，本研究探究了开放式创新的中介效应，从创新模式视角为董事会资本对企业创新绩效影响的作用机理与路径研究提供了新思路。大多数研究采用"董事会资本→企业创新绩效"的研究范式探讨董事会资本与企业创新二者的关系，但是关于作用机理的挖掘以及路径分析的相关研究较少。本研究将既有研究范式拓展为"董事会资本→开放式创新模式→企业创新绩效"的研究范式，分别探讨了开放式创新的开放度、开放对象组织多样性、开放对象国别多样性与开放式创新网络中心度四个方面的中介效应，并分析了具体的作用路径。

第二章　概念界定、理论基础与文献综述

该章就全书提到的重要概念进行了详细的阐述与说明，同时系统梳理了本研究的相关理论，分别阐述了各个理论对本研究的实际作用。同时，为了更好地厘清董事会资本与企业创新相关的研究现状，该章进行了相应的文献综述。文献综述包含五个部分，分别是开放式创新与封闭式创新的比较、公司治理对企业创新绩效的影响、董事会资本对企业创新绩效的影响、开放式创新对企业创新绩效的影响、影响企业开放式创新的因素。最后，基于上述文献综述，本研究进行研究评述，指出研究不足，再次明确本书的研究内容。

第一节　概念界定

一、公司治理

围绕监督和激励两大主题，公司治理是指企业通过合理的组织架构以及治理机制来帮助企业的董事会以及高管层做出科学有效的公司决策，进而保证公司利益相关者的利益（李连华，2005）。公司治理的本质是解决企业因所有权和经营权相分离而产生的委托代理问题。随着经济的高速发展，公司治理的潜在问题正在逐步转化为现实问题。

（一）公司治理的内涵

从狭义角度来讲，公司治理是一种内部治理，是一种来自所有者对经营者的激励与监督机制。公司治理的主要目的是维护股东利益，监督经营者对所有者利益的背离行为。通过该种制度，经营者与所有者之间的权责关系得到了合理配置。目前有关企业内部治理的研究主要围绕董事会成员特征及董事会结

构、股权结构以及高管的激励机制。广义的公司治理是一种外部治理。该种治理是通过正式或者非正式的、内部的或者外部的制度来协调公司与利益关联体的利益关系，维护公司各方面的利益。

从不同视角理解，公司治理体现的侧重点则有所不同。从制度安排角度来解释，公司治理结构是一套制度安排。这种制度安排用以支配投资者、经理层与员工三者的关系。从组织结构角度来解释，公司治理是权力结构安排和公司权力的内部制衡机制。从决策机制角度解释，由于所有权与经营权的分离，现代公司需要关注监督与激励问题，这就需要建立约束机制和激励机制。一些学者对公司治理内涵的解读与定义如表 2-1 所示。

表 2-1 不同学者对公司治理的定义

学者	定义
Morck 和 Shleifer	公司治理是依靠一系列的组织机构和制度安排，通过掌握和运用企业的资源，使所有者与管理者的利益保持一致，从而达到降低代理成本，同时又保证经理层能以股东的利益和公司的利润最大化为目标（Morck 和 Shleifer，1988）。
Fama 和 Jensen	公司治理主要研究公司所有权与经营权分离情况下的代理人问题（Fama 和 Jensen，1983）。
Cochran 和 Wartick	公司治理研究的是董事会、股东、经营管理层和公司其他利益相关者之间相互制衡产生的具体问题（Cochran 和 Wartick，1988）。
李维安等	狭义的公司治理是指企业所有者、监事会、董事会通过股东大会对经营管理者的监督与制衡机制，由此形成公司治理的内部治理结构（李维安等，2004）。
吴敬琏	公司治理是指由董事会、所有者和高级经理人员三者组成的组织结构，上述三者相互制衡（吴敬琏，1996）。

（二）公司治理的主体与客体

公司治理的主体包括债权人、股东、供应商、顾客、雇员、社区、政府等在内的广大公司利益相关者，而股东是最核心的主体。除了股东的利益关系，还会涉及非股东的利益相关体的利益，所以股东应当与其他利益相关体保持密切合作。公司治理的客体是指被实施公司治理的载体。公司治理的本质在于，为了解决委托代理过程中出现的逆向选择和道德问题，公司治理的主体对公司治理的客体实施监督与制衡。在这过程中，公司治理包含两个层面的治理：第一，董事会对经营者的治理，目标在于监督经营者是否做出了科学的运营决策，是否对公司业绩负责，是否存在侵吞公司利益的行为；第二，股东及其他利益相关体对董事会的治理，目标在于监督董事会是否制定了合理的战略决策，股东及其他利益相关者的利益是否得到了保障。公司治理的主体和客体如表 2—2 所示。本研究中的公司治理指狭义角度的公司治理，它是一种来自所有者（主要指股东）对经营者的激励与监督机制，主要用于解决因公司所有权与经营权分离而产生的委托代理问题。

表 2—2 公司治理的主体和客体

公司治理	内容
主体	股东、债权人、雇员、顾客、供应商、政府、社区等广大公司利益相关者（Donaldson et al.，1995）
客体	公司经营者、董事会（Lazonick et al.，2000）

二、董事会资本

（一）董事会资本的内涵

董事会资本由 Hillman 和 Dalziel（2003）首次引入战略管理的研究框架中。董事会资本是指董事能够提供的专业知识、技能、经验等人力资本和内外部关系网等社会资本的总和。董事会资本来源于董事的个人特质，通过董事会治理发挥资源提供职能与监督控制职能，提高企业对外界资源的独立性，从而带来内生性的企业异质性竞争优势，改变竞争地位和财务绩效的资源。

（二）董事会资本的测量

董事会资本的测量经历了从单一到不断完善的过程。最先，董事会资本分为人力资本和社会资本两个测量维度（Hillman et al.，2003）。其中，董事会人力资本是指所有的董事会成员的知识、专业技能、从业经验和能力的总和，而董事会社会资本是指董事会成员人际关系与社会资源的总和。Fischer et al.（2004）从关系边界入手，将董事会社会资本进一步细分为董事会内部社会资本和外部社会资本。他们主张区分内部与外部的边界为公司。内部社会资本是指董事会成员彼此之间，以及董事会成员与公司内部员工之间建立的持久稳定的良性关系为公司带来的资源；而董事会外部社会资本源自董事会成员与公司外部人员及其他利益相关者之间的往来关系为公司带来的资源。

2010 年，Haynes 和 Hillman（2010）提出，董事会成员的行为特征往往既反映了人力资本特征，又体现出社会资本特征，人力资本与社会资本相互依存，两者密不可分，所以董事会资本应从资本深度与资本广度两个维度进行测量。这打破了人力资本与社会资本的界限，将二者融为一体来刻画董事会资本。其中董事会资本广度通过董事会成员教育、职能、职业和社会兼职的异质性表征；董事会资本深度通过董事会成员在本行业嵌入性，以及外部兼任董事在本行业兼任的嵌入性来综合表征。Sauerwald et al.（2013）对董事会社会资本的划分不是以公司为边界，而是将董事会作为划分界限。以时间轴为顺序归纳的一些关于董事会资本内涵与测量的重要文献如表2－3所示。

表2－3 董事会资本内涵与测量文献

代表学者	观点
Hillman 和 Dalziel	董事会资本包括人力资本和社会资本。其中人力资本是指可被董事会利用的董事会成员的专业技术、从业经历和智慧的总和，而社会资本是指董事会成员拥有的社会关系及资源以及由这些关系产生的潜在资源组合（Hillman 和 Dalziel，2003）。
Fischer et al.	以公司为边界，董事会社会资本包含内部资本和外部资本。内部资本是指董事会成员与董事会成员之间，以及董事会成员与公司内部其他人之间的联系为公司带来的资源；外部资本是指董事会成员与公司外部人员之间的关系为公司带来的资源（Fischer et al.，2004）。
Haynes 和 Hillman	董事会资本通过资本广度和资本深度测量，其中董事会资本广度主要考察董事会成员的异质性，而董事会资本深度主要考察董事会成员的行业嵌入性（Haynes 和 Hillman，2010）。
Sauerwald et al.	董事会社会资本划分的关系边界不是公司，而是将董事会作为划分边界。董事会内部社会资本指董事会内部成员之间关系中所蕴含的资源，董事会外部社会资本指董事通过连锁任职形成的外部社会网络获取到的资源（Sauerwald et al.，2013）。

　　基于已有的董事会资本的定义与测量，本书将董事会资本定义为董事会人力资本与董事会社会资本，从广度和深度两个维度进行测量。基于本书主要的研究内容是探讨董事会资本对开放式创新的开放度、开放对象组织多样性、开放对象国别多样性以及开放式创新网络中心度的影响，董事会人力资本主要从董事会成员的教育背景多样性、职能背景多样性以及海外经历多样性进行评估，董事会社会资本主要从董事会成员的本行业嵌入程度以及外部董事在本行业兼任的嵌入度进行评估。本书的董事会资本广度由以下四个维度的总效应构成：董事教育背景的异质性水平、董事职业背景的异质性水平、董事海外背景异质性水平以及董事兼职情况的异质性水平。其中，前三项属于董事会人力资

本范畴，第四项属于董事会社会资本范畴。董事会资本深度由董事会成员在本行业的任职时间以及连锁董事形成的行业内外的连锁董事网络规模表征，前者体现了董事会人力资本，后者体现了董事会社会资本。董事会资本的测量思路与表征指标如图 2-1 所示。

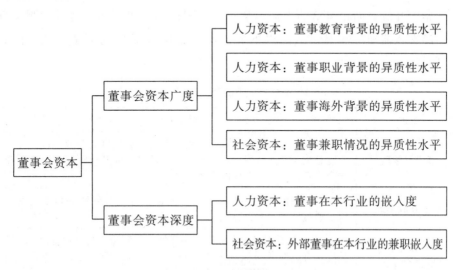

图 2-1 董事会资本的测量思路与表征指标

三、开放式创新

（一）开放式创新的内涵

开放式创新的概念由 Chesbrough（2003）在《开放式创新：从技术中获利的新策略》一书中首次提出。他主张企业应充分利用外部创新资源进行内外部的创新资源整合。虽然公司之间的协作创新协议，如技术联盟、合资企业以及技术许可等在 20 世纪 70 年代和 80 年代就被分析了，但是不得不说开放式创新概念的提出是一个很大的飞跃。首先，开放式创新强调创意是无边界的，有价值的创意可以来源于企业自身也可以源自企业之外，创意可以在企业内外部双向流动（Helfat et al.，2004）。企业应将内外部创意综合利用，用最低成本求得利益最大化。创新的外部来源与内部来源同样重要，这种同等重要性在以前的文献中未被提及。其次，开放式创新为企业创新战略提供了统一框架。外部创新资源在企业吸收能力的调节下会对企业绩效产生不同影响，这为企业制定具有创新性的战略方案提供了有力的支持（Felin et al.，2020）。

本研究对开放式创新的定义采用 Chesbrough（2003）提出的开放式创新

内涵，即企业应积极利用外部创新信息与技术，将内部与外部的创新资源有机结合，并使用内外部路径将新产品推广到市场，以提升企业创新能力。

（二）开放式创新的测量维度

鉴于开放式创新丰富的内涵，学者从不同视角提出了多种有效的测量方法。经文献梳理，本书归纳出以下五种测量维度及对应的测量方法，见表2-4。

表2-4　不同维度下的开放式创新测量方法

维度	测量方法
基于开放度	Laursen et al.（2006）将开放度划分为开放广度与开放深度。开放广度是指与企业开展合作创新的组织数量，而开放深度则是指企业与合作者开展创新合作的紧密程度。
基于开放形式	从企业开展内向型、外向型以及耦合型开放式创新的角度设置题项，通过调查问卷进行主观测量（Lichtenthaler et al.，2010）。
基于开放对象组织多样性	通过 Blau 指数对开放对象组织多样性进行测量。按照利益相关者的角度，开放对象可以划分为用户、供应商、竞争对手、产业外企业、大学/科研机构和技术中介组织等（Duysters et al.，2011）。
基于开放对象国别多样性	通过 Blau 指数对开放对象国别多样性进行测量（Van Beers et al.，2014）。
基于开放式创新网络结构特征	从网络规模、网络开放性、网络密度、中心性等方面进行测量（Harris et al.，2000）。

（1）基于开放度的测量。开放度是衡量企业开放式创新最主要和最常用的变量之一。Laursen et al.（2006）提出了开放度的概念，并从广度和深度进行测量。其中，开放广度是指与企业开展合作创新的组织数量，而开放深度则是指企业与合作者开展创新合作的紧密程度。在此基础上，Jeon et al.（2011）提出用共有专利申请数量与总申请专利数量之比来衡量行业的开放广度，用专利申请人总量与专利总量之比来衡量行业的开放深度。

（2）基于开放形式的测量。开放式创新的开放形式可以分为内向型、外向型和耦合型三种类型。内向型是指企业引进外部有价值的技术成果来扩充企业的创新实力，如专利的买入、受让等（Lyu et al.，2019）。外向型是指企业将非核心技术及知识商业化，如专利卖出以及许可（Chesbrough et al.，2006）。而耦合型是指企业与外部组织实施战略联盟、合作研发与合办企业（Rouyre et al.，2019）。学者针对开放形式开发了一系列的量表，并用问卷调查的方式进行测量。例如，Hung 和 Chou（2013）采用"我们的技术有些是从外部引进的"等六个题项，对内向型创新进行测量；并采用"我们有将自己的技术与知识在市场上出售"等四个题项，对外向型创新进行测量。

（3）基于开放对象组织多样性的测量。根据资源依赖理论，企业倾向与能为自己提供互补资产的组织合作。而这些组织通常会在组织类型、技术能力及战略目标方面呈现出差异性。从产业链上下游的特征出发，开放主体组织类型可以划分为供应商、经销商和制造商（杨皖苏等，2019）；从利益相关者的角度出发，开放主体组织类型可以划分为用户、大学/科研机构、竞争对手、产业外企业、供应商和技术中介组织等（Duysters et al.，2011）；从合作伙伴的组织属性出发，企业开展开放式创新的组织种类可以包括个人、政府及相关机构、医院、协会、高校、科研机构以及企业等（梁靓，2014）。开放对象组织多样性通过 Blau 指数表征。

（4）基于开放对象国别多样性的测量。企业在开展开放式创新活动时，不仅在周边区域挑选合适的合作对象，还会将眼光投向国外，扩大开放式创新活动区域。不同的国家在经济、文化、资源各方面存在差异，而这种差异性正好给公司的创新活动带来活力与互补资源（岳鹄等，2018）。

（5）基于开放式创新网络结构特征的测量。开放式创新网络是指企业与各创新主体建立的长期合作且相对稳定的网络关系总和。开放式创新网络是衡量企业开放式创新活动的重要指标。开放式创新活动越活跃，企业吸引到的合作组织数量就越多，形成的网络规模就越大。开放式创新网络结构特征可以从网络规模、网络开放性、网络密度与中心性等方面测量（彭华涛等，2014）。

企业在开展开放式创新活动时，需要考虑去哪里开放、与谁开放合作、开放程度大还是小以及怎样合理利用开放式创新网络获取创新资源及信息等问题。为了全面、客观地描述与展现企业开放式创新活动，本研究基于开放度、开放对象组织多样性、开放对象国别多样性以及开放式创新网络中心度四个维度测量开放式创新。

四、高管股权激励

高管激励是公司治理非常重要的内容之一。它的核心思想是对高管采用恰当有效的激励方式，激发与保持高管的工作激情，缓解企业因所有权与经营权分离而产生的委托代理问题，使高管从公司长远发展以及维护股东利益的角度出发执行公司事务。高管激励一般从薪酬激励、股权激励与任期激励三个方面展开（孙慧等，2019）。三种激励方式相互补充，实现长期激励与短期激励的结合。在三种激励方式中，股权激励的长期激励作用不容忽视。

委托代理理论认为，在所有权与经营权分离的情况下，所有者与经营者的价值需求存在差异。所有者追求的是公司长远利益，经营者追求的是自身短期利益。二者在追求各自利益最大化时，可能会产生一定的冲突，造成其行为出现背离（程隆云等，2008）。在此情况下，所有者需要加强对经营者的监督活动，防止经营者出现追逐自身利益而损害股东利益的行为。而经营者为了体现他们的经营理念符合股东利益最大化，会通过一定的手段和方式表达，这在一定程度上会增加代理成本。股权激励，即让经营者持有公司股份来缓解上述委托代理问题。股权激励是指通过多种形式使经营者持有公司股票，使公司的长期利益与经营者自身利益保持一致，从而降低委托代理成本，提高经营者的主动性，实现公司绩效提升（Core et al.，1999）。

本研究中的高管股权激励是指为了缓解委托代理问题，企业让高管持有一定的股权，将高管自身利益与企业利益捆绑，从而促使高管从公司长远发展以及维护股东的利益的角度出发执行公司事务。

五、股权性质

股权即股票持有者享有与其所占股份额对应的权益，并承担一定责任的义务。股权结构指在股份公司的总股本中，不同性质的持股者占有的股份份额比例及相互关系（陈小悦等，2001）。在不同标准下，股权结构有着不同的分类。按照股权性质，股权结构被划分为国有股、法人股与流通股等（张玉娟等，2018）；按照股权分布程度，股权结构可以分为股权集中度、机构投资占比与股权制衡度（吴闻潭等，2018）。本书着重研究股权结构中的股权性质在董事会资本作用于企业开放式创新的过程中发挥的调节作用。

股权性质指控股股东的属性，由最大控股股东的性质决定。股权性质总体划分为国有企业和非国有企业。股权性质不同，公司的经营目标会有差异，对高管的考核标准也会不同。相比于强烈追求股东价值最大化，国有企业的经营与管理的首要目标是国有资产的保值和适度增值（吕峻，2019）。相比于国有企业而言，非国有企业规模较小，机制灵活，职业经理人在高管激励机制的影响下，以为股东争取最大经济利益为目标来运营公司（林晚发等，2020）。基于不同的股权性质，企业在开展开放式创新活动方面会体现出战略决策的差异。

六、企业创新绩效

企业创新绩效是指企业创新活动带给企业最直观的创新结果。从广义上讲，创新绩效指的是从创新想法的产生，到研究开发、产品试制、新产品的生产制造，直到产品进入市场的全过程（王国顺等，2011）。从狭义上讲，创新绩效指的是企业在创新体系中投入一定的资源要素后所取得的效果和效率的提高。国内外学者对创新绩效指标的衡量主要包括单一的经济指标和非经济指标以及多种综合评判指标。企业创新绩效可通过研发指标和财务指标反映。研发指标是指企业创新活动具体带来的技术突破与进步程度，例如创造新产品、更新生产工艺、专利授权数量的增加等（陈朝月等，2018）；财务指标是指企业创新活动带来财务绩效优化，包括新产品销售总量收入比、新产品利润率、新产品市场占有率等（马宁等，2000）。本研究采用研发绩效中的企业年发明专利申请数量来衡量企业创新绩效。

第二节 理论基础

一、资源依赖理论

资源依赖理论始于 1940 年，属于组织理论的重要组成部分。资源依赖理论的核心假设是没有组织是自给自足的，组织要想生存就需要从环境中获取互补资源（Hillman et al.，2009）。该理论强调每个企业拥有独特的富有竞争力的资源，且这些资源呈现出差异性与独占性，很难流入市场进行定价交易。企业在不断发展的过程中需要多种资源，而企业很难同时完全拥有这些资源。为了获得这些资源，企业需要与外界环境进行互动，从而形成一定的资源依赖性。

董事会能帮助企业获取外界关键资源，降低战略管理的不确定性。根据资源依赖理论，在多元化战略管理的环境下，董事会的管理职能已经由原先的战略决策行为拓展为战略执行行为。董事会承担的使命也将逐步由监督、制衡经理层过渡到与经理层共同协作，推进战略实施（Zona et al.，2018）。在企业实施开放式创新的过程中，董事会成员不仅发挥战略监督和战略决策的作用，还积极利用自身的社会网络资源帮企业寻找合适的合作伙伴和合作项目。而这些独特的社会网络资源为企业成功实施开放式创新活动奠定了基础。

二、资源基础理论

资源基础理论最早由 Wernerfelt（1984）提出。该理论认为企业拥有的资源具有差异性和不可复制性，而这种差异性和不可复制性正是一家企业竞争力的体现。但并非所有企业资源都具有竞争优势，企业需要有效地配置及整合这些资源，才能充分发挥出竞争优势。Barney（1991）认为企业的资源包括物质资本、人力资本和组织资本。物质资本是指用于企业生产制造的固定资产，如厂房、原材料与机器设备等；人力资本是指企业管理层及员工的智慧、行业经验、决策力、判断力以及社会关系等；组织资本是指企业的组织结构、正式或非正式的控制计划、企业名誉、企业间与企业内的非正式联系等。董事会资本作为企业人力资本与社会资本的重要组成部分，具有不可复制性。不同的董事会资本会为企业带来独特的人力资本与社会资本，为企业发展提供竞争优势。这些竞争优势在企业开放式创新活动中得到体现。例如，在对企业的开放度多大、与谁开放创新、去哪里开放创新以及如何开放创新等问题上，不同董事会资本的企业呈现出不同的看法。

三、高层梯队理论

高层梯队理论由 Hambrick et al.（1984）提出。该理论假设人具有有限理性，高层管理者的教育、职能、职业经历、年龄、性别等人口学特征会对企业的管理决策与战略选择产生影响，进而影响企业绩效。该理论的内涵包含以下三个方面：第一，企业高管多年积累的知识以及技能等认知基础会影响企业的战略决策。第二，高级管理人员的认知以及价值观会受到其教育以及从业经历的影响，而这种影响是可以通过学历以及行业经验等人口学特征量化的；由于个体的认知基础和价值观是慢慢积累所得，所以人口学特征被认为是较合理的测量指标。第三，企业绩效会受到高管战略决策制定与执行的影响。如今，董事会在监督与激励职能的基础上承担了更多的咨询任务，被称为"超级高层管理团队"，所以该理论也适用于董事会的研究。

该理论表明董事会成员的人口学特征会影响公司的战略决策，最终影响企业绩效。董事会成员的年龄、性别、教育程度、职业背景、职能背景、海外经历以及任期等都会影响其认知基础和价值观，进而影响企业开放式创新的战略决策以及过程实施，最终影响企业的创新绩效。

四、社会网络理论

Bartsch et al. (1989) 提出社会网络是个体之间相互连接后产生的一系列社会关系。随着社会网络这一概念的适用范围扩大，人们赋予该概念更广泛的内涵。社会网络已经不仅仅局限于个体通过人际关系构成的网络，还包括家庭、企业等组织单位相互之间的网络。对于企业而言，信息以及资源会沿着网络流动与分享。企业能够从社会网络关系中获得知识、信息等稀缺性资源。不同的企业在社会网络中所处位置存在差异，因此，获得的资源也呈现出异质性。

从社会网络结构来看，社会网络关系中的各个节点都会受到关系网络的影响。节点企业在社会网络关系中所处的位置不同，受到网络的控制力和影响力就不同，进而在公司治理和战略决策方面做出的反应也有所不同。社会关系网络的位置包含网络中心位置和结构洞等（邵云飞等，2009）。中心位置衡量企业在网络中担当中心枢纽的程度。位于中心位置的企业能够链接更多的社会关系，能够更加便捷地获取信息资源，受到其他企业的依赖程度也越强，因此在网络中拥有较高的权威和声望。结构洞与中心位置的关注点不同，中心位置强调个体直接联系，而结构洞更关注企业间的关系模式。企业往往会通过连锁董事形成网络，与此同时也会通过开放式创新寻找合作伙伴形成网络，而这两张网络之间有一定的相关性。企业会通过连锁董事网络影响企业的开放式创新活动。

五、委托代理理论

美国经济学家 Berle et al. (1991) 首次提出委托代理理论，他们认为企业所有者与经营者分开会有利于企业的经营活动。但是委托代理理论的研究框架真正形成是在 20 世纪 60 年代末 70 年代初（Jensen et al.，1976；Ross，1973）。委托代理关系产生的根本原因在于劳动分工的细化与专业壁垒的增强。随着科技进步与经济发展，企业经营交易范围扩大，劳动分工逐渐细化，受时间、精力、知识和能力等方面的限制，资本所有者无法独立经营企业，进而聘用专业的经营者在保证所有者利益的情况下经营企业。但实际上，所有者和经营者的利益与目标存在一定的差异。企业所有者追求企业的长期利益，而经营者看重经营活动带给自身的短期利益。这种差异性导致所有者与经营者在经营理念及风险判断上存在差异。处于信息优势地位的经营者有可能会为了自身利益而做出损害所有者利益的行为，产生委托代理问题。

董事会与高管团队都会参与企业的开放式创新活动。为了保证股东利益的最大化，董事会会从长远角度评估开放式创新活动的必要性和重要性。与此同时，作为具体落实开放式创新活动的高管团队，他们更关注的是在该项活动中自身利益是否受到了侵害或者维护。例如，对于专利或者技术的买卖、许可，通过短时间内的技术或者专利的交易，企业就能从中获益。这不仅为股东带来利益，而且对自己的业绩也有利。在该种情况下，高管团队较为支持开放式创新活动。长期的开放式创新合作虽然会为股东带来较大的长期利益，但是对于高管团队的短期利益来讲有可能会出现负效应，例如前期研发投入的一次性开支过大等。在这种情况下，高管团队不是很欢迎这种开放式创新活动。此时，委托代理问题就会出现。

如何通过有效的激励手段，提高高管团队对风险的接受度，以及对开放式创新的认可度是本书需要考虑的问题。此外，股权性质也是企业在实施开放式创新过程中不可回避的问题。股权性质可以分为国有企业与非国有企业，国有企业的最大股东是国家，相较于非国有企业的董事会而言，国有企业董事会的主要职责在于监督，而非提供咨询与资源输入。国有企业与非国有企业对创新的重视程度不同，股东对董事会与高管的创新考核力度也不同。董事会资本对开放式创新的影响会因为股权性质不同而存在区别。

第三节　文献综述

文献综述分为五个主要部分。首先，该节将开放式创新与封闭式创新进行比较，指出本书研究董事会资本对开放式创新的影响以及开放式创新作为中介效应研究的重要性与普遍性。其次，本节围绕本书的理论框架，介绍了公司治理对企业创新的影响，并进一步聚焦至董事会资本对企业创新绩效的影响。再次，本节整理了开放式创新对企业创新绩效的影响，并综述了影响企业开放式创新的因素。

一、开放式创新与封闭式创新的比较

本节通过比较开放式创新与封闭式创新两种模式，意在阐明开放式创新模式已成为当今社会主流的创新模式。研究董事会资本对开放式创新模式的影响，更具有现实的紧迫性与普遍性。封闭式创新是指企业凭借自身强大的技术研发团队、研发硬件以及技术转化中心创造出领先的技术，并将技术转化为企业利润，从而获得强大的市场竞争优势（Marques，2014）。在封闭式创新模式中，创新活动被严格限制在企业边界之内，由组织内部提供所有的知识和信息。组织内外部之间缺乏知识信息交流。

20世纪80年代以前，企业获取成功最重要的因素是掌握核心科技，打造技术壁垒。这个时代技术外溢传播的手段匮乏且速度缓慢，所以自主研发的技术成果可以得到较好的保护；同时员工流动性低，用户和供应商的专业知识不强，风险投资不发达。在这种环境下，一些大的企业采用封闭式创新模式取得了巨大的胜利。例如IBM以及杜邦凭借其建立的中央实验室一举成为行业的"领头羊"企业。

20世纪80年代后，全球经济格局开始发生较大变化，网络与信息技术高速发展，知识与技术的传播速度加快，技术及产品的迭代周期缩短；创新知识与技术全球碎片化分布，掌握关键技术的员工的流动性加强；二级市场兴起，资本市场活跃，风险投资技术越加成熟。在这种变化下，封闭式创新的短板渐渐显现。封闭式创新使得企业面临着研发风险高、投资大、知识产权不能得到很好保护以及竞争力被不断削弱等问题。基于此，开放式创新应运而生，很多企业开始将创新视野投放到企业外部，着眼于整个市场。围绕这一现象，Chesbrough（2003）正式提出开放式创新研究范式。这一概念强调组织的"无边界化"，即企业与企业之间、企业与科研机构之间的阻碍创新流动边界必须消除。这一界限的打破，给企业带来的创新收益远超过相关成本。不再区分内部创新和外部创新是开放式创新模式的核心理念，外部创意和市场化渠道的作用具有和内部创意以及市场化渠道同样重要的地位。封闭式创新与开放式创新示意图见图2-2。

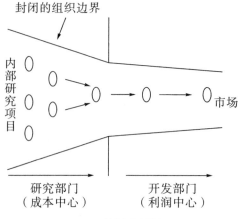

封闭的组织边界

内部研究项目

市场

研究部门
（成本中心）

开发部门
（利润中心）

（a）封闭式创新

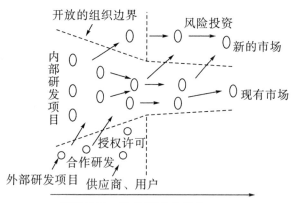

开放的组织边界

风险投资

新的市场

内部研发项目

现有市场

授权许可

合作研发

外部研发项目

供应商、用户

战略目标一致的研发有机体

（b）开放式创新

图 2-2　封闭式创新与开放式创新示意图[①]

　　经过 15 年发展，开放式创新模式逐渐成了创新的主流模式，并受到越来越多的学者重视。在 Web of Science（WoS）核心合集数据库中以"open innovation"为主题词进行精确检索，时间跨度为 2003—2020 年，可得到该研究方向的文献 17954 篇，如图 2-3 所示。研究数量在 2017 年内总体呈快速上升趋势，这也足以证明开放式创新在企业创新活动中的重要性以及学术界对开放式创新的关注程度。

---

　　① 周立群、刘根节：《由封闭式创新向开放式创新的转变》，《经济学家》，2012 年第 6 期，第 54 页。

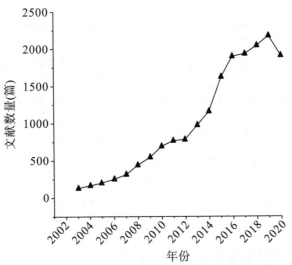

图 2-3 2003—2020 年 "open innovation" 主题在 WoS 核心合集
数据库中的文章数量

IBM 是从封闭式创新向开放式创新转变的成功案例。20 世纪 80 年代以前，IBM 采用封闭式创新模式，利用研发中心深厚的研发实力，一举成为行业翘楚。其销售额以及净利润均处于行业领先地位。IBM 自主研发并掌握了大量专利技术，多次获得国家科学奖励。20 世纪 80 年代以后，随着经济及创新环境的变化，封闭式创新模式已经不适应发展需要，难以为 IBM 带来持续收益。在开放式创新思潮的引领下，IBM 开始向外开放软件专利，开办创新讨论大会，同时寻求商业转型。据《商业周刊》报道，在 2001 年，IBM 取得了惊人业绩，连续 12 个月的营业收入累计达 900 亿美元、利润 282 亿美元，并成功在全球 IT 企业的百强排行榜中位居前列[①]。Chesbrough（2003）最先将开放式创新与封闭式创新做了比较，后来有几位学者不断对此做了修正与完善（Chesbrough 和 Appleyard，2007；Enkel et al.，2010；Gassmann et al.，2010）。封闭式创新原则与开放式创新原则的对比如表 2-5 所示。

表 2-5 封闭式创新原则与开放式创新原则的对比

封闭式创新原则	开放式创新原则
雇佣领域内的优秀人才为本企业工作	优秀人才并非皆为本企业工作，企业需要从外部的优秀人才处获取知识和专业技能

① 郅海杰、赵轩维、王素娟等：《用开放式创新破译 IBM 公司的商业模式》，《科技和产业》，2014 年第 10 期，第 110 页。

封闭式创新原则	开放式创新原则
企业必须独立自主进行研发推广才能获利	企业外部研发同样具有价值，内外部合作研发可以获利
企业作为首个研发者，应该将其推向市场	企业并非要成为原始研究者才能从中获利
第一个将创新商业化的企业将获得胜利	构建一个好的商业模式比第一个将创新商业化对企业更有利
行业中创造最多和最好创意的企业将获得胜利	运用企业内外部创意最佳的企业将获得胜利
企业应控制自己的知识产权，保证竞争对手无法从中获利	知识产权的使用是可购买交换的，只要其使用有利可图

开放式创新理论的发展经历了从概念界定到机理探究，再到实践应用的过程，学者们仍然在积极不断地探索新的研究方向。具体而言，在开放式创新理论建立初期，一些学者通过案例分析的方法对美国一些创新成功的大企业进行跟踪调研专访，来探究企业开放式创新活动的具体形式（Dodgson et al.，2006）。之后，有学者在开放式创新概念界定的基础上将开放式创新与封闭式创新相比较，进一步延伸开放式创新的内涵。例如，Bae et al.（2012）基于韩国 2008 年韩国制造业的创新调查数据，从统计学角度发现，采用开放式创新模式的企业数量多于采用封闭式创新的企业数量。紧接着，开放式创新的类型划分（Lazzarotti et al.，2009）以及测量（Laursen 和 Salter，2006）、影响开放式创新的因素（Garriga et al.，2013）等理论板块也在逐步完善。

一些学者也提出了未来开放式创新理论领域的研究方向。West et al.（2014）认为，未来开放式创新理论的完善可以从更新更好地衡量开放式创新的方法、怎样建立实用的开放式创新模式、开放式创新如何与现有管理经济学更好地融合等维度深入。近几年，"管理者认知"成为企业管理研究的新视角。然而，国内从开放式创新战略制定者及执行者的认知视角对开放式创新的研究，还有很大的提升空间。

二、公司治理对企业创新的影响

本节梳理了公司治理对企业创新影响的文献，发现公司治理对企业创新绩效的影响主要聚焦在董事会治理、股权结构与高管激励对企业创新绩效的影响方面。与此同时，有部分文章聚焦在高管激励机制与股权结构交互作用下董事会治理对企业创新绩效的影响方面。下面我们从董事会治理对企业创新的影响、股权结构特征对企业创新的影响以及高管激励机制对企业创新的影响三个方面进行文献综述。

（一）董事会治理对企业创新的影响

董事会治理包括董事会的制度建设、董事会的结构设置、董事会战略决策能力以及对管理层经营行为的监控能力。董事会结构是董事会治理的基础，它是指董事会内部组成以及各组成部分之间的关系。董事会结构会影响董事之间权利的牵制与平衡，决定董事会成员的效能。董事会结构特征对企业创新影响的研究主要涵盖了董事会规模、董事会独立性、CEO二元性、董事会人口特征与连锁董事网络等方面对企业创新绩效的影响。

就董事会规模影响企业创新而言，部分研究认为公司的独立董事占比较高，同时董事会规模保持在适中规模（9～11人）时，董事会效能较高。高效能的董事会能有效监督与约束企业经营者，有利于R&D投入和企业创新（Sena et al.，2018）。但也有学者认为董事会规模与企业创新绩效呈正相关关系（Shapiro et al.，2015）。随着董事会规模的扩大，董事会成员的多样性也随之增加。董事会能够为技术创新决策提供各种互补性知识，从而提高决策的准确性。同时，有学者认为董事会规模与企业创新绩效呈负相关关系（徐向艺等，2013）。过多的董事成员数量有可能引发决策效率低下或者搭便车效应，不能做出有效的创新决策，同时有可能增加企业的管理成本，降低创新绩效。董事会治理对企业创新影响的相关文献如表2—6所示。

表2—6 董事会治理对企业创新影响的相关文献

内容	影响结果	相关文献
董事会规模	倒"U"型、正相关、负相关	Lu et al.（2017）；（Shapiro et al.，2015）；Sena et al.（2018）；Wincent et al.（2010）
董事会独立性	正相关、无显著影响	Bernile et al.（2018）；Arzubiaga et al.（2018）；Hoskisson et al.（2002）
CEO二元性	正相关、负相关	Abebe and Myint（2018）；Kang et al.（2018）；Salehi et al.（2018）
董事会人口特征	正相关	Ariff et al.（2017）；Galia et al.（2015）；Torchia et al.（2011）；Reguera—Alvarado et al.（2017）
连锁董事网络	正相关	Helmers et al.（2017）；Srinivasan et al.（2018）；Ortqvist（2010）

在董事会独立性对企业创新绩效的影响方面，Bernile et al.（2018）认为

独立董事的占比正向影响企业的创新绩效。独立董事占比较低的企业倾向于企业内部创新，而独立董事占比高的企业倾向于企业外部创新。Arzubiaga et al. （2018）与 Hoskisson et al. （2002）也得出了类似的结论。也有一些学者认为董事会独立性与企业创新没有显著关系。我国学者周杰等（2008）的实证研究表明，董事会独立性以及规模并不直接影响企业研发投入。王永明等（2010）基于中国 2004—2007 年的上市公司数据，研究了独立董事对技术创新投资的影响，结果表明二者没有显著的相关性。

CEO 二元性对企业创新的影响存在很多争议。有些学者认为董事长与 CEO 的两职合一可以提高员工的工作效率以及采用商业模式创新的可能性，进而提高企业创新决策效率（Abebe et al.，2018）。而另外一部分学者则持相反观点。第一，他们认为两职合一会增加既担任法官又担任当事人的决策者的机会主义行为风险（Salehi et al.，2018）。Jermias（2007）的研究证实了这一点。该研究表明，CEO 和董事长职能的二元性结合对创新和公司绩效之间的关系产生了负面影响。第二，董事长与 CEO 的两职分离，作为一种领导制度的安排，则要求 CEO 在创新方面更加谨慎。这种谨慎可能会导致董事长或者 CEO 为了保障自己的利益而选择风险较低的创新决策，阻碍公司创新的长远发展（黄庆华等，2017）。

董事会人口特征与企业创新绩效呈正相关关系（Ariff et al.，2017）。人口特征是指年龄、性别、教育背景、职能背景与关系网络等。Galia et al. （2015）的研究表明，董事会性别的多样性与企业创新成正比关系。Torchia et al. （2011）的研究表明，不同专业领域的董事会成员带来的知识和专长不同，这有助于企业提高头脑风暴的质量，增强创造力，产生更多的战略选择，从而拓宽公司实施创新类型的范围。Reguera-Alvarado et al. （2017b）与 Kirsch （2018）做了类似的研究，也得出了类似的结论。

关于连锁董事网络如何影响企业的创新活动，大多数研究表明二者呈正相关关系。Helmers et al. （2017）以印度上市公司为研究对象，探讨了连锁董事网络与企业专利申请和研发支出的关系。研究发现积极搭建连锁董事网络有助于企业提高公司研发实力，增加专利申请数量。Srinivasan et al. （2018）考虑了公司的董事会连锁中心对企业引入新产品的影响。他们提出，董事会连锁中心提供了获取市场情报的途径，为企业创造了引入新产品的机会。当企业拥有高水平的内部领导、内部营销领导和营销首席执行官时，这种效应更强。Ortqvist（2010）探讨了董事会网络资本对突破式与渐进式网络创新绩效的影响。结果表明，董事会的多样性以及连锁网络会积极影响网络创新绩效。董事会多样性和连锁董事网络影响企业的渐进性创新，而董事会成员的教育水平会影响突破式创新。

（二）股权结构特征对企业创新的影响

股权结构特征从股权集中度、股权制衡度与股权性质等方面进行刻画。股权结构特征影响企业创新的相关文献如表 2-7 所示。大多数学者认为较高的股权集中度能促进企业创新活动（Baysinger et al.，1991）。Snell（1989）认为股权集中度越高，创新决策效率就越高。大股东能通过投票权对企业经营层实施有效监督，促使经营层制定有利于股东利益的创新决策。Sueyoshiabc（2010）与杨勇等（2007）的研究结果均表明股权集中度越高，企业的技术创新能力与投资能力越强。另一种观点认为，股权集中度与企业技术创新二者之间具有倒 "U" 型关系（张宗益等，2003）。Shleifer et al.（1986）认为要想企业实现良好的可持续创新环境，股权集中度应维持在适度合理的范围之内。这样，股东对企业经营者的监督作用才能有效发挥，最大限度地缓解委托代理问题带来的负面效应。徐莉萍等（2006）却持相反意见，认为对于大中型企业以及传统行业的公司而言，股权集中度对企业经营绩效有较大的负面影响。当所有权集中时，为了规避风险，少数股东可能会阻碍创新。Francis et al.（2004）指出当股权集中度较低时，中小股东的收益与监督不成正比，这些中小股东更加愿意选择随大流与搭便车。而这种行为不能对企业的委托代理问题进行很好的监督，阻碍了企业创新。

表 2-7 股权结构特征对企业创新影响的相关文献

内容	影响结果	相关文献
股权集中度	倒 "U" 型、正相关、负相关	Baysinger et al.（1991）；Snell（1989）；Francis et al.（2004）；Sueyoshiabcc（2010）
股权性质	负相关	刘三林等（2000）；冯根福等（2008）；王昌林等（2005）；张业韬等（2009）
股权制衡度	正相关	Xu et al.（2019）；Desheng et al.（2016）；夏萍（2015）

关于股权性质对企业创新的影响，诸多研究表明，与非国有企业相比，国有企业的创新能力不足。冯根福等（2008）发现国有持股比例（包括国有股和国有法人持股）负向影响企业技术创新能力。其主要原因在于国有企业的产权属于国家，利益边界不清晰，加之国家对国有企业经营者的任命机制以及激励

措施存在一定的局限性（刘三林等，2000）。王昌林等（2005）也指出国有企业创新动力不强的根本原因在于国有企业产权制度存在一定的缺陷。徐二明等（2008）的研究结果表明，相比于合作研发，国有企业倾向于自主创新。

股权制衡度是指公司有多个大股东相互制衡，共同控制企业的股权模式。Berle（1932）提出"两权分离理论"，认为企业绩效会因所有权和经营权的分离而有所提升。较高的股权制衡度可防止大股东侵害小股东利益，同时可有效督促企业经营者的经营行为符合公司的长期利益。Xu et al.（2019）选取中国2009—2018年可再生能源企业为研究样本，分析了股权制衡度和高管持股对企业创新效率的影响，发现二者呈正相关关系。朱德胜等（2016）利用2010—2013年的面板数据，分析股权约束和管理层持股对企业创新效率的影响，结果显示股权制衡度和企业研发效率正相关。周红（2013）以2008—2011年上交所与深交所的企业数据为研究样本，发现企业研发水平正向影响企业绩效，而股权制衡度对二者关系具有加强作用。夏萍（2015）的研究进一步验证了上述结论，即企业股权制衡度在企业研发投入与绩效之间具有正向调节作用。

（三）高管激励机制对企业创新的影响

委托代理问题存在于大多数企业中，企业引入合适的激励机制能有效约束高管行为，缓解代理冲突。高管激励机制一般包括薪酬激励、股权激励和任期激励三种激励模式。其中，股权激励对企业创新的影响的研究居多。高管激励机制对企业创新影响的相关文献如表2-8所示。

表2-8　高管激励机制对企业创新影响的相关文献

内容	影响结果	相关文献
股权激励	正相关	Sariol et al.（2017）；Lu et al.（2017）；黄园和陈昆玉（2012）
薪酬激励	正相关	许瑜等（2017）；张子余等（2017）；王新霞等（2016）
任期激励	正相关	张兆国等（2017）；Musteen et al.（2010）；Mousa et al.（2014）

股权激励对企业创新的影响衍生出两种观点。利益一致性效应认为，通过对经营者实施一定的股权激励，将其自身利益与企业长期利益进行捆绑能促进企业创新（Sariol et al.，2017）。Lu et al.（2017）以美国上市公司为研究对象，实证结果表明股权激励能有效缓解股东与经营者的矛盾冲突，使二者对创新风险的态度保持一致，所以股权激励能有效推动企业的技术创新行为。黄园等（2012）利用中国上市公司作为研究样本，发现高管持股可促进企业的专利

授权申请行为。而经营者防御效应认为股权激励不利于企业创新。Fama et al.（1983）研究认为，经营者过高的持股水平不利于企业创新。因为经营者从自身职务安全的角度出发，反而会保守看待企业的创新活动。

我国学者在高管薪酬激励与企业技术创新的关系研究方面也做了部分实证研究，且认为二者呈正相关关系。许瑜等（2017）以2012—2014年A股上市公司为样本，检验高管薪酬激励对企业创新绩效的影响，研究表明高管薪酬激励能有效提升企业创新绩效。张子余等（2017）以沪深上市公司为研究样本，通过对样本公司的生命周期进行划分，研究了董、监、高治理机制与企业技术创新的关系。结果表明，在企业衰退期，企业技术创新会受到薪酬激励与高管持股作用的积极推动；在企业成长期，仅有薪酬激励对企业技术创新有积极作用。

高管任期激励对企业创新有正向促进作用。张兆国等（2017）以中国2011—2015年沪深两市A股上市公司为研究样本，发现技术创新绩效与董事长既有任期呈倒"U"型关系，与预期任期呈正相关关系。Musteen et al.（2010）发现管理者预期任期会正向影响股权激励，同时会加强股权激励与企业创新的正相关关系。Mousa et al.（2014）深入研究了高管任期激励对组织柔性和创新的调节作用，结果显示高管任期激励具有正向的调节作用。

从以上关于董事会治理、高管激励机制与股权结构特征对企业创新影响的文献综述可以看出，公司治理对企业创新的影响主要聚焦于公司治理对创新绩效的影响，且没有一致的结论。另外，公司治理对企业创新影响的文献还不足以系统全面地解读公司治理对企业创新绩效影响的作用机理。现有研究更多的是围绕"因素—结果"的思路来展开，而在其中涉及的作用机制是本研究亟待探索的。

三、董事会资本对企业创新绩效的影响

本小节对董事会资本对企业创新绩效的影响做进一步聚焦。董事会资本最早由Hillman和Dalziel（2003）系统地纳入战略管理的研究范围。他们系统化地将董事会人口特征以及社会特征归纳为董事会人力资本与社会资本，并提出董事会人力资本和社会资本通过资源提供能力和监督控制能力作用于公司战略、竞争行为和绩效方面（Muttakin et al.，2018）。后来，2010年Haynes和Hillman（2010）提出，董事人力资本和社会资本不可分割来看，二者是相互依赖、相互统一的。他们将董事会人力资本与社会资本被重新整合与划分为董事会资本广度和深度，并探讨了董事会资本对战略变革的影响。基于资源依赖

理论，他们认为董事会资本广度导致更多的战略变革，而董事会资本深度导致较少的战略变革。同时，CEO 的权力对这些关系具有调节作用。

现有关于董事会资本对企业创新影响的研究基本上从两个维度展开。一个维度是将董事会资本分为董事会人力资本与社会资本，分别讨论这两种资本对企业创新的影响（Tasheva et al.，2019）。另一个维度是将人力资本与社会资本融合后从资本广度与资本深度的角度来探讨董事会资本对企业创新绩效的影响。相关文献见表 2－9。

表 2－9　董事会资本对企业创新绩效影响的相关文献

测量视角	影响结果	相关文献
人力资本与社会资本	均正相关	刘柏等（2017）；王引晟（2015）；Sauerwald et al.（2016）；Kor 和 Sundaramurthy（2009）；Pérez－Calero et al.（2016）
资本广度与资本深度	广度：正相关 深度：正相关、负相关、倒"U"型	李博（2018）；Bravo et al.（2017）；顾海峰（2020）；马连福等（2014）

从人力资本与社会资本两大视角来讨论董事会资本对企业绩效的影响，大部分研究成果表明二者与企业创新绩效呈正相关关系。刘柏等（2017）讨论了董事会人力资本及其异质性与公司绩效的关系。研究表明，董事会成员教育水平正向影响公司绩效，教育水平多样性加强了二者的正向关系；拥有海外经历的董事会成员的占比越高，公司绩效越好，而海外经历异质性对二者的正向关系具有减弱作用。Sauerwald et al.（2016）发现董事会成员的平均受教育程度和拥有研发销售背景的董事比例越高，董事会异质性越强，越有利于企业绩效的提升。研究进一步发现，董事会中连锁董事的占比和拥有政治关系的董事占比越高，越有利于企业提升绩效。Kor et al.（2009）研究了外部董事的人力资本与社会资本对企业绩效的影响，研究表明，外部人力资本和社会资本在董事会治理中发挥着至关重要的作用。这些资本基础不仅具有个体效应，而且具有交互效应。张维今等（2018）发现董事会人力资本和董事会社会资本对公司创新具有显著影响，其中 CEO 权力具有调节作用。

从资本深度与资本广度两大视角来讨论董事会资本对企业绩效的影响，大部分研究结果表明董事会资本广度对企业创新有促进作用，但是董事会资本深度与企业创新之间，有的研究表明二者呈正相关关系，也有的研究表明二者呈负相关关系，还有研究表明二者呈倒"U"型关系。李博（2018）研究了董事会资本与企业技术创新之间的关系，发现董事会资本广度与企业技术创新水平正相关，而董事会资本深度与企业技术创新水平不存在显著相关。在董事会深度组成要素中，董事会成员在本行业职业的嵌入程度会抑制企业技术创新水平；与之相反，外部董事在本行业兼职的嵌入程度会促进企业技术创新水平。狄鹤（2018）发现董事会资本广度与公司绩效呈正相关关系；对于董事会资本深度而言，外部董事在本行业的嵌入度与公司绩效负相关，董事会成员在本行业的扎根深度与公司绩效之间无显著相关关系。Bravo et al.（2017）的研究表明，董事会资本深度与企业绩效之间呈现倒"U"型关系，董事会资本深度会提升企业创新绩效，但是深度到达一定程度后会因为董事会和高管的相互勾结而阻碍创新发展。

从董事会资本影响企业创新的文献可以看出，现有研究关注董事会资本对创新绩效的影响，但是对二者的作用机理及路径的相关研究比较缺乏。本书将立足于已有研究进一步探究董事会资本对企业创新绩效的影响以及二者之间的作用机理。

四、开放式创新对企业创新绩效的影响

开放式创新可以从很多维度进行刻画与测量。本节将围绕开放式创新相关的因素如开放式创新类型、开放度、开放主体性质异质性、开放式创新网络等对创新绩效的影响进行文献梳理与内容综述，相关汇总文献如表 2—10 所示。其中研究最多的是开放式创新类型与开放度对创新绩效的影响，这也是研究最早的两个板块。研究结果表明，开放类型对创新绩效有正向影响；开放度与创新绩效之间既有倒"U"型关系，又有正向影响的关系。而开放主体异质性以及开放式创新网络的研究使人们将关注开放主体的眼光转移到了开放生态系统中的合作者身上。大多数研究表明，开放主体性质异质性、开放式创新网络对创新绩效有正向的促进作用。下面我们将分别梳理开放式创新类型、开放度、开放对象组织多样性、开放对象地域多样性以及开放式创新网络对企业创新绩效影响的相关已有研究。通过从开放式创新多个维度总结二者之间的关系，有助于本研究全面地了解开放式创新不同维度对创新绩效发挥的不同作用，进而为本书进一步的研究奠定扎实的文献基础。

表 2-10　开放式创新影响企业创新绩效的相关文献

维度	影响结果	测量方法
开放式创新类型	正向	Wang et al.（2012b）；Carlsson et al.（2011a）；周章庆（2019）
开放度	倒"U"型正向	Laursen et al.（2006）；陈钰芬等（2008）；马文甲等（2016）；高霞（2019）；D'Ambrosio et al.（2017）；Ahn et al.（2016）
开放对象组织多样性	正向	Popadic et al.（2016）；Van Beers et al.（2014）；Choi et al.（2018）
开放对象地域多样性	正向	Huang et al.（2018a）；Juniati et al.（2019）；Zhang et al.（2018a）；Jiang et al.（2020）
开放式创新网络	正向	Muller et al.（2019）；Pan et al.（2019）；Muller et al.（2019）；Tsai（2001）

（一）开放式创新类型对企业创新绩效的影响

按照开放式创新类型进行划分，开放式创新包括内向型、外向型和耦合型创新。研究表明这三种开放式创新类型都会影响企业创新绩效（Mazzola et al.，2012）。企业在实施内向型开放式创新活动时，技术由外部组织流入企业内，企业可将有市场潜力的技术内化至企业，提升创新绩效。在开展外向型开放式创新活动时，企业可通过许可或转让等方式将内部技术输送给创新网络中的其他利益组织，获得直接经济回报。企业在输出技术的同时，为了使技术能够更好地满足外部组织需求，优化技术的动力被不断激发，进而对提升企业创新绩效产生正向影响。在开展耦合型创新活动时，企业与其他组织频繁地进行技术交流、资源共享，并逐步增强创新网络关系，提升绩效。

Wang et al.（2012）针对中国高科技行业的企业，研究了不同开放式创新模式与企业创新绩效的关系。结果表明，技术许可、与国外合作伙伴实行战略联盟、与高校/研究机构实施合作创新以及与当地的产业群实施合作创新等创新模式均对企业的创新绩效产生正向影响。Carlsson et al.（2011）的研究表明内向型开放式创新能促进企业创新绩效的提升。Wang et al.（2020）运用层次多元回归和调节多元回归方法，对 236 家中国企业进行了调查，结果表明合作创新、知识共享能显著促进企业创新绩效的提升。

（二）开放度对企业创新绩效的影响

开放度用于测量企业开展外部合作的程度，是开放式创新理论的核心组成，最先由 Ahuja（2000）提出。部分学者认为开放度与创新绩效间呈倒"U"型关系。Laursen et al.（2006）的研究最具突破性。他们以制造业企业为研究对象，实证结果表明企业的开放度与创新绩效呈倒"U"型关系。他们认为对外部资源或搜索渠道更加开放的公司更有可能获得更多想法和技术机会，从而取得更高的创新绩效。但创新搜索并不是无限制的，创新搜索会耗费大量时间、精力和金钱。一旦创新搜索超过临界点，广度和深度的开放性反而会抑制创新绩效的提升。国内学者陈钰芬和陈劲（2008）利用中国企业的数据发现，科技驱动型企业的开放度和创新绩效呈倒"U"型关系，而经验驱动型企业的开放度和创新绩效呈正相关关系。马艳艳等（2014）的研究表明企业研发合作广度与创新绩效呈倒"U"型关系，而研发合作深度与创新绩效呈"U"型关系。马文甲等（2016）则探讨了动态能力影响下的开放度对企业创新绩效的影响，结果发现开放广度正向影响企业创新绩效，而开放深度与企业创新绩效间呈倒"U"型关系，其中动态能力在二者的关系中起调节作用。

也有部分学者认为开放度正向影响企业的创新绩效，倒"U"型关系只是理论状态。在生产实践中开放度很难超越所谓的"最佳开放点"达到负效应。D'Ambrosio et al.（2017）探讨了技术搜寻策略与企业创新绩效的关系，研究表明搜寻深度与广度均会正向影响企业的创新绩效。Aloini et al.（2017）在探讨知识产权保护机制、开放式创新与企业创新绩效之间的关系时，指出开放式创新会提升企业创新绩效。Ahn et al.（2016）提出开放式创新可以是一种制胜战略，提高公司创新业绩。Wang et al.（2014）也提出开放度与创新绩效正相关。

（三）开放对象组织多样性对企业创新绩效的影响

开放式创新对象的组织类别包括个人、企业、高校、科研机构、政府以及医院等。企业包括供应商、竞争对手、战略同盟成员等。创新企业需要组织间的创新交流与创新合作。开放式创新合作伙伴的组织差异性对创新绩效产生正向影响。Popadic et al.（2016）的研究表明开放式创新合作伙伴的组织差异性对创新绩效产生正向影响。创新交流和创新合作的范畴以及目的不同，企业选择的合作伙伴性质有所不同。企业会从不同的知识来源获取更多学科、互补的知识。例如，基础研究创新需要与大学等公共科学机构合作，生产工艺创新需要与供应商合作。

（四）开放对象地域多样性对企业创新绩效的影响

国外合作伙伴会为企业提供国内合作伙伴可能无法提供的新机会。第一，与国内市场的合作伙伴相比，国外合作伙伴嵌入不同的国家创新体系中，能够获得特定国家的资源。第二，合作伙伴的地域多样性会使企业产品更具有国际化效应，企业会充分迎合多国客户的差异化需求来改进产品，增加创新绩效。第三，国际合作伙伴会增加企业接触高技术领域宝贵知识的可能性。而这些可能性会使公司获得更广泛的技术知识、市场信息和互补性技能。

开放式创新合作伙伴的地域多样性对创新绩效产生正向影响。Zhang 和 Tang（2018）基于新兴纳米生物制药领域的专利数据，实证分析了合作伙伴的多样性对企业创新绩效的影响。结果表明，通过提高技术多样化，合作伙伴地域多样性对组织创新绩效有正向影响。Jiang et al.（2020）从功能多样性和地理多样性两个维度探讨合作伙伴多样性对渐进式创新的影响，结果表明地理多样性能促进企业开展渐进式创新。Mladenka et al.（2016）研究了在企业实施渐进性创新和突破性创新过程中，合作伙伴地域多样性对企业创新绩效影响的调节作用。研究结果表明合作伙伴地域多样性起到正向的调节作用。

（五）开放式创新网络对企业创新绩效的影响

研究表明创新网络的形成会正向影响企业创新绩效。较大的网络规模会为企业带来较多的外部合作主体。企业利用外部合作主体释放的信息与技术资源，进一步明确创新的方向，提升创新绩效。Pan et al.（2019）研究了网络位置的中心性和网络关系强弱对高新技术集群企业创新绩效的影响，结果表明二者正相关。Egbetokun（2015）发现企业创新绩效与开放式创新网络组合规模呈正相关关系。Tsai（2001）以一家食品生产企业的 36 个营业单位为研究对象，结果表明吸收能力与网络位置之间存在显著的正向交互作用，并且交互项对业务单位的创新绩效具有正向促进作用。彭华涛等（2014）认为，如果企业的联结强度、网络密度及网络中心性不同，则其所传递的知识信息特征会有所差别，进而创新绩效将产生显著差异。

五、影响企业开放式创新的因素

开放式创新内涵丰富，企业的各个环节均涉及开放式创新，另外企业开放式创新存在情境依赖性，内部环境和外部环境的变化均会影响企业的开放式创新（Lichtenthaler 和 Ernst，2009）。在内部环境中，企业的静态特征如企业规模、企业年龄等，以及动态特征如互补资产、吸收能力和研发能力等均会影响企业开放式创新的决策与实施。在外部环境中，行业属性、市场因素和知识专属性等也会影响开放式创新及其绩效。除此之外，公司治理因素不容忽视，如高管团队的规模、教育背景、年龄、工作经验、性别、开放度、董事会结构等因素会对企业的开放式创新产生影响。在众多的影响因素中，本书重点梳理外部环境因素中的行业属性、内部环境中的企业规模、企业互补资产、吸收能力对企业开放式创新的影响。

（一）行业属性对企业开放式创新的影响

开放式创新这一概念最早在信息技术等高新技术行业的研究中被提出，但开放式创新的现象绝非仅仅局限在信息技术行业。企业的开放度往往与行业的全球化、技术强度、技术联合、新商业模式以及知识优势水平相关，且二者呈正相关关系（Gotel et al.，2010）。Enkel et al.（2010）研究发现，变化速度快、更新周期短的行业，如电子、电气、IT 以及其他高科技行业更乐意开放。Sandulli et al.（2012）也认为技术密集型行业开放度会更大。Henkel（2006）却发现传统行业也存在开放式创新现象，且有些行业的创新开放度大于高技术行业。

虽然学术界对于行业属性与企业开放度之间的关系存在争论，但是在开放式创新类型的选择方面，学者们有较为一致的看法：低技术行业为了获得先进的知识与技术，倾向于采用内向型开放式创新（Spithoven et al.，2010）；高技术行业更愿意采用外向型开放式创新输出快速迭代的技术并从中获得收益（Edamura et al.，2014）。但是，当企业内部研发无法满足企业技术需求时，高技术行业也会采用内向型开放式创新。

（二）企业规模对企业开放式创新的影响

企业规模不同，企业的创新开放度以及开放类型不同。研究普遍认为中小企业的开放式创新意愿更强。企业通过开放式创新可从外界获取自身相对缺乏的资源、信息及技术（Janeiro et al.，2013）。Henkel（2006）研究了 Linux 公司的开放源代码，发现开放代码多的往往是小企业。对于大企业而言，开放度没有统一定论。Jugend et al.（2018）认为公司规模越大，创新开放度越高。而 Gambardella et al.（2007）却认为大企业的开放意愿较小，因为其在技术、资金和人力资源方面相对充裕。Christensen et al.（2005）认为大企业的开放度与技术生命周期有关，二者呈现倒"U"型关系。在技术生命周期的中早期，企业会保持较高的开放度；随着技术逐渐成熟，开放度会逐渐减小。

在开放式创新类型选择方面，Enkel et al.（2010）研究发现大公司倾向于采用外向型开放式创新。大企业往往是品牌建立者，也是行业标准制定者，通过外向型开放式创新向市场出售非核心技术可有效树立行业形象与权威，同时获得技术经济收益。但是大企业也会采用内向型开放式创新从外部获得互补性的信息技术，加快研发速度。Torkkeli et al.（2009）的实证研究表明小企业采用相对保守的开放式创新模式，它们更多就某一创新环节与外界进行外向型开放式创新合作。

（三）企业互补资产对企业开放式创新的影响

相对于企业知识资产而言，互补资产是指对核心技术起支持作用，而又必不可少的资产，如制造、营销和服务等方面的资产。其中专有互补资产来源于干中学以及工作实践中的相互学习与交流过程，所以专有互补资产存在一定的路径依赖性，难以被他人模仿。研究表明互补资产会影响企业创新的过程与结果。陈劲等（2012）认为互补资产是创新成果成功商业化必不可少的部分。另外，研究表明企业互补资产的需求程度与对外开放的意愿呈正相关关系；与之对应的，互补资产较多的企业倾向于提高开放度，增加互补资产的利用率，提高创新效率。Zhou et al.（2018）在研究开放式创新如何影响企业创新绩效时，认为企业的互补资源可以促进新产品的开放式创新和技术进步。

（四）吸收能力对企业开放式创新的影响

吸收能力是指企业从外部获取信息及资源后，通过学习、消化及吸收等方式，将外部资源转化为自身竞争力的能力。吸收能力会影响企业的创新水平，吸收能力强的企业更倾向于开放式创新。因为开放式创新需要消耗企业一定的精力和时间去搭建创新共享平台，规范开放式创新的操作路径等，这就需要企业充分整合内部和外部资源。而强大的吸收能力可以帮助企业提高信息处理效率，增强企业对创新共享平台的信息和资源的利用。所以吸收能力强的企业往往倾向于对外开放，实施合作创新。

Torkkeli（2009）实证研究发现，成立年限长的企业倾向于开发和利用外部知识，企业实施开放式创新的程度也更高。Spithoven et al.（2010）强调企业具备一定的吸收能力是企业实施开放式创新的前提。如何提升吸收能力以及选择适合的合作伙伴，在开放式创新活动中显得尤为重要。Naqshbandi et al.（2018）利用分层多元回归模型对服务业进行了吸收能力、组织学习文化与开放式创新三者关系的探究，研究结果表明吸收能力正向调节组织学习文化与开放式创新之间的正向关系。Flor et al.（2018）将吸收能力细分为潜在吸收能力和已实现的吸收能力。对于外部搜索广度和深度与突破式创新之间的关系而言，潜在吸收能力具有正向调节作用；同时，已实现的吸收能力对外部搜索广度对突破式创新的影响具有正向调节作用。以上相关文献梳理见表2-11。

表2-11 影响企业开放式创新的因素的相关文献

维度	测量方法
行业属性	Gotel et al.（2010）；Enkel et al.（2010）；Sandulli et al.（2012）；Lichtenthaler et al.（2009）
企业规模	Christensen et al.（2005）；Gambardella et al.（2007）；Enkel et al.（2010）
企业互补资产	陈劲和吴波（2012）；Torkkeli et al.（2009）；Zhou et al.（2018）
吸收能力	Torkkeli（2009）；Flor et al.（2017）；Naqshbandi et al.（2018）

第四节 相关研究评述

通过开放式创新与封闭式创新的比较综述，本研究明确了开放式创新模式对创新贡献的重要性，这为本研究从创新模式中选取开放式创新作为研究对象奠定了基础。通过总结影响开放式创新的因素，本研究意识到关于公司治理对企业开放式创新的影响的研究还不够体系化、深入化，还存在很大的提升空间。围绕公司治理、董事会资本、开放式创新以及创新绩效这几大板块的研究内容，本研究发现现有文献在公司治理对企业创新绩效的影响方面、董事会资本对企业创新绩效的影响方面以及开放式创新对企业创新绩效的影响方面开展了不少研究，并且取得了诸多具有创见性的成果。这为本研究探究董事会资本、企业开放式创新与创新绩效三者关系以及公司治理的其他因素对这三者关系的影响探究奠定了良好的基础。但总体来看，现有研究仍存在一定的不足。

第一，从董事会资本广度与资本深度的角度研究董事会资本对企业创新绩效的影响，还没有形成完善的理论框架，缺少对二者关系的机理探究。董事会资本对企业创新绩效影响的相关研究颇多，但是大多数研究基于董事会人力资本和董事会社会资本两大视角分别探究董事会资本对企业创新绩效的影响；而采用董事会资本广度与董事会资本深度综合探讨董事会资本对企业创新绩效的影响的研究还不够丰富，并且研究结果不一致。所以今后的研究有必要进一步深入及系统地厘清董事会资本与创新绩效二者关系的作用机理。

第二，董事会资本与企业创新的研究基本上采用"投入—产出"的研究范式来探究董事会资本与创新绩效二者之间的关系，而较少关注董事会资本对开放式创新模式的影响。开放式创新模式作为企业创新战略的重要组成部分，对提升企业绩效有深远的意义，因此受到企业管理层的高度重视。根据高层梯队理论，不同的董事会成员为企业提供不同的开放式创新战略决策。另外，不同董事会成员的社会资本，如独立董事以及连锁董事可能会为企业提供不同的社会资源，来协助企业实行开放式创新，但是该方面的理论研究却鲜有涉及。

第三，公司治理因素对董事会资本与企业开放式创新关系的影响鲜有研究。本研究认为董事会资本会影响企业的开放式创新活动，但是这种影响不是独立存在的，往往会受到公司治理其他因素的影响。现有的研究较多关注公司治理对企业创新绩效的直接作用，而对其发挥的董事会资本与创新模式关系调节作用的相关研究涉及甚少。

第四，探讨董事会资本作用于企业创新绩效机理的研究鲜有涉及，从开放式创新模式的视角研究董事会资本与创新的研究还不多见。从前文描述可知董事会资本会影响企业开放式创新，而已有研究表明开放式创新会影响企业的创新绩效。鉴于此，本研究从开放式创新模式中介效应的视角研究董事会资本作用于企业创新绩效的机理。

第五，企业开放式创新活动会受到企业基本面以及外界环境的影响，但是公司治理对开放式创新影响的相关研究不多见。现有研究大部分从企业的外部环境（如行业属性、市场因素和知识专属性等）和内部环境（如企业规模、企业年龄、互补资产、吸收能力和研发能力等）出发，研究这些因素对企业开放式创新的影响。而从公司治理层面探究开放式创新的影响因素的研究尚需补充。

上述不足也构成了本研究拟解决的一些关键性科学问题。第一，董事会资本对企业开放式创新的影响。开放式创新是一项复杂的创新战略，具有参与主体多、合作者情况复杂等特点。所以本研究力求对开放式创新传统的测量方法进行补充和完善。通过多视角多维度解析企业的开放式创新活动，以求更加全面地刻画开放式创新，进而明确董事会资本对开放式创新的影响，以及开放式创新对创新绩效的影响。第二，公司治理因素对董事会资本与企业开放式创新关系的调节作用的探讨。监督与激励机制是公司治理永恒的主题。激励机制可使高管层自身利益与股东利益趋于一致，从而减少开放式创新的阻碍。国有企业与非国有企业对待开放式创新的态度有所不同。本研究在进一步验证董事会资本与开放式创新二者关系的同时，探究高管股权激励机制以及股权性质对二者关系的影响。第三，开放式创新对董事会资本与企业创新绩效关系的中介效应的探讨。在明确了董事会资本对企业开放式创新的影响后，本研究结合开放式创新对创新绩效的影响，进一步从开放式创新中介效应的视角研究董事会资本与企业创新绩效二者的关系，明确作用路径，并提出切实有效的实践指导建议。现有相关研究与本研究的内容如图 2-4 所示。其中，虚线方框内的内容为重点研究内容。

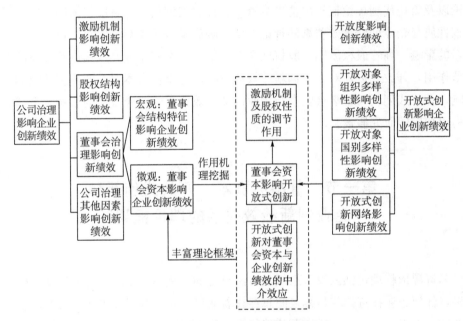

图 2-4 现有相关研究与本研究的内容

第三章 理论框架与研究假设

本章首先围绕资源依赖理论、资源基础理论、高层梯队理论、社会网络理论以及委托代理理论梳理出董事会资本、开放式创新、高管股权激励机制、股权性质与企业创新绩效关系的理论框架；随后围绕董事会资本对企业开放式创新的影响，高管股权激励、股权性质对董事会资本与企业开放式创新关系的调节作用，开放式创新对企业创新绩效的影响，董事会资本对企业创新绩效的影响，开放式创新对董事会资本与企业创新绩效关系的中介效应的影响五个部分提出相应的研究假设。

第一节 董事会资本、开放式创新与
企业创新绩效关系的理论框架

资源依赖理论强调没有组织是自给自足的。相对于不断提升的发展目标来讲，任何企业在资源与目标之间总存在着战略差距。为了获得所需资源，企业会同其他组织互动，形成资源依赖行为。20 世纪 80 年代后，封闭式创新已经无法满足知识碎片化、信息扩散加剧以及产品迭代速度加快的需要。企业选择实施开放式创新，同外界其他具有知识、技术与资金互补的企业互动，共同完成创新。

董事会资本会影响企业开放式创新的决策与实施。一方面，在制定战略方向时，根据高层梯队理论，战略决策者会根据自身的价值判断和认知基础对项目作出反应。而这些价值判断和认知基础是从以往的教育及从业经历中获得的（Carpenter 和 Westphal，2001）。这些教育及从业经历是董事会人力资本的重要组成部分。所以董事会人力资本会输送知识经验，影响开放式创新的战略决策。另一方面，随着企业间竞争加剧，董事会在战略管理中的任务由战略决策拓展至兼顾战略执行，帮助经理层推进战略实施（Zona et al.，2018）。企业实施开放式创新活动时，根据资源依赖理论，董事会需要积极利用自身的社会网络资源帮企业寻找合适的合作伙伴和合作项目，推动开放式创新。所以说董事会社会资本会影响开放式创新资源的输送。

不同的董事会资本，在开放式创新决策以及开放式创新资源的提供方面会产生差异，而这些不同点塑造了企业不可复制的竞争优势（Popli et al.，2017）。例如，在评估企业开放度大小、与谁合作效果更好、去哪些国家开展开放式创新决策时，不同董事会资本的企业会持有不同的观点。另外，不同的董事会资本为企业提供的合作对象在地域、行业、网络等方面呈现出差异性。这就使得不同的企业即使在行业、规模、年龄等基本面相似的情况下，其开放式创新的战略决策及实施也存在差异，而这种差异会导致企业产生差异化的创新绩效。

激励机制是公司治理重要的内容之一，用于缓解委托代理问题带来的负面效应。委托代理问题来源于两个方面：一方面来源于董事会与经营者之间，另一方面来源于股东大会与董事会之间。董事会既要做好监督与激励工作，监督企业经营者，防止其发生侵吞股东利益的行为；又要发挥资源输送以及咨询服务的功能，帮助股东创造价值。所以董事会资本是否能很好地发挥作用，离不开经营者与股东的影响。

对于经营者，尤其是高管团队而言，企业实行高管激励机制有助于高管层积极落实董事会的创新决策，帮助高管层恰当使用董事会提供的创新资源。代表股东利益的董事会，会从长远角度评估开放式创新活动的必要性和重要性。高管团队却关注的是企业短期利益以及自身利益是否会受到企业决策的侵害。一方面，如果开放式创新活动对企业利益或者高管的自身利益没有带来好处，甚至威胁到高管层的利益，高管团队未必能很好地执行董事会决策，或者未必能高效利用董事会输送的社会资源（Cochran et al.，1988）。另一方面，董事会成员在一家公司任职时间过久，会面临被高管团队"浸染"以及利益捆绑的风险。董事会督导和落实企业开放式创新的积极性会降低（Eisenhardt，1989）。此时，企业如果对高管团队施行激励机制，将高管自身利益与企业的长远利益捆绑，会在一定程度上缓解二者的委托代理问题。

对于股东而言，股东对董事会成员实施激励或者考核，会增强董事会资本对企业开放式创新的影响。我国上市公司的股权性质可以分为国有控股企业（包括国有股控股企业和国有法人股控股企业）与非国有控股企业。基于不同的股权性质，股东追求的利益目标不同，对创新的考核强度也不同，进而对董事会产生的创新激励强度也不同。国有企业的最高主导者是国家及政府。国有企业在追求利润的同时，承担着产业扶持、产品供应保障等政治任务（曲亮等，2012）。而非国有企业的目标则相对单一，主要是追求经济利益，实现股东利益最大化。其决策主要受到董事会、管理层等内部人员的干预和市场环境的影响。

基于不同的股权性质，国有企业的董事会发挥的作用与非国有企业的董事会发挥的作用的侧重点不同。国有企业的董事会主要职责是研究资产配置、高管任用的问题，监督国有资产保值增值状况。而非国有企业的董事会在发挥激励与监督作用的同时，要更多地为企业贡献自己的知识、技能与社会资源，关注创新，为股东创造利益（吕峻，2019）。相比于国有企业而言，股东对非国有企业的创新考核要求更高，激励力度也更大。所以国有企业的董事会资本与非国有企业的董事会资本对开放式创新活动的影响程度不同。因此，基于委托代理理论，本研究判断高管股权激励以及股权性质对董事会资本与企业开放式创新的关系具有一定的调节效应。

开放式创新强调企业应充分利用外部创新资源及渠道提升创新绩效。开放式创新主要从市场信息资源获取、技术资源获取与制造能力获取三个方面提升企业创新绩效（陈钰芬等，2009）。随着知识碎片化分布，专业不断细分以及创新资源在全球分散，任何企业难以拥有所有的创新资源。此时，通过整合内外部创新资源营造协同效应成为创新成功的关键。信息资源及技术资源是企业非常重要的外部创新资源。企业掌握了最前沿的创新信息以及创新技术，结合恰当的商业模式，可将技术有效地通过强大的制造能力转化为商品，进而影响创新绩效。

创新开放度会正向影响企业创新绩效。创新开放广度越高，越有利于企业打破资源束缚，从多渠道获取多样化的创新资源，进而获取更广泛的创新方案和互补资源。另外，较高的创新开放深度提高了企业间的交流频率，提升了企业对新知识的甄别与判断能力，促使企业提高从其他创新主体中获得知识资源的稳定性、可靠性和价值性，从而增强其创新能力。开放对象组织多样性会正向影响企业创新绩效。一方面，企业与多种合作伙伴建立关系有助于它们在新的合作关系中避免陷阱，并减轻本地搜索的限制，从而提升整体创新绩效（殷俊杰和邵云飞，2017）。另一方面，企业从多种组织类型的伙伴中获得的非冗余知识，更有可能接触到不同技术领域的新思想、新观点和隐性/组合技能，同时也会接触到更广阔的研发视野，进而发挥协同效应（Duysters 和 Lokshin，2011）。此外，开放对象国别多样性以及开放式创新网络中心度会正向影响企业创新绩效。企业在与国外合作对象进行开放式创新活动时，能够获得互补性知识以及国内无法获取的稀缺资源（Miller et al.，2016）。在创新活动中，网络中心度高的企业拥有更多途径直接利用相关资源开展创新活动，拥有更多机会与网络中其他组织机构交流信息和知识，拥有更多方式接触新知识和新技术，可以及时跟进行业最新动态，有效防范和抵御风险，从而提升创新绩效。

根据前述理论分析，本研究判断董事会资本会影响企业的开放式创新活动。而已有研究表明开放式创新对企业创新绩效有正向促进作用（Parida et al.，2012）。无论是开放度还是开放对象组织多样性均会正向影响企业的创新绩效。为此，本研究从"投入—开放式创新模式—产出"的视角，判断董事会资本会通过影响企业开放式创新进而影响企业创新绩效。本研究提出开放式创新在董事会资本和企业创新绩效之间存在中介效应。为此本研究提出理论框架，具体如图 3-1 所示。

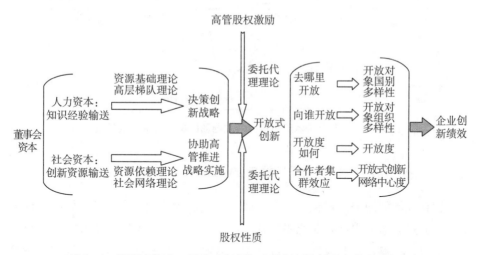

图 3-1　董事会资本、开放式创新与企业创新绩效关系的理论框架

第二节　董事会资本对企业开放式创新影响的研究假设

该部分假设包含六个部分，分别为董事会资本广度与深度对企业开放式创新四个维度的影响，以及在高管股权激励和股权性质的调节作用下二者关系的

进一步验证。具体的假设提出思路如图 3-2 所示。

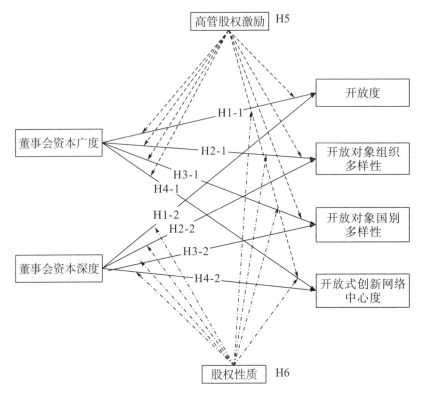

图 3-2 董事会资本对企业开放式创新的影响研究假设框架图

一、董事会资本对创新开放度的影响

创新开放度的提高依赖于两个方面：一是企业的董事会以及高管层有积极实行开放式创新的想法，愿意提高开放度；二是企业有可以实施开放式创新的社会资源，能够提高开放度。开放度包括开放广度与开放深度。开放广度是指与企业开展创新合作的组织数量，而开放深度则是指企业与外部创新对象的合作紧密程度。

董事会资本广度有助于企业提高创新开放度。一方面，公司的重要战略决策是整个团队整体商量讨论之后的结果，即共享领导的结果。根据高层梯队理论，董事会成员的教育背景、职业背景、海外背景以及兼任背景等因素会影响董事会成员的认知、判断与决策。对于董事会资本较高的企业而言，董事会成员可以在没有太多冗余的情况下为企业带来更多的最新知识、资源以及战略决策，形成互补专长的决策团队，进而为企业新知识及技术的获取和吸收提供更全面客观的支持、判断与决策（Bernile et al. 2018）。董事会成员的教育水平越高，海外经历越丰富，董事会成员对创新的风险认知就越客观，对风险的接受能力就越强，对创新持有越开放的态度。另外，董事会成员掌握的社会网络构成了董事会洞悉外部环境变化、获取多样化信息的桥梁（Sanchez-Famoso et al.，2014）。该桥梁不仅能为企业提供丰富的行业内以及行业外的创新信息，使企业保持鲜活的创新势头，还能为企业储备丰富的开放式创新合作资源。董事会成员的社会网络资源异质性越高，董事会帮企业链接到的开放式创新资源异质性越高。换而言之，可供企业挑选的合作对象多了，企业选择开放对象的自由度增大，开放度也会随之提高。

根据资源依赖理论，董事会资本深度正向影响企业的创新开放度。在开放式创新活动中，风险伴随着收益。企业会从合作创新中受益，但是也会受到合作方的风险冲击。企业不敢提高开放度，很重要的原因是对其中的风险不够了解，担心创新失败。董事会成员以及外部董事丰富的行业经验有助于企业对行业的具体情况、行业发展趋势、创新机会与风险等信息透彻地了解，进而为企业提高开放度提供丰富的经验依据。另外，董事会成员以及外部董事在行业中的嵌入度越深，企业链接到的社会资源就越丰富。丰富的社会资源为开放度的提高提供了丰富的合作对象，这有助于打破因合作资源匮乏而引发的创新困境，为开放度的提高奠定资源基础。因此本研究提出假设 H1：

H1-1：董事会资本广度与企业创新开放广度（a）及开放深度（b）正相关。

H1-2：董事会资本深度与企业创新开放广度（a）及开放深度（b）正相关。

二、董事会资本对开放对象组织多样性的影响

董事会资本广度会正向影响企业开放式创新开放对象组织多样性。董事会成员的教育背景、职业背景、海外背景与兼任背景等因素会影响董事会成员的认知、判断与决策（Leitner，2015）。董事会资本广度越高，团队的认知和价值观越丰富，在制定开放式创新合作伙伴的决策时，越能发挥出互补优势，进而会为企业挑选合作伙伴提供更全面的支持、判断与决策。另外，董事会的兼任行业异质性越强，董事会成员与外界建立的资源异质性就越强。根据认知一致理论，人们倾向于与自己具备共同语言的个体结识交流以及建立深入的合作关系（Ariff et al.，2017）。而共同语言建立在教育程度、职业背景、海外背景与兼任背景等相似的基础上。如果一个董事会的职能背景、教育背景、海外

背景与兼任背景等呈多样性，那么这些董事吸引到的外界资源的组织性质也呈现出多样性。

董事会资本深度会正向影响企业开放式创新开放对象组织多样性。董事会资本深度越高，董事会成员在行业内的扎根程度以及外部兼任董事在本行业的扎根程度越深。在开放式创新活动中，企业主要的合作对象依旧是企业，而这些企业大多数来自同行业的供应商、非终端用户以及竞争对手。根据资源依赖理论（Ocasio，1997），董事会资本深度高，企业不仅可积累大量的行业资源，而且可对行业内的用户、供应商、经销商与竞争企业等的情况了如指掌，从而能够准确锁定合作伙伴，最大限度地寻求开放式创新合作。与此同时，因为丰富的行业内社会资源可以通过弱关系的介绍链接高校、科研机构、投资公司等多元化的合作对象进行开放式创新。所以本研究提出假设 H2：

H2-1：董事会资本广度与企业开放对象组织多样性正相关。

H2-2：董事会资本深度与企业开放对象组织多样性正相关。

三、董事会资本对开放对象国别多样性的影响

随着经济全球化、世界一体化程度不断深化，中国上市公司开始将寻求开放式创新合作伙伴的眼光转向海外市场。一方面，企业会通过专利引进的方式加强学习；另一方面，企业与国外企业开展合作研发来增强技术创新能力。企业向国外学习先进经验和技术的过程会受到两个方面的影响，分别是企业对海外资源的掌控能力和企业的吸收能力。企业的吸收能力决定了企业学习发展创新的程度，而企业的海外资源为企业寻求海外合作提供了重要的线索与信息。董事会资本有助于企业聚集优质的海外资源。

董事会资本广度越高，越有利于开放对象国别多样性。董事会资本的海外背景多样性与教育背景多样性会对企业开展跨国合作产生重要影响。中国上市公司的董事会吸纳了越来越多的具有海外任职背景或者海外求学经历的董事，这极大地丰富了董事会的资本广度。海外人才拥有广博的知识、丰富的阅历以及广泛的国际视野，与此同时也积累了海外社会网络资源。有学者研究发现，具有海外背景的董事更能发挥其监督和管理功能，有助于改善公司治理水平，提升经营业绩（王沈娜，2016）。他们认为拥有海外背景的董事可以给企业带来更多的海外并购与企业国际化等机会。

企业开展跨国创新合作，既要有走出去的勇气，也要有遇到困难解决问题的能力，否则企业寻求跨国合作只是纸上谈兵。第一，拥有较高的董事会资本广度的企业，尤其拥有丰富的教育经历以及海外经历的董事的企业，具备全球

视野，自信开放，有敏锐的创新意识以及解决创新困难和问题的能力，这使得其敢于进行跨国创新合作（Hirshleifer et al.，2012）。第二，董事会资本广度越高的企业对跨国创新的具体方案的制定与执行效果越好。跨国创新需要从法律、财务、知识产权交易与保护等多方面综合论证后执行。董事会资本广度较高的企业更加有能力从多个视角全面而客观地评估跨国创新的可能性与可行性。第三，较高的董事会资本广度有助于企业拓展海外社会关系网络。社会资本理论认为，通过人际关系及社交网络获取的知识和商业信息是难以复制的，它将带给企业一种显著优势（Kim et al.，2008）。海外董事携带的海外社会关系网络为企业开展跨国创新合作提供了信息和资源，增加了跨国合作创新的成功概率。

董事会资本深度正向影响企业开放对象国别多样性。有研究指出，海外创新活动的高风险性和不确定性是影响企业是否采取和实施跨国创新的决定性因素之一（袁信等，2007），而董事会资本深度较高的企业能减轻该风险和不确定性。一方面，董事会资本深度较高的企业，往往拥有丰富的专业知识和行业经验，能够深入分析国际市场当前局面和发展形势，能够充分了解贸易法规和东道国政策等，从而更能够准确恰当地判断跨国创新的行动方针。因此，董事会的资本深度越高，制定的开放式跨国创新方案与国际环境的匹配程度越高，海外开放式创新的风险性和不确定性越低。另一方面，随着董事会资本深度不断加深，董事会通过在海外市场创新过程中积累的跨国创新经验，为企业在其他国家开展开放式创新提供可复制性和可借鉴性。企业更有信心走向更多的国家拓展市场寻求创新。所以本研究提出假设 H3：

H3-1：董事会资本广度与企业开放式创新开放对象国别多样性正相关。

H3-2：董事会资本深度与企业开放式创新开放对象国别多样性正相关。

四、董事会资本对开放式创新网络中心度的影响

开放式创新网络一方面来源于企业在业务资源中与供应商、竞争者等不断地熟悉与磨合，另一方面来源于董事会资本连锁董事网络关系的介绍。关系资源是开放式创新网络形成的基础，而董事会资本能为开放式创新网络提供关系资源。当前尚未有统一标准对企业创新网络进行表征。Burt（2002）较早基于"关系"和"位置"两个维度研究创新网络。网络中心度从"关系"角度反映了其他企业与该企业产生联结的程度。中心位置企业对信息存在控制优势，能够影响网络信息的传播方向。本研究从"关系"的角度来研究董事会资本对企业开放式创新网络特征的影响。

董事会资本广度正向影响企业开放式创新网络中心度。根据认知一致理论，人们倾向于与自己具备共同语言的个体结识、交流以及合作。而共同语言建立在教育程度、职业背景、海外背景与兼任背景等相似的基础上。董事会资本广度越高，董事会成员与外界建立起来的资源异质性就越强，可供企业选择合作创新的对象范围就越广。而这些吸引到的外界资源作为企业重要的社会资本，会被嵌入企业的开放式创新网络中，促进企业开放式创新的发展。通过该企业嵌入的创新资源越多，异质性越强，创新网络中分享传播的信息与资源的异质性也越高，该企业对该网络的控制优势就越大，中心度越高。

董事会资本深度正向影响企业开放式创新网络中心度。一方面，在我国的公司治理体制中，有些企业为了加强行业黏性，特意聘请兼任董事用于联结行业内的其他企业。董事会成员在两家及两家以上企业任职的现象非常普遍。通过连锁董事关联外部企业形成社会网络，是董事会社会资本的重要来源之一。董事会资本深度越高，表明董事会成员的职业经验越丰富。行业内任职或者兼任年限越久，威望越高，社会关系资源的积累越丰富，这些条件非常有利于董事会形成较强的社会关系网络。而这些强大的社会关系网络可以帮助企业有效地联结其他企业开展创新工作，进而形成创新网络，并主导该网络促进企业间合作创新。另一方面，董事会成员丰富的行业经验可以准确选择适合与本企业合作创新的对象，无论在数量还是质量方面都可以做出全面客观的评估，这就有助于企业在丰富的社会资源中挑取优质的合作资源开展开放式创新活动，并形成长期而又稳定的合作关系，从而有助于开放式创新网络的形成。与此同时，董事会成员丰富的行业经验会主动吸引其他有互补需求的企业加入开放式创新网络，寻求创新合作。综上所述，本研究提出假设 H4：

H4-1：董事会资本广度与企业开放式创新网络中心度正相关。

H4-2：董事会资本深度与企业开放式创新网络中心度正相关。

五、高管股权激励的调节作用

董事会是股东利益代表者。为了股东的长远利益，董事会愿意通过创新增强企业的竞争力。当然董事会并不是完全的风险偏好者，董事会也需要对创新项目风险进行客观评估。但是相比于高管团队，董事会的风险偏好较为中立。因为股东是风险承受者，可以通过多元化投资分散投资风险，股东一定的风险承受强度会给董事会传达积极的信号开展开放式创新活动。而代理人考虑到自身利益，往往对风险持相对保守的态度。

经理人往往会看重眼前利益，在长期性的研发投入或者自主研发面前，高管层会呈现保守状态。相较于自主研发而言，开放式创新活动能相对缩短创新周期，并且在短期内可以看到创新带来的利益。例如企业通过专利交易可以在短期时间内持有一项技术的使用权或所有权，这在一定程度上降低了创新风险，缩短了创新周期，高管层相对而言容易接受。然而，在实施开放式创新的活动中，企业的高管层以及员工需要面对由开放带来的知识异质性、思维异质性、文化异质性的碰撞、磨合、竞争与改变（Walsh et al.，2016）。这对于企业高管层而言仍是不小的挑战。

由于委托代理问题的存在，高管层可能会出现阻碍企业开放式创新的行为。一方面，董事会制订详尽的开放式创新战略计划，且向企业输入创新资源。但是高管团队的执行落实不力，会导致董事会资本的投入效果大打折扣，达不到预期的效果。董事会和高管层对于风险偏好的不一致行为，导致董事会和高管层的创新目标产生差异，进而在管理和执行开放式创新活动中出现分歧，使董事会资本的效用发挥不到最大程度。另一方面，董事会成员本身会受到高管层的"浸润"，有可能与高管层勾结，降低监督力度，同高管层侵蚀企业利益，对开放式创新活动持有消极态度（Reguera－Alvarado et al.，2017a）。

为了缓解上述委托代理问题，企业往往会实施高管股权激励机制。让高管适当持有公司股权，将企业的长远利益与高管自身利益捆绑，从而激发高管团队的创新动力，使得高管团队既注重眼下的短期利益，又关注企业长远利益（徐长生等，2018）。在高管股权激励的作用下，高管团队不仅会积极实施开放式创新策略，而且会很好地协助董事会实现创新想法和输送社会资本，保障企业开放式创新的顺利执行。Morck et al.（2005）发现高管持股有助于高管利益和股东利益保持一致，降低代理成本，产生利益趋同效应。高管股权激励本质上就是提高管理者对创新重要性的认识，提高企业创新效率；通过股权激励激发高管的自我激励与自我约束感，促使管理者在进行日常管理和重大决策时，既考虑短期业绩，也重视长期发展。由此本研究可以提出假设 H5：

H5－1：高管股权激励会加强董事会资本广度对开放广度（a）及开放深度（b）的正向影响。

H5－2：高管股权激励会加强董事会资本深度对开放广度（a）及开放深度（b）的正向影响。

H5－3：高管股权激励会加强董事会资本广度对开放对象组织多样性的正向影响。

H5－4：高管股权激励会加强董事会资本深度对开放对象组织多样性的正

向影响。

H5-5：高管股权激励会加强董事会资本广度对开放对象国别多样性的正向影响。

H5-6：高管股权激励会加强董事会资本深度对开放对象国别多样性的正向影响。

H5-7：高管股权激励会加强董事会资本广度对开放式创新网络中心度的正向影响。

H5-8：高管股权激励会加强董事会资本深度对开放式创新网络中心度的正向影响。

六、股权性质的调节作用

按照股权性质划分上市公司，我国的上市公司可以划分为国有股权公司与非国有股权公司。其中，国有股权公司包括国有独资公司以及国有资本控股公司。国有企业不仅追求国有资产保值，以及一定的利润回报，还带有一定的政治任务（曲亮等，2012）。国有企业成为政府宏观调控、加大有效投入、保障民生的重要抓手。在宏观调控政策方面，国有企业起着领头羊作用。与此同时，国有企业还承担着部分地方政府的融资行政任务和基础设施建设的责任。研究表明，相比于非国有企业，国有企业的创新行为并不活跃，这与国有企业的主营方针和政治背景紧密相关（赵宇恒等，2013）。基于该背景，国有企业董事会的主要职责是响应国家及政府号召，保证国家的利益，完成国家及政府交办的政治任务，同时实现国有资产的保值与稳步增长。而在董事会提供资源、促进创新方面的作用相较于非国有企业来说有所弱化。

国有企业的股权结构往往是"一股独大"。董事会成员均由政府任命，所以董事会内部缺乏不同利益主体的相互制衡和充分博弈，容易出现内部人控制局面（魏锋等，2004）。为了缓解这一问题，外部董事制度在国有企业内受到重视。但是外部董事代表的利益主体仍是国家，导致外部独立性显现出不足。另外，董事会成员之间会因上下级关系而难以发表不同意见，使得董事会资本广度的优势无法发挥，影响决策质量。政府对国有企业的董事会以及高管层实行激励措施时，往往以企业短期利润最大化为目标，而不是企业（股东）价值最大化。长期激励的缺乏导致较多的国有企业董事会更注重短期利益，而忽视创新带给企业的长久驱动力。非国有企业的经营目标是追求利润最大化，股东对董事会及高管层的创新考核力度比国有企业强，制定的激励机制也更具有吸引力，这就促使非国有企业的董事会及高管层更关注企业创新。

　　基于上述几点的分析，国有企业在开放式创新方面的优势并不突出，与此同时，董事会资本的作用与激励受到限制，从而对董事会资本与企业开放式创新的关系具有负向影响。由此本研究可以提出假设 H6：

　　H6-1：国有股权性质会减弱董事会资本广度对开放广度（a）及开放深度（b）的正向影响。

　　H6-2：国有股权性质会减弱董事会资本深度对开放广度（a）及开放深度（b）的正向影响。

　　H6-3：国有股权性质会减弱董事会资本广度对开放对象组织多样性的正向影响。

　　H6-4：国有股权性质会减弱董事会资本深度对开放对象组织多样性的正向影响。

　　H6-5：国有股权性质会减弱董事会资本广度对开放对象国别多样性的正向影响。

　　H6-6：国有股权性质会减弱董事会资本深度对开放对象国别多样性的正向影响。

　　H6-7：国有股权性质会减弱董事会资本广度对开放式创新网络中心度的正向影响。

　　H6-8：国有股权性质会减弱董事会资本深度对开放式创新网络中心度的正向影响。

第三节　开放式创新对企业创新绩效影响的研究假设

　　开放式创新内涵丰富，涉及因素众多。在探究开放式创新对企业创新绩效的影响时，本研究围绕开放度、开放对象组织多样性、开放对象国别多样性以及开放式创新网络中心度四个维度探讨开放式创新对企业创新绩效的影响。具体的假设提出思路如图 3-3 所示。

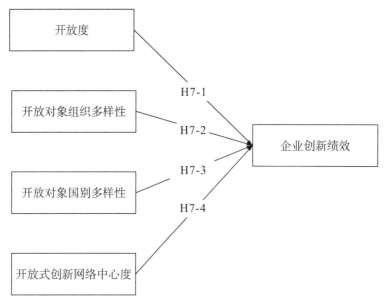

图 3-3　开放式创新对企业创新绩效影响的研究假设框架图

一、开放度对企业创新绩效的影响

开放广度对企业创新绩效的影响主要源于企业对外界开放资源数量的拓宽。第一，创新开放广度越高，越有利于企业打破资源束缚，从多渠道获取多样化的创新资源，进而获取更广泛的创新方案和互补资源。第二，创新开放广度越高，越有助于企业信息渠道的多元化。Miotti et al.（2003）认为外部创意是企业创新思想的重要来源。通过与竞争对手、供应商、用户和科研院所等外部组织合作创新，企业能够步入良性的创新生态圈，紧随创新前沿，更好地迎合市场创新需求。第三，企业提高创新开放度，会加快创新资源流动速度。这不仅能拓宽企业的经营思路，还能有效抵抗瞬息万变的市场风险，进而提升企业创新绩效。

开放深度对企业创新绩效的影响体现为其对外部创新资源的吸收、利用和控制程度，以及获得外部技术主体支持的稳定程度（郭尉，2016）。首先，较高的创新开放深度提高了企业间的交流频率，提升了企业对新知识的甄别与判断能力，促使企业提高从其他创新主体中获得知识资源的稳定性、可靠性和价值性，从而增强其创新能力。其次，较高的创新开放深度能够提高企业对合作伙伴的信任度，打破合作过程中企业对创新资源的保护与隐藏，促进隐性知识的获取和传播，保证技术创新的效率（Kaplan et al.，2015）。再次，企业与外界组织开展深入交流互动，形成开放式、高效率的学习机制，有助于提升企业对外部创新知识、技术和创意的整合与理解能力，高效吸收和利用外部获取的创新资源（Hsu et al.，2019）。

国内学者陈钰芬等（2008）从资源基础理论角度分析了不同产业企业开放度对创新绩效的影响，科技驱动型产业中企业开放度与创新绩效呈倒"U"型关系，而经验驱动型产业中二者呈正相关关系。高俊光等（2019）采用多元回归等方法对223组有效数据进行实证分析。研究结果表明，开放度、吸收能力均对新创小企业创新绩效有正向影响。刘婷等（2019）对13005个独立样本进行 Meta 实证分析，发现创新开放度对创新绩效有正向影响。由此提出以下假设 H7−1：

H7−1：开放广度（a）与开放深度（b）正向影响企业创新绩效。

二、开放对象组织多样性对企业创新绩效的影响

根据资源基础理论以及已有研究，本研究认为开放对象组织多样性对企业创新绩效有正向促进作用。第一，企业与多种合作伙伴建立关系有助于在新的合作关系中避免陷阱，并减轻本地搜索的限制，从而提升整体创新绩效（殷俊杰等，2017）。第二，从多种组织类型的伙伴中获得的非冗余知识，能为企业带来较高创新率。企业与多种性质的组织开展开放式创新活动，更有可能接触到不同技术领域的新思想、新观点和隐性/组合技能，同时也会接触到更广阔的研发视野，进而发挥协同效应，提升创新绩效（Duysters et al.，2011）。第三，企业与不同组织性质的合作伙伴合作，接收到的知识以及技术的异质性越高，企业越容易探索潜在技术领域以及新的技术领域，这在一定程度上有助于提升企业创新绩效（梁杰、谢恩、赵龙峰，2020）。

张妍等（2015）以218家中国医药制造企业为研究样本，探究了合作伙伴组织多样性对创新绩效的影响，结果表明二者呈正相关关系。Reichstein et al.（2006）的研究表明，创新绩效与企业使用不同知识来源的开放性有关。企业可通过关注特定类型的合作伙伴来提升创新绩效。古家军等（2008）以产业集群内的企业为研究样本，发现高管团队的知识结构异质性对 R&D 绩效、生产制造绩效、营销绩效和创新过程绩效均有积极显著影响。由此提出以下假设 H7−2：

H7−2：开放对象组织多样性正向影响企业创新绩效。

三、开放对象国别多样性对企业创新绩效的影响

世界上的知识具有分散性，且呈现出阶梯形的分布。合作伙伴之间不同的国家文化、地理位置、制度系统和经济发展状况形成了知识的多样性。开放式创新可以让企业接触到国外优秀的研发人员以及先进的外部知识与技术。开放对象国别多样性会对企业创新绩效产生正向影响。第一，企业在与国外合作对象进行开放式创新活动时，能够获得互补性知识以及国内无法获取的稀缺资源（Miller et al.，2016）。例如，发展中国家可以通过学习吸收发达国家高水平知识和技术来提升技术创新能力和创新绩效。第二，合作伙伴的地域多样性会使现有产品具有更强的国外客户偏好适应性，从而帮助企业提高在海外的产品增量，进而提升创新绩效（Campbell et al.，2012）。例如，企业加强与国外供应商合作，通过国外供应商的帮助拓展国际市场，扩大新产品的销售。第三，通过与外国伙伴开展开放式创新获得的资源将有助于提高企业的灵活性、反应能力和对外国市场的适应能力，同时减少风险和不确定性（吴航等，2014），这有助于企业提升创新绩效。

已有研究表明开放对象国别多样性有助于企业提升创新绩效。Huang et al.（2018）从浙江省经济和信息化委员会的数据池中随机收集实证数据，发放问卷调查，采用横断面调查方法，对不同组织、行业和国家的合作伙伴的异质性与企业创新绩效之间的关系进行了研究，发现合作伙伴的国家多样性正向影响企业创新绩效。Zhang 和 Tang（2018）以研发合作伙伴新知识要素和重点组织知识要素的程度中心性为中介变量，对研发合作伙伴知识要素的影响机制进行了深入研究。实证分析基于新兴纳米生物制药领域的专利数据，包括554家创新机构。结果表明，合作伙伴组织多样性和地域多样性通过提高技术多样化对重点组织创新绩效有正向影响。Van Beers 和 Zand（2014）探讨了研发合作伙伴的职能多样性和地域多样性对产品创新企业的根本性和渐进性创新绩效的影响，结果表明合作伙伴多样性正向影响企业的两种创新绩效。由此可以提出假设 H7-3：

H7-3：开放对象国别多样性正向影响企业创新绩效。

四、开放式创新网络中心度对企业创新绩效的影响

企业实施开放式创新活动后，众多开放对象会通过该企业串联起来，形成一个开放式创新网络。彼此所携带的资源、技术、信息在该网络间传递、共享、协同创新，进而这种行为会对企业的创新绩效产生影响（Jiang et al.，

2020）。这种开放式创新网络结构可以反映网络中成员的动态行为，包括信息交流、协同合作、知识学习等方面，并对促进成员之间的相互交流、资源互补和知识流动发挥重要作用。许多社会学家针对网络结构的特征开展相关研究。Freeman（1991）使用网络成员的中心势和中间中心度两个变量阐述网络成员的"中心性"。Borgatti et al.（1998）定义结构洞为一个节点联结网络中的两个无联系成员的非冗余关系。在现有研究的基础上，本书主要从开放式创新网络中心度出发，分析其对企业创新绩效的影响。

在创新网络中，度中心度反映了创新主体在网络位置的中心程度和网络地位（徐言琨等，2020）。合作者数量越多，创新网络的度中心度越高。创新网络中心度越高，创新主体能接收到外部合作者提供的资源和信息的机会就越多。这类创新主体拥有更多途径直接利用相关资源开展创新活动，拥有更多机会与网络中其他组织机构交流信息和知识，拥有更多方式接触新知识和新技术。与此同时，创新主体可以及时跟进行业最新动态，有效防范和抵御风险，从而提升创新绩效。特别是对创新型企业而言，网络外部因素对创新绩效具有极大的正向影响（Baum et al.，2000）。企业拥有的合作伙伴越多，知识和技术的获取能力越强，创新活动的成本和风险就越低，经济利益流出也越少。而企业作为网络中的一个节点，其合作伙伴越多，连接的节点越多。当该企业获得新技术成果时，新技术成果的溢出效应的辐射范围就越广，受益群体就越多，对行业的影响力就越大。所以说企业创新网络结构对企业创新绩效有正向促进作用。而且目前这一点已经得到国内外学者的广泛证实。

汪蕾等（2011）构建了企业社会网络、创新资源和创新绩效之间相互关系的理论模型，研究证实企业社会网络的网络规模、网络中心度、关系强度和互惠性等指标都与企业的可获取知识资源呈正相关关系，同时也与创新绩效正相关。李晨蕾等（2017）将研究对象设定为在国际研发联盟中的中国企业，运用社会网络分析法构建联盟网络，实证研究结构洞、网络紧密程度对创新绩效的影响，最终得出网络紧密程度对创新绩效具有正向影响。Zeng et al.（2010）运用结构方程建模技术，研究了不同合作网络与中小企业创新绩效之间的关系。研究结果显示，企业与企业合作、企业与中介机构合作、企业与研究组织合作的网络结构对中小企业创新绩效均有显著的促进作用。因此本书提出假设H7-4：

H7-4：开放式创新网络中心度正向影响企业创新绩效。

第四节　董事会资本对企业创新绩效影响的研究假设

本节将从董事会资本广度与资本深度两个角度提出董事会资本对企业创新绩效影响的研究假设。具体的假设提出思路如图 3-4 所示。

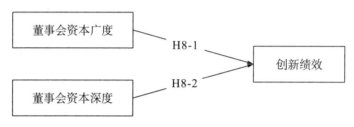

图 3-4　董事会资本对企业创新绩效影响的研究假设框架图

企业创新绩效是企业创新活动的最终成果，代表企业创新的技术绩效转化为经济价值的能力。创新绩效的提高意味着企业经营业绩的改善、市场价值的提升以及成长机会的增加。影响创新绩效的因素主要有两种：一是企业外部因素，如国家政策、竞争市场环境、竞争对手与资源环境等；二是企业内部因素，如公司治理关系、合作伙伴关系、部门合作关系、知识吸收能力与知识获取能力等（Katila，2000）。在公司治理范畴内，根据资源基础理论，企业竞争优势的重要来源之一是具有独特性和不可复制性的资源。董事会资本就是企业所拥有的不可模仿的无形资源。

一方面，拥有多样化的教育学历、兼任经历、职业背景和海外背景的董事会，可以在没有太多冗余的情况下为企业带来更多的最新知识、资源以及战略决策。多样化的团队会为企业新知识及技术的获取和吸收提供更全面的支持，为企业创新提供更多针对性、建设性的指导意见，帮助企业减少创新决策过程中的失误，提高企业的创新决策水平以及创新投资效率，进而提升企业的创新绩效。在企业创新产出转化为最终价值的过程中，具有较高知识基础、工作经验和社会资源以及经验丰富的董事会能更加有效地发现市场空白机会，将新技术转化为面向下游客户的实际产品，从而加速创新技术绩效的市场化进程。

另一方面，董事会成员在本行业内的嵌入程度以及外部董事在本行业内的嵌入程度不仅使得董事会成员熟悉行业领域的发展，而且对于竞争对手的发展以及技术创新情况了解得深刻透彻。通过外部董事作为沟通的桥梁，技术与知识以及前沿的创新信息可以实现传播与共享，这些均有利于董事会成员有效制定创新目标，实施有效的创新决策，提高创新绩效。由此可以提出假设 H8：

H8-1：董事会资本广度正向影响企业创新绩效。

H8-2：董事会资本深度正向影响企业创新绩效。

第五节　开放式创新对董事会资本与企业创新绩效关系的中介效应

结合假设 3-2 与假设 3-3 两部分内容，本小节从开放度、开放对象组织多样性、开放对象国别多样性、开放式创新网络中心度四个维度提出开放式创新对董事会资本与企业创新绩效关系的中介效应的假设。相应的假设提出思路图如图 3-5 所示。

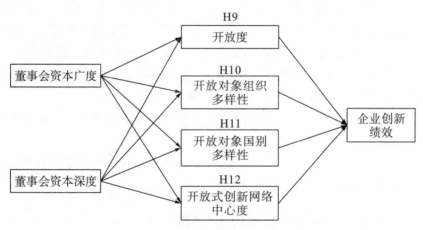

图 3-5　中介效应研究假设框架图

一、开放度的中介效应

基于上述理论分析，本研究认为董事会资本对企业创新会产生正向影响，而开放式创新的开放度是联结企业董事会资本与企业创新绩效的一条重要作用路径。具体而言，根据资源依赖理论，董事会在作为企业创新战略的决策者与监督者的同时，还发挥着资源提供者的作用。董事会资本对企业的创新开放广度与深度产生正向影响。一方面，董事会成员可以在没有太多冗余的情况下带来更多的最新知识、资源以及战略决策，董事会成员对开放式创新的风险与成本进行客观认识与全面评估，进而制定合适企业的开放度决策（Bernile et al. 2018）。另一方面，董事会成员利用自己的社会资源为开放式创新活动输送合作资源。董事会成员以及外部董事丰富的行业经验有助于企业透彻地了解行业的具体情况、行业发展趋势、创新机会与风险等信息，进而为企业提高开放度提供丰富的经验。

已有研究表明开放式创新的开放度对企业的创新绩效会产生正向影响（Gkypali et al.，2018）。第一，较高的开放广度能为企业带来差异化的合作资源。合作企业的知识背景的差异化越大，企业越能够产生宝贵的创新想法。第二，企业提高创新开放广度，会加快创新资源流动速度，不仅能拓宽企业的经营思路，还能有效抵抗瞬息万变的市场风险，进而提升企业创新绩效（Gölgeci et al.，2019）。第三，提高创新开放深度，有助于企业增加与外界的信息分享与资源互换的频率。通过频繁地互动，企业逐步提升吸收能力以及快速识别有效信息的能力，进而利用创新网络中的互补资源提高创新能力与绩效（马文甲等，2020）。第四，较高的创新开放深度能够培养合作企业之间的信任，双方能在非正式合作的交流中获取更多的隐性知识，进而长期建立深厚的合作关系，为企业持续性创新奠定良好的基础，这都有助于提升创新绩效（Aloini et al.，2017）。由此可以看出，企业的董事会资本影响企业的开放广度与深度，进而影响创新绩效。由此本研究提出假设 H9：

H9-1：开放广度（a）及开放深度（b）在董事会资本广度与企业创新绩效之间具有中介效应。

H9-2：开放广度（a）及开放深度（b）在董事会资本深度与企业创新绩效之间具有中介效应。

二、开放对象组织多样性的中介效应

从资源依赖理论出发，董事会资本正向影响企业的开放对象组织多样性。董事会资本广度与深度越高，董事会成员与外界建立的资源异质性就越强。一方面，根据认知一致理论，人们倾向于与自己具备共同语言的个体结识、交流以及建立深入的合作关系（Ariff et al.，2017）。如果董事会的职能背景、教育背景、海外背景与兼任背景等呈多样性，那么这些董事吸引到的外界资源的组织性质也呈现出多样性。另一方面，董事会资本深度越高，董事会成员在行业内的扎根程度以及外部兼任董事在本行业的扎根程度越深。根据资源依赖理论（Ocasio，1997），董事会资本深度越高，企业不仅可积累大量的行业资源，而且可对行业内的用户、供应商、经销商与竞争企业等的情况有更全面的了解，从而能够准确锁定合作伙伴，最大限度地寻求开放式创新合作。

开放对象组织多样性会正向影响企业的创新绩效（Huang et al.，2018）。一方面，企业与多种性质的组织开展开放式创新活动，会培养合作伙伴之间的信任感，降低协调/交易成本，有助于在新的合作关系中避免陷阱，创立有效的合作规矩，并减轻本地搜索的限制，从而提高整体的创新绩效（Lhuillery et al.，2009）。另一方面，企业与多种性质的组织开展开放式创新活动，可增加企业与不同技术领域的新思想、新观点和隐性/组合技能的接触机会，同时也会帮助企业接触到更广阔的研发视野，使企业和合作伙伴发挥协同效应，提高创新绩效（Zhang et al.，2018）。

从以上论述可以看出，董事会资本正向影响企业开放对象组织多样性，而开放对象组织多样性正向影响企业创新绩效，由此本研究提出假设 H10：

H10-1：开放对象组织多样性在董事会资本广度与企业创新绩效之间具有中介效应。

H10-2：开放对象组织多样性在董事会资本深度与企业创新绩效之间具有中介效应。

三、开放对象国别多样性的中介效应

董事会资本会正向影响企业的开放对象国别多样性。第一，海外人才拥有广博的知识、丰富的阅历以及广泛的国际视野，敢于进行跨国创新合作（Hirshleifer et al.，2012）。另外，董事会资本广度较高的企业更加有能力从多个视角全面而客观地评估跨国创新的可能性与可行性。第二，较高的董事会资本广度有助于企业拓展海外社会关系网络。社会资本理论认为，通过人际关系及社交网络获取的知识和商业信息是难以复制的，它将带给企业一种显著优势（Kim 和 Cannella Jr，2008）。海外董事携带的海外社会关系网络为企业开展跨国创新合作提供了信息和资源，增加了跨国合作创新的成功概率。第三，随着董事会资本深度不断加深，董事会通过在海外市场创新过程中积累的跨国创新经验，为企业在其他国家开展开放式创新提供可复制性和可借鉴性。

开放对象国别多样性对企业的创新绩效产生积极影响（Popadic et al.，2016）。第一，企业在与国外的伙伴开展开放式创新的过程中，能够获得特定国家的资源，获得互补性知识以及国内无法获取的稀缺资源（Lavie et al.，2008）。发展中国家可以通过学习吸收发达国家高水平知识和技术来提高技术创新能力和创新绩效。第二，通过与外国伙伴开展开放式创新，企业获得的海外资源将有助于提高企业的灵活性、反应能力和对外国市场的适应能力，同时

减少风险和不确定性，从而提高企业创新绩效。第三，合作伙伴的地域多样性会使企业现有产品具有更强的国外客户偏好适应性，从而提高企业在海外的产品增量，进而提高创新绩效。从以上论述可以看出，董事会资本正向影响企业开放对象国别多样性，而开放对象国别多样性正向影响企业创新绩效，由此本研究提出假设 H11：

H11-1：开放对象国别多样性在董事会资本广度与企业创新绩效之间具有中介效应。

H11-2：开放对象国别多样性在董事会资本深度与企业创新绩效之间具有中介效应。

四、开放式创新网络中心度的中介效应

根据资源依赖理论，董事会资本正向影响企业的开放式创新网络中心度。一方面，董事会资本广度越高，董事会成员与外界建立起来的资源异质性就越强，可供企业选择合作创新的对象范围就越广。而这些吸引到的外界资源作为企业重要的社会资本，会被嵌入企业的开放式创新网络中，促进企业开放式创新的发展。通过该企业嵌入的创新资源越多，异质性越强，创新网络中分享传播的信息与资源的异质性就越高。该企业对该网络的控制优势就越大，中心度越高。另一方面，董事会资本深度越高，董事会成员行业内任职或者兼任年限越久，威望越高，社会关系资源的积累越丰富，这些条件非常有利于董事会形成较强的社会关系网络。而这些强大的社会关系网络可以帮助企业有效地联结其他企业开展创新工作，进而形成创新网络，并主导该网络促进企业间合作创新。

开放式创新网络中心度正向影响企业创新绩效（汪蕾等，2011）。创新网络中心度反映了创新主体处于网络中心位置的程度以及网络地位（徐言琨等，2020）。创新主体外部直接合作者的数量越多，创新网络的中心度越高。创新网络中心度较高的创新主体，通常有更多机会接收到外部合作者所提供的资源和信息；在创新活动中，这类创新主体拥有更多途径直接利用相关资源开展创新活动。企业拥有的合作伙伴越多，知识和技术的获取能力越强，创新活动的成本和风险越低，经济利益流出越少。而企业作为网络中的一环，获得新技术成果时，其合作伙伴越多，连接的节点越多，受益群体越多，辐射范围越广，对全行业的影响力越大。从以上论述可以看出，董事会资本正向影响企业开放式创新网络中心度，而开放式创新网络中心度正向影响企业创新绩效，由此可以提出假设 H12：

H12-1：开放式创新网络中心度在董事会资本广度与企业创新绩效之间具有中介效应。

H12-2：开放式创新网络中心度在董事会资本深度与企业创新绩效之间具有中介效应。

第六节 本章小结

本章首先从资源依赖理论、资源基础理论、高层梯队理论、社会网络理论以及委托代理理论出发梳理了董事会资本、开放式创新、高管股权激励、股权性质与创新绩效关系的理论框架，随后从董事会资本对企业开放式创新的影响、开放式创新对企业创新绩效的影响、董事会资本对企业创新绩效的影响，以及开放式创新对董事会资本与企业创新绩效关系的中介效应四个方面围绕上述理论基础提出研究假设。研究假设总框架图如图3-6所示，假设汇总表如表3-1所示。

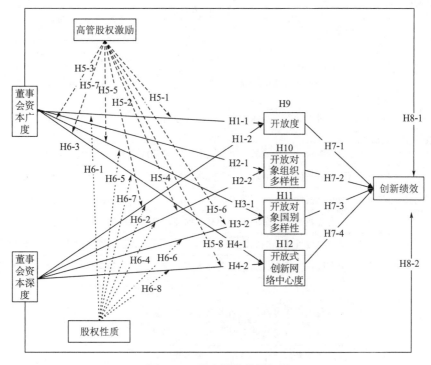

图3-6 研究假设总框架图

表 3－1　假设汇总表

研究内容	研究假设
董事会资本对企业开放式创新的影响	H1－1：董事会资本广度与企业创新开放广度（a）及开放深度（b）正相关
	H1－2：董事会资本深度与企业创新开放广度（a）及开放深度（b）正相关
	H2－1：董事会资本广度与企业开放对象组织多样性正相关
	H2－2：董事会资本深度与企业开放对象组织多样性正相关
	H3－1：董事会资本广度与企业开放对象国别多样性正相关
	H3－1：董事会资本深度与企业开放对象国别多样性正相关
	H4－1：董事会资本广度与企业开放式创新网络中心度正相关
	H4－2：董事会资本深度与企业开放式创新网络中心度正相关
高管股权激励对董事会资本与企业开放式创新的调节作用	H5－1：高管股权激励会加强董事会资本广度对开放广度（a）及开放深度（b）的正向影响
	H5－2：高管股权激励会加强董事会资本深度对开放广度（a）及开放深度（b）的正向影响
	H5－3：高管股权激励会加强董事会资本广度对开放对象组织多样性的正向影响
	H5－4：高管股权激励会加强董事会资本深度对开放对象组织多样性的正向影响
	H5－5：高管股权激励会加强董事会资本广度对开放对象国别多样性的正向影响
	H5－6：高管股权激励会加强董事会资本深度对开放对象国别多样性的正向影响
	H5－7：高管股权激励会加强董事会资本广度对开放式创新网络中心度的正向影响
	H5－8：高管股权激励会加强董事会资本深度对开放式创新网络中心度的正向影响
股权性质对董事会资本与企业开放式创新的调节作用	H6－1：国有股权性质会减弱董事会资本广度对开放广度（a）及开放深度（b）的正向影响
	H6－2：国有股权性质会减弱董事会资本深度对开放广度（a）及开放深度（b）的正向影响
	H6－3：国有股权性质会减弱董事会资本广度对开放对象组织多样性的正向影响
	H6－4：国有股权性质会减弱董事会资本深度对开放对象组织多样性的正向影响
	H6－5：国有股权性质会减弱董事会资本广度对开放对象国别多样性的正向影响
	H6－6：国有股权性质会减弱董事会资本深度对开放对象国别多样性的正向影响
	H6－7：国有股权性质会减弱董事会资本广度对开放式创新网络中心度的正向影响
	H6－8：国有股权性质会减弱董事会资本深度对开放式创新网络中心度的正向影响
开放式创新对企业创新绩效的影响	H7－1：开放广度（a）与开放深度（b）正向影响企业创新绩效
	H7－2：开放对象组织多样性正向影响企业创新绩效
	H7－3：开放对象国别多样性正向影响企业创新绩效
	H7－4：开放式创新网络中心度正向影响创新绩效

研究内容	研究假设
董事会资本对企业创新绩效的影响	H8－1：董事会资本广度正向影响企业创新绩效
	H8－2：董事会资本深度正向影响企业创新绩效
开放式创新对董事会资本与企业创新绩效的中介效应	H9－1：开放广度（a）及开放深度（b）在董事会资本广度与企业创新绩效之间具有中介效应
	H9－2：开放广度（a）及开放深度（b）在董事会资本深度与企业创新绩效之间具有中介效应
	H10－1：开放对象组织多样性在董事会资本广度与企业创新绩效之间具有中介效应
	H10－2：开放对象组织多样性在董事会资本深度与企业创新绩效之间具有中介效应
	H11－1：开放对象国别多样性在董事会资本广度与企业创新绩效之间具有中介效应
	H11－2：开放对象国别多样性在董事会资本深度与企业创新绩效之间具有中介效应
	H12－1：开放式创新网络中心度在董事会资本广度与企业创新绩效之间具有中介效应
	H12－2：开放式创新网络中心度在董事会资本深度与企业创新绩效之间具有中介效应

第四章　样本数据来源、变量定义及模型

第一节　数据来源及样本选择

一、数据来源

本书实证的观测单元为公司。需要收集的数据为公司治理数据、企业开放式创新数据与企业创新绩效数据。在此需要澄清的是董事会资本、高管股权激励与股权性质均属于公司治理范畴内的数据。

（一）公司治理数据来源

相较于非上市公司，上市公司的公司治理架构较为完善，而且委托代理问题较为凸显。所以研究上市公司的公司治理问题更加客观。另外，上市公司需要每年披露公司治理的信息，这便于获得数据。考虑到样本量以及研究的全面性，本研究将上市公司定义为在沪深两个交易所上市的公司，包括主板、中小板、创业板下的企业。上市公司的治理数据可以从国泰安（CSMAR）数据库获得。国泰安数据库收录了1999年起至今的上市公司的众多维度的系列数据，例如股票、债券、基金市场系列与公司研究系列等。所以本书选取中国1999—2019年的上市公司作为研究样本。本书需要的数据来自公司研究系列的治理结构部分，其中包含公司基本情况、治理的综合信息、高管以及董事会的个人资料文件、高管激励、股权结构等信息。与此同时，样本数据还包含企业的财务报表信息，可提供企业的财务基本情况。

（二）企业开放式创新数据来源

最初关于开放式创新的研究主要集中在高科技跨国大公司（Chesbrough et al.，2014）。后来，以中小企业为代表的开放式创新的研究不断涌现（Van de Vrande et al.，2009；Wynarczyk，2013）。到现在，开放式创新几乎涵盖了所有大中小企业。从行业角度来分析，不仅高科技企业开展开放式创新活动，传统型行业也存在开放式创新现象（Enkel et al.，2010）。考虑到金融公司的会计特征、财务制度与其他行业存在较大差异，所以除了金融行业，本研究将上市公司其他行业的大中小企业均纳入观察范围。本书开放式创新数据依托企业在开展专利许可、买卖与合作研发活动中，合作伙伴的基本情况来获取。合作伙伴的基本情况包括合作伙伴的组织性质（高校、企业、政府机构、科研机构与个人等）、合作伙伴的国别、合作伙伴的数量，以及围绕观测企业建立的创新网络的基本情况等。获取途径包括国家知识产权局数据库、企业官方网站、第三方信息平台（例如天眼查），以及百度搜索等。

国家知识产权局（CNIPA）数据库包含从1985年至今，在中国知识产权局登记的专利基本信息以及专利法律事件信息。具体来说，专利的基本信息包含专利申请号、申请人、申请年份、申请人地址、申请人数量与专利申请人所在国别等信息，专利的法律事件信息包含专利授权、买卖、许可、质押与失效等信息。本研究在数据库中找出具有专利交易以及合作研发的企业，将这些企业中是上市公司的企业确定为开放式创新活动的实施主体，且是实证观测单元，另一方则为合作对象。通过天眼查、百度搜索等渠道获得合作对象组织性质、国别等信息。这里需要说明的是开放式创新的数据获得虽然以专利为载体，但是数据维度并不与专利数量直接相关。

（三）企业创新绩效及其他基本信息

本书利用企业每年申请的发明专利数量衡量企业创新绩效，所以该部分数据从国家知识产权局数据库获取。除此之外需要获取的企业其他信息，从企业的官方网站、第三方信息平台以及百度搜索获取。

二、样本选择

本研究的实证数据采用非平衡面板数据，以企业为观测单元，包含公司治理、开放式创新、企业基本信息以及创新绩效四部分数据。样本数据主要通过国泰安数据库与国家知识产权数据库匹配得到。样本数据的时间窗口为

1999—2019 年，包含了 1124 家上市公司。样本数据选择以及匹配的步骤如下：

（一）开放式创新数据的筛选步骤

国家知识产权数据库的时间窗口为 1985—2019 年，国泰安披露的时间窗口为 1999—2019 年，为了二者的匹配性，本书的专利数据收集时间窗口为 1999—2019 年。具体筛选步骤如下：

（1）本书从国家知识产权局网站下载 1999—2019 年中国专利的基本信息以及法律事件信息。

（2）在上述数据中挑选出发生许可、买卖与合作研发的专利。

（3）进行观测单元的转换。上述数据的观测单元为专利，而本书的观测单元为企业，所以需要将观测单元为专利的数据转化为观测单元为专利法律事件实施主体的数据。具体做法为按照开放式创新的开放方式（内向型、外向型与耦合型），将这些专利法律活动进行分类，随后将这些专利法律事件的实施主体确定为观测单元。例如，内向型开放式创新中，专利法律事件的实施主体是从外界接受许可或者购买专利，那么以接受许可或者购买专利的实施主体作为观察单元。外向型开放式创新中，专利法律事件的实施主体是将自己的专利向外许可或者卖出，那么以卖出或者让与专利的实施主体作为观测单元。耦合型开放式创新活动利用共有专利的申请进行刻画。为了便于确定观测单元，本书选取共有专利的申请人数量为 2 的专利，刻画耦合型开放式创新活动而将共有专利的两位申请人均作为观测单元。

（4）挑出专利法律事件实施主体为企业的观测单元数据。由于实施专利法律事件的主体包括个人、企业、高校及科研机构、医院、政府机构以及其他组织，而本书的研究对象为企业，所以挑选出专利法律事件实施主体为企业的数据，舍弃其他组织性质的数据。对于合作研发的专利而言，合作研发人中有一个组织的性质是企业的则保留，否则舍弃。如果两个组织的性质中有一个是企业，则该企业为观测单元，另一个组织为合作对象；如果两个组织的性质都为企业，那么分别将这两个组织作为观测单元，另外的企业为合作对象进行数据匹配与数据统计。

（5）按年度统计观测单元企业实施专利法律事件的开放式创新的相关数据。

①开放度的统计。本书主要研究企业的开放广度与开放深度。开放广度是指在观察年与观测单元合作的组织总数。开放深度指观测单元企业与合作组织

发生专利交易或者合作研发的平均件数。具体计算方法是观测单元在观察年发生专利买进、卖出，专利内向许可、外向许可以及合作研发的专利的总数除以与之合作的组织总数。

②开放对象组织多样性。将开放对象的组织性质通过天眼查查询，并做好分类标记。组织性质包括用户（终端和中间方）、行业内竞争对手、行业外企业、供应商、经销商、技术中介组织、风险投资企业、高校、科研院所与政府机构。

③开放对象国别多样性的统计。将开放对象国别通过天眼查查询。对开放对象所在国别进行统计，对不同国别进行编码。国家包括中国、美国、日本、德国、意大利、澳大利亚等。

④开放式创新网络中心度的统计。将观测单元企业与开放式创新合作伙伴构造 $m \times m$ 矩阵。若观测单元企业与发生联结的企业之间有联结，则标注为1，否则为 0。然后应用网络分析软件 UCINET 计算出创新网络中心度。

（二）公司治理数据的筛选步骤

（1）下载数据。从国泰安数据库下载上市公司 1999—2019 年董事会结构与规模、高管激励、股权结构、财务报表与研发创新等相关数据。

（2）因为金融行业公司的财务制度、会计特征与其他行业存在较大差异，所以剔除属于金融行业的上市公司。

（3）剔除 ST、*ST 类公司。此类公司已偏离正常的经营状态，很可能出现财务状况异常现象，此类数据会干扰实证结果，应剔除。

（4）完善缺失值。通过手工查询以及插值法填充的方式进行缺失值补充。缺失值可以通过中国证券监督管理委员会网站以及新浪网的财经板块中所提供的上市公司高管信息进行补充。有些董事会及高管的基本信息，如教育背景以及海外经历是缺失的，需要通过手工查询补充。

（5）公司治理与企业开放式创新数据进行匹配，确定回归样本企业，以发生专利法律事件的企业名称与年份作为两部分数据的匹配链接，随后将匹配后的数据构建非平衡面板数据，得到实证研究的样本企业数据。面板数据信息一共有 3017 条。

（6）企业创新绩效数据的统计。将 1124 家回归样本企业名称与国家知识产权数据库中的专利申请人名单进行匹配，并统计这些企业在观测年的专利申请量。

以上具体筛选样本数据的过程见图 4-1。为了防止样本数据出现异常值，本研究对样本数据中的连续变量均进行了1%的缩尾处理。

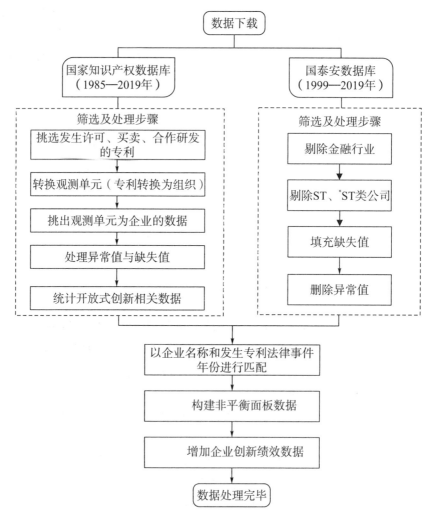

图 4-1　中国上市公司与国家知识产权局数据匹配流程图

三、样本数据特征描述

本小节对经国泰安数据库与国家知识产权局数据库匹配得到的1124家上市公司进行特征描述，主要从企业层面、开放式创新层面以及公司治理层面展开。

（一）企业层面

该部分主要针对企业层面进行描述，主要包括企业所在行业、企业性质、企业地域分布与上市公司的股票类型。

1. 企业所在行业

本研究的样本企业行业分布广泛,总共分布在 63 个行业中。这些行业中企业数量占比在 1% 以上的 22 个行业类型如图 4-2 所示。处于计算机、通信和其他电子设备制造业的企业数量最多,有 150 家,占比 13.35%;其次是医药制造业,共有 105 家,占比 9.34%;位居第三的是化学原料及化学制品制造业,有 104 家,占比 9.25%。由此可以看出,开放式创新活动实施较多的企业以高科技行业的企业居多。

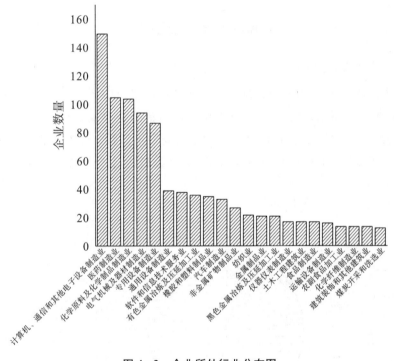

图 4-2　企业所处行业分布图

2. 企业性质

本研究的样本企业性质可以划分为国有企业、民营企业以及外资企业。样本企业性质分布如图 4-3 所示。开放式创新数量最多的为民营企业,占比 61.12%;其次为国有企业,占比 36.03%;最后是外资企业,占比 2.85%。

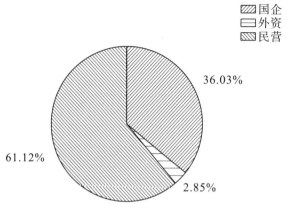

图 4-3　企业性质分布

3. 企业地域分布

中国的省（区、市）可以划分为东部、西部以及中部①，样本企业地域分布图如图 4-4 所示。可以看出开展开放式创新的企业主要聚集在东部地区，占比 75.98%；而西部地区的开放式创新活动最不活跃，样本企业中占比仅为 4.98%；中部地区参与开放式创新的企业数量占比介于东部和西部之间，为 19.04%。

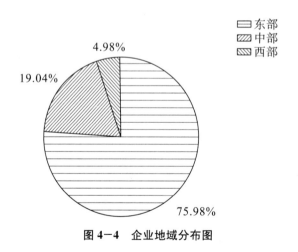

图 4-4　企业地域分布图

4. 企业上市类型

样本企业上市类型包括主板、中小板和创业板，如图 4-5 所示。从中可

_____

① 国家统计局：《东西中部和东北地区划分方法》，2011 年。

以看出开放式创新活动中，主板上市公司占据了主要地位，数量占比为47.87%；其次为中小板，占比为32.65%；占比最少的为创业板19.48%。

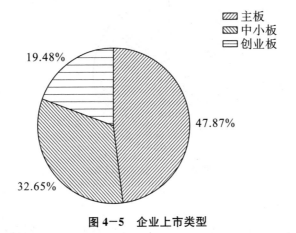

图4-5　企业上市类型

（二）开放式创新层面

本研究从开放式创新方式、开放式创新类型、开放类型数量占比与开放对象组织性质四个方面进行样本数据特征描述。通过对样本数据进行较为全面的剖析，本研究从专利视角进一步明确了中国上市公司开放式创新的具体情况。

1. 开放式创新方式

本书主要从企业开展专利的买进卖出、专利的向外许可以及向内许可、企业之间的合作研发来刻画企业的开放式创新活动。研究样本的开放式创新方式如图4-6所示。用合作研发开展开放式创新的企业数量占了主要份额，占比为53.43%；其次为专利买卖，占比为27.88%；专利许可的占比最小，为18.69%。

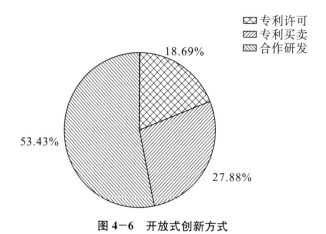

图 4-6   开放式创新方式

2. 开放式创新类型

本书在第二章开放式创新测量部分已经介绍了开放式创新类型可以分为内向型、外向型以及耦合型。内向型开放式创新是指企业将外界与创新相关的技术与知识引入企业内部，外向型开放式创新是指企业将企业内部的创新技术转让或者许可给其他组织使用或者持有，耦合型开放式创新是指企业通过合作研发与战略联盟等方式进行开放式创新（Lichtenthaler 和 Ernst，2010）。样本的开放式创新类型如图 4-7 所示。从图中可以看出，采用耦合型开放式创新方式的企业最多，占比 53.43%；其次是外向型开放式创新，占比 26.52%；最后是内向型开放式创新，占比 20.05%。

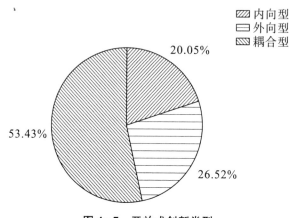

图 4-7   开放式创新类型

3. 开放类型数量占比

有些企业在开展开放式创新活动时，往往会采用两种及以上的开放类型，如既有内向型，又有外向型，甚至还包括耦合型。在此，本研究对企业开展开放式创新的开放类型进行统计，具体信息见图4-8。采用三种方式的企业数量占比仅为1.26%；采用两种方式的企业数量占比为13.06%；大部分企业还是采用一种开放方式，占比为85.68%。

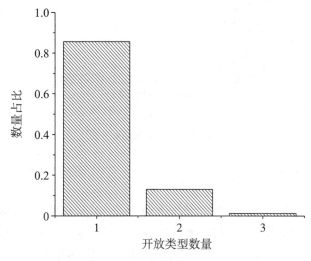

图4-8 开放类型数量占比

4. 开放对象组织性质

企业的开放式对象组织性质呈现出多样性，在此本研究按照个人、企业、高校、科研机构以及其他的组织进行统计。样本企业开展开放式创新活动的组织性质的分布情况如图4-9所示。其中企业的占比最高，为74.18%；其次为高校和科研机构，两者占比分别为16.57%、5.70%；个人占比为3.18%。

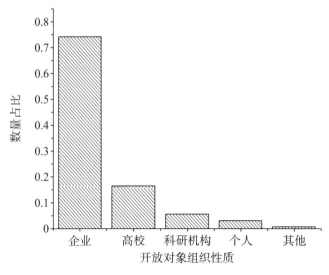

图 4-9　开放对象组织性质

（三）公司治理层面

本研究从董事会规模、独立董事人员占比、CEO两职分离情况进行公司治理层面的样本数据特征分析。通过分析，本书发现设置董事会成员数量为9的企业的占比最高，为49.92%；独立董事人员数量最多的是3个人，占比68.21%；CEO两职分离情况占了主要比例，为72.42%。

1. 董事会规模

董事会规模对企业绩效会产生影响。企业董事会规模分布如图4-10所示。从图中可以看出样本数据的董事会成员规模介于4和19之间。董事会成员数量为9的企业数量最多，占比为49.92%；董事会成员数量为7和11的企业数量较多。

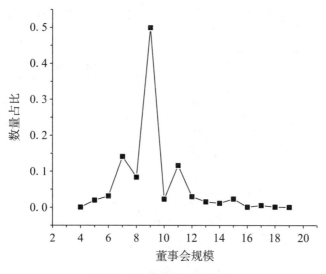

图 4-10 董事会规模分布

2. 独立董事人员占比

样本企业的独立董事人员数量分布如图 4-11 所示。从图中可以看出，样本企业的独立董事数量分布范围为 0~8。独立董事人员数量为 3 个人的占比最高，为 68.21%。

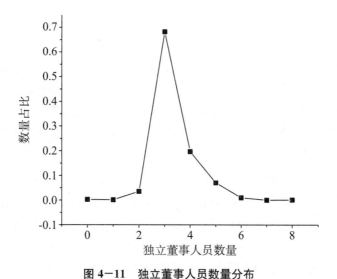

图 4-11 独立董事人员数量分布

3. CEO 两职分离情况

样本企业的 CEO 两职分离情况如图 4-12 所示。从图中可以看出样本企业的 CEO 两职分离情况占了主要比例，为 72.42%；而 CEO 两职合一情况占比较小，为 27.58%。

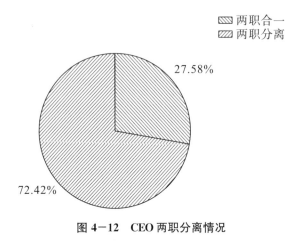

图 4-12 CEO 两职分离情况

第二节 变量定义与测量

一、因变量

企业创新绩效（OI＿perfor）：衡量企业创新绩效的指标呈现出多样化。有的研究采用发明专利申请数量等 R&D 产出指标来衡量（Katila，2000）；有的采用市场指标和财务指标来衡量（闫春等，2014），如销售增长率、利润率和托宾 Q 值等。采用市场指标和财务指标来衡量企业创新绩效会存在一定的局限性。市场指标会受到企业创新行为的影响，但同时也会因市场、政策等其他因素发生变化，因而不能片面地断定企业创新绩效主导了市场指标的改变。财务指标有可能会存在一定的失真现象，无法客观反映企业的真实情况。本研究使用观察年发明专利申请数量来衡量企业创新绩效。专利具有独创性、独占性和排他性（Artz et al.，2010）。企业就创新技术、工艺或者产品向专利局提出专利申请，专利局会从新颖性、创造性和实用性等多个维度进行综合评判并严格审查，符合标准的才予以批准。所以专利代表了公司的研发实力和智慧结晶，可以较为客观地反映公司的研发创新水平。发明专利申请数量是企业创新成果多少的体现，可用来表征企业创新绩效。

二、自变量

董事会资本广度（BC_breadth）：本研究中的董事会资本广度是从董事会成员教育背景、职业背景、海外背景以及兼任背景的多样性来衡量。对于董事会教育背景多样性的统计计算而言，本书借鉴崔小雨等（2018）对董事会成员教育背景的分类方法，将董事会成员的学历分为五类，即低于大专、大专、本科、硕士和博士，并分别统计董事会成员各学历的人数。对于董事会职业背景多样性的统计计算而言，本书将职业划分四个大类，分别为管理类、技术类、财务类、法律类，并分别统计董事会成员四大类职业背景所占的人数。其中管理类包括人力资源岗和管理层，技术类包括生产、研发与设计岗，财务类包括财务和金融岗，法律类指企业法律岗。对于董事会成员海外背景多样性的统计计算而言，有海外背景的董事标记为 1，没有海外背景的董事标记为 0，并分别统计各类董事的人数。对于董事兼任背景多样性的统计计算而言，本研究对兼任董事所在的兼任企业行业类别进行分析并统计数量。董事兼职行业参照证监会 2012 年行业分类指南，制造业按照二级代码分类[①]，其他行业按照一级代码分类，共计 19 个行业虚拟变量（吴颖宣等，2018）。本研究发现部分企业的董事兼任的企业数量在 1 家以上，针对这种情况本研究发现兼任董事的行业并不具有非常分散的特点，而是相对集中在本企业所在行业或者相近行业。对于兼任企业数量在 1 家以上的董事，本研究以兼任企业所在行业数量最多的行业作为该董事的兼任行业。

在计算上述董事会四个维度的多样性时，本书充分参考了已有的相关研究，最终使用具有科学性的 Blau 指数来衡量（Rushton，2008）。Blau 指数的计算方法是用 1 减去每个类型变量所占比重的平方和，Blau 指数的取值区间为 [0，1]。数值越接近于 1 说明组织的异质性越强。

$$\text{Blau} = 1 - \sum_{i=1}^{k} P_i^2 \qquad (4-1)$$

其中，P_i 为第 i 类别成员在董事会中所占的比例，k 为类别的总数量。

董事会资本广度由上述董事会四个维度的多样性拟合而成。本研究利用加总方法，将每一个维度进行加总后得到董事会资本广度（Cronbach，1951；Haynes et al.，2010）。董事会资本广度介于 0~4，越靠近 4 说明广度越高，

---

① 中国证监会：《上市公司行业分类指引（2012 年修订）》，2012 年。

越靠近 0 说明广度越低。

董事会资本深度（BC_depth）：本书将董事会资本深度划分为两个具体的替代变量，分别是董事会成员在本行业的嵌入度和外部董事在本行业的嵌入度（Haynes 和 Hillman，2010）。本书采用董事在观察企业的任期衡量本行业的嵌入度。任期越长，嵌入度越高。外部董事在本行业的嵌入度采用连锁董事链接到的合作组织数量来衡量。数量越大，则嵌入度越高。本研究仍然利用加总方法，将每一个维度取对数后进行加总得到董事会资本深度的值。

三、中介变量

该部分变量为企业的开放式创新的相关变量。开放式创新内涵丰富，企业在开展开放式创新活动时，需要考虑去哪里开放、与谁开放合作、开放程度是大还是小、怎样合理利用开放式创新网络获取创新资源及信息等问题。为了全面、客观地描述与展现企业开放式创新活动，本研究基于开放度、开放对象组织多样性、开放对象国别多样性以及开放式创新网络中心度四个维度测量开放式创新。

开放度：开放度的测量，使用最广泛的是 Laursen 和 Salter 最早提出的"开放广度"和"开放深度"两个指标，其中开放广度指与观察企业合作的组织个数，开放深度指观察企业与合作组织合作的频率（Laursen 和 Salter，2006）。本书也采用开放广度（O_broaden）与开放深度（O_depth）来衡量企业的开放度。开放广度主要用开放式创新活动中与观测企业发生合作关系的组织数量总和来衡量。数量越高，开放广度越高。开放深度用观测企业许可、买卖与合作研发的专利总数除以合作组织的数量来衡量。数值越高，开放深度越深。

开放对象组织多样性（O_diversity）：本研究中开放对象的组织性质是指在开放式创新活动中，与观测企业合作者的身份，包含用户（终端和中间方）、行业内竞争对手、行业外企业、供应商、经销商、技术中介组织、风险投资企业、高校、科研院所、政府机构及其他（Huang et al.，2018）。将这些组织性质归类并按照分类变量赋值。随后利用公式（4-1）计算出开放对象组织性质的 Blau 指数来衡量开放对象组织性质多样性。

开放对象国别多样性（O_oversea）：本研究对开放对象的国别进行归类并按照分类变量赋值。随后利用公式（4-1）计算出开放对象国别的 Blau 指数来衡量开放对象国别多样性。开放对象的国别涉及中国、美国、日本、德国、澳大利亚、英国等国家。

开放式创新网络中心度（O_link）：在创新网络中，中心性结构反映了创新主体处于网络中心位置的程度以及网络地位。度中心度越高，说明观测企业在其创新网络中的联结越多，相互影响的作用越强烈，对企业开放式创新的影响力越大（Wasserman，1995）。具体的算法依据公式（4-2）与（4-3），其中 X_{ij} 代表企业 j 是否和企业 i 有连锁关系，g 是网络中的总企业数，$C_D(n^*)$ 是 $C_D(n)$ 中最大的度中心度。本书利用 UCINET 软件计算开放式创新网络中心度。首先，本研究将观测企业与合作企业数据构造 $m \times m$ 矩阵，若观测企业与合作企业之间有联结标注为 1，否则为 0。其次应用网络分析软件 UCINET 进行处理。

$$C_D(n_i) = d(n_i) = \sum_{i=1}^{g} X_{ij} \tag{4-2}$$

$$C_D = \frac{\sum_{i=1}^{g}\left[C_D(n^*) - C_D(n_i)\right]}{\max \sum_{i=1}^{g}\left[C_D(n^*) - C_D(n_i)\right]} \tag{4-3}$$

四、调节变量

高管股权激励（Stockhold）：高管股权激励采用高管持有股份的比例进行度量。高管持股比例为高管持股数除以企业总股数（贾春香等，2019）。高管包括总经理、副总经理、总裁、副总裁、CEO、CFO、董事会秘书以及年度财报上公开披露的其他高级管理人员（包括董事中在公司中兼任的高管人员）。

股权性质（F_own）：该变量为虚拟变量，若该企业的第一大股东为国有控股，则该企业为国有企业，该变量标记为 1。其他情况则标记为 0。

五、控制变量

企业规模（F_size）：企业规模会影响企业开放式创新活动（Lee et al.，2010）。与此同时，企业规模不同，公司治理水平也有不同（Ettredge et al.，2011）。本研究采用企业总资产的自然对数衡量企业规模。

企业年龄（F_age）：Haynes 和 Hillman（2010）认为企业年龄对公司的董事会资本会产生影响。企业年龄越长越有利于董事会资本效应的发挥。与此同时，企业年龄会影响企业的开放式创新活动。本研究用观测年与公司成立年之差的自然对数衡量企业年龄。

企业吸收能力（AC）：企业的吸收能力是指企业将外部知识与技术转化为

自身竞争力的能力。企业吸收能力与创新产出效率正相关（Lau et al.，2015）。现有文献通常使用企业研发投入占营业收入的比值衡量吸收能力（杨慧军等，2016）。尽管该指标可以在国泰安数据库中获得，但是时间跨度为2007—2019 年，该跨度无法覆盖本书的实证研究事件窗口，会导致实证结果出现偏差。基于此，本书借鉴 Li-Ying et al. （2015）的方法，以企业发生专利事件年前 5 年的专利申请数量的自然对数为代理变量刻画企业吸收能力。

净资产收益率（Roe）：净资产收益率代表企业发展能力，反映了企业资本运营的综合效应。资本运营综合效应好的公司更重视创新活动（刘凤朝等，2017）。本书用净利润与股东权益平均余额的比值衡量净资产收益率。

资产负债率（Lev）：资产负债率是企业财务风险的体现。资金紧张的情况下，企业会削减创新投入，尤其对于投资规模大，周期长的创新方案持谨慎态度（李显君等，2018）。资产负债率的计算公式为总负债/总资产×100%。

董事会规模（B_size）：董事会规模可影响企业创新活动，适中的董事会规模有利于企业创新（Abebe 和 Myint，2018）。本研究采用董事会成员数量的自然对数来衡量董事会规模大小。

独立董事占比（Ind_ratio）：研究表明独立董事会促进企业开展创新活动（李玲等，2013）。该变量用独立董事数量占董事会成员总数的比例来衡量。

CEO 两职分离（Duality）：CEO 两职分离可以直接或者间接地影响企业创新（Blibech et al.，2018；Li et al.，2019）。该变量采用虚拟变量，若董事长与总经理为同一个人则为 0，否则为 1。

董事会成员年龄多样性（Age_div）：研究表明年龄多样性会对企业创新产生影响。董事的年龄越大，思想越守旧，越不利于企业创新（Nielsen et al.，2018）。本研究将董事年龄进行分类，分别为小于 30 岁、30～39 岁、40～49 岁、50～59 岁、60～69 岁、70 岁及以上。分别统计属于这几类年龄的董事数量，并采用公式（4-1）计算 Blau 指数，用该指数表征董事会成员年龄多样性，指数越接近于 1，多样性越高；反之，越低。

董事会成员性别多样性（Gender_div）：研究表明董事的性别会影响企业创新。相较于男性而言，女性的风险厌恶程度较高，对创新持保守状态（Li et al.，2017）。本研究将性别分为男性与女性，分别统计董事的性别数量，并采用公式（4-1）计算 Blau 指数，用该指数表征董事会成员性别多样性。指数越接近于 1，多样性越高；反之，越低。

董事会成员中高管人数比例（TMT_ratio）：按照常理，董事会与高管团队分工明确，且是两套人马。董事会聚焦战略部署工作，同时监督与激励高管落地执行。高管团队重在战略执行与企业日常经营。但在现实生活中，一些中小型企业的董事会成员同时担任高管团队成员，这会产生较严重的委托代理问题，致使公司创新决策的制定与执行发生偏差（方红星等，2013）。基于此，本研究认为需要控制该变量。本研究采用同为董事会成员与高管团队成员的人数除以董事会总人数来衡量。

股权制衡度（Fcb）：股权制衡度体现了公司股东之间相互牵制、相互制衡的程度。朱德胜等（2016）提出股权制衡度与企业的创新效率呈正相关关系。制衡度越高，企业创新效率越高。该变量的计算公式为第二到第五大股东所持股份之和除以第一大股东所持股份。比例越高说明股权制衡度越强。

股权集中度（Oc）：股权集中度体现了股东对企业的控制权，该变量会影响企业创新绩效（刘振等，2018）。一方面，适度的持股比例可提高股东对企业经营决策的话语权，缓解委托代理问题，提高创新绩效；另一方面，过高的持股比例会引发"一股独大"问题，反而有可能阻碍企业创新发展。该变量使用第一大股东持股比例进行测量。

高管薪酬激励（Eci）：对高管实行薪酬激励，可有效促进高管做出并实施有利于企业发展、维护股东权益的决策（Wheatley et al.，2010）。薪酬激励更多体现的是激励机制的短期效应，与股权激励的长期效应存在一定的区别。该变量用前三名高管年薪总额的自然对数来衡量。

行业（Industry）：不同行业的开放式创新活动会呈现出不同程度。如相较于传统制造业，高科技行业的开放式创新活动更为踊跃。本研究采用中国证券监督管理委员会发布的《上市公司行业分类指引（2012年修订）》[1]进行分类。在回归时我们对该变量进行了控制。

年份（Year）：本研究获取数据的年度跨度较大，不同年度的企业所遇到的宏观经济环境、政策制度背景不一样，这很可能影响企业的创新活动。本书将年份设置为虚拟变量。

综上所述，本书的各个变量以及相应的测量或者计算方法如表4-1所示。表中标*的变量通过log（variable+1）的方式取自然对数，且这些变量均做了1%的缩尾处理以降低数据的异常值。

---

[1] 中国证监会：《上市公司行业分类指引（2012年修订）》，2012年。

表 4-1 相关变量简介

变量简称	变量含义	计算方法简介
因变量（Dependent variable）		
Inno_perfor	企业创新绩效	企业授权专利申请总量
自变量（Independent variables）		
BC_breadth	董事会资本广度	董事会教育背景异质性＋职业背景异质性＋海外背景异质性＋兼任背景异质性
BC_depth*	董事会资本深度	董事会任期的自然对数＋连锁董事联结的组织数量的自然对数
中介变量（Mediating variables）		
O_broaden*	开放广度	与观测企业进行专利交易与合作研发的组织数量的自然对数
O_depth	开放深度	与观测企业进行交易与合作研发的专利总数/专利交易与合作研发的组织数量
O_diversity	开放对象组织多样性	$D_1 = 1 - \sum_{i=1}^{k} P_i^2$，其中 P_i 是第 i 种组织所占董事会人数比例，k 为类别的总数量
O_oversea	开放对象国别多样性	$D_2 = 1 - \sum_{i=1}^{k} P_i^2$，其中 P_i 是第 i 种国别所占董事会人数比例，k 为类别的总数量
O_lock	开放式创新网络中心度	$$C_D(n_i) = d(n_i) = \sum_{i=1}^{g} X_{ij}$$ $$C_D = \frac{\sum_{i=1}^{g}[C_D(n^*) - C_D(n_i)]}{\max \sum_{i=1}^{g}[C_D(n^*) - C_D(n_i)]}$$ X_{ij} 代表企业 j 是否和企业 i 有连锁关系，g 是网络中的总企业数，$C_D(n^*)$ 是 $C_D(n)$ 中最大的度中心度
调节变量（Moderate variables）		
Stockhold	高管持股比例	高管持股数与企业总股数的百分比
F_Own	股权性质	=1（国有控股），=0（非国有控股）
控制变量（Control variables）		
F_size*	企业规模	企业总资产的自然对数
F_age*	企业年龄	观察年与企业成立年份之差的自然对数

续表4-1

变量简称	变量含义	计算方法简介
AC*	企业吸收能力	专利事件年前五年中企业专利申请数量自然对数
Roe	净资产收益率	净利润与股东权益平均余额的比值
Lev	资产负债率	总负债/总资产×100％
B_size*	董事会规模	董事会成员数量
Ind_ratio	独立董事占比	独立董事数量/董事会规模
Duality	CEO两职分离	=0（董事长兼任CEO），=1（董事长不兼任CEO）
Age_div	董事会成员年龄多样性	$D_3 = 1 - \sum_{i=1}^{k} P_i^2$，其中 P_i 是第 i 种年龄所占董事会人数比例，k 为类别的总数量
Gender_div	董事会成员性别多样性	$D_4 = 1 - \sum_{i=1}^{k} P_i^2$，其中 P_i 是第 i 种性别所占董事会人数比例，k 为类别的总数量
TMT_ratio	同为董事与高管的占比	既是董事又是高管的人数/董事会规模
Fcb	股权制衡度	第二到第五大股东所持股份之和/第一大股东所持股份
Oc	股权集中度	第一大股东持股比例
Eci*	高管薪酬激励	前三名高管年薪总额的自然对数
Industry	行业	2012年版证监会行业分类标准生成的虚拟变量
Year	年份	根据专利法律事件年生成的虚拟变量

注：标*的变量均取自然对数 lg（variable＋1）。

第三节 模型建立

本研究的实证分为三大部分，分别为董事会资本对企业开放式创新影响的实证研究、董事会资本对企业创新绩效影响的实证研究，以及开放式创新对董事会资本与企业创新绩效的中介效应的实证研究。本研究分别对这三部分实证研究中用到的模型进行介绍与梳理。

一、董事会资本对企业开放式创新影响的实证模型

该部分实证主要包括研究董事会资本广度与深度对企业开放式创新活动中的开放度、开放对象组织多样性、开放对象国别多样性以及开放式创新网络中心度的影响，与此同时本研究还考察了高管持股比例以及股权性质对上述二者关系的调节作用。开放式创新的数据为连续变量，服从正态分布，所以本书采用固定效应模型。同时，本书固定了企业的个体效应，控制了年份以及行业的虚拟变量。具体的概率函数如公式（4-4）所示。

$$y_{it} = \beta_1 x_{it1} + \beta_2 x_{it2} + \cdots + \beta_K x_{itK} + \varepsilon_i \,(i=1,\ 2,\ \cdots,\ n) \qquad (4-4)$$

其中，n 为样本容量；解释变量 x_{itk} 的下标表示第 i 个企业，在 t 年份，第 k 个解释变量（$k=1,\ 2,\ \cdots,\ K$），共有 K 个解释变量。

对于高管持股比例以及股权性质的调节作用的检验，本研究采用温忠麟提出的调节效应检验程序（温忠麟等，2005），如图 4-13 所示。其中 X 为自变量，Y 为因变量，M 为调节变量，a、b、c 为变量前的系数，e 为误差项。在分析调节效应时，自变量和调节变量需要中心化处理。随后回归并分析估计和检验交叉项的系数 c 的显著性。如果 c 显著（即 H0：$c=0$ 的假设被拒绝），说明 M 的调节效应显著。

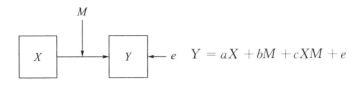

图 4-13　调节变量示意图

在调节效应检验中本研究用到的层次回归模型如公式（4-5）～（4-6）所示。通过比较在加入交互项前后的 R^2 是否有明显的增加或者方程中的交互项系数 η_2 是否显著来判断调节效应是否显著。

第一步：将自变量董事会资本与调节变量高管股权激励/股权性质同时放入回归模型，因变量为开放式创新的四个维度，得到回归方程的系数 R^2。

$$OI_{it} = \alpha_i + \delta_t + \beta_1 \sum X_{it} + \eta_1 \sum M_{it} + \gamma \sum Z_{it} + \varepsilon_{it} \qquad (4-5)$$

第二步：在第一步的基础上加入自变量与调节变量的交互项，得到回归方程的系数 R^2。

$$OI_{it} = \alpha_i + \delta_t + \beta_1 \sum X_{it} + \eta_1 \sum M_{it} + \eta_2 \sum X_{it} \times \sum M_{it} + \gamma \sum Z_{it} + \varepsilon_{it}$$

$$(4-6)$$

以上两步中，OI_{it} 为企业 i 在年份 t 的开放式创新的四个维度，X_{it} 为企业 i 在年份 t 的董事会资本广度与资本深度的相关变量，M_{it} 为企业 i 在年份 t 的高管持股比例以及股权性质，$\sum X_{it} \times \sum M_{it}$ 为董事会资本与高管持股比例或者股权性质的交互项，Z_{it} 为企业 i 在年份 t 的控制变量，α_i 和 δ_t 是企业和年份的固定效应，ε_{it} 为误差项。

二、董事会资本及开放式创新对创新绩效影响的实证模型

在董事会资本对企业创新绩效影响的实证部分，以及开放式创新对企业创新绩效影响的实证部分中，被解释变量均为创新绩效，而本研究采用企业在观察年发明专利申请数量来衡量创新绩效。所以该变量涉及计数型变量，通常采用泊松回归模型（Ahuja et al.，2001）。但是使用该模型的限制条件较为严格，即数据结构必须满足均值等于方差。但在现实生活中，数据往往呈现过度离散的状态。因此，现有研究在大多数情况下会使用负二项回归模型（Wei et al.，2015）。负二项回归模型要求数据成离散型分布。负二项回归模型具体的概率函数如公式（4−7）所示。

$$Pr(y_{it} = r) = \left(\frac{\theta}{\lambda_{it} + \theta}\right)^{\theta} \frac{\Gamma(\theta + r)}{\Gamma(r+1)\Gamma(\theta)} \left(\frac{\lambda_{it}}{\lambda_{it} + \theta}\right)^{r} \qquad (4-7)$$

其中，$r=0$，1，2，…。模型中包含两个参数 λ_{it} 和 θ，其中 λ_{it} 为 y_{it} 的期望均值；θ 为过度离散参数，用来衡量分布的离散程度。$\Gamma(\cdot)$ 为 gamma 函数。

三、开放式创新中介效应的实证模型

为了检验开放式创新对企业公司治理与企业创新绩效关系的中介效应，本研究模型采用温忠麟提出的中介效应检验程序（温忠麟等，2004）以及模型来检验本书中提出的研究假设。相关的检验模型如图 4−14，检验程序如图 4−15。在图 4−14 中，X 为自变量，Y 为因变量。M 为 X 与 Y 关系的中介变量。a、b、c、c' 为变量前的系数，e_1、e_2、e_3 为误差项。

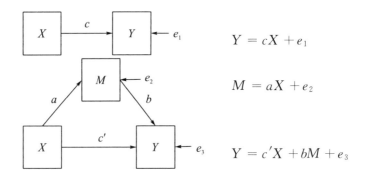

图4-14 相关的检验模型

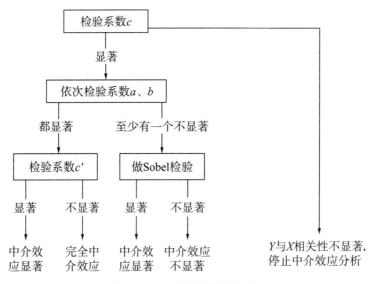

图4-15 中介效应检验程序

在中介效应检验中本研究用到的层次回归模型如公式（4-7）～（4-9）所示。

第一步：将因变量创新绩效与自变量董事会资本同时放入回归模型公式（4-8）中。

$$\text{Inno\_perfor}_{it} = \alpha_i + \delta_t + \beta_1 \sum X_{it} + \gamma \sum Z_{it} + \varepsilon_{it} \qquad (4-8)$$

第二步：将中介变量开放式创新的四个维度与自变量董事会资本同时放入回归模型公式（4-9）中。

$$OI_{it} = \alpha_i + \delta_t + \beta_1 \sum X_{it} + \gamma \sum Z_{it} + \varepsilon_{it} \qquad (4-9)$$

第三步：将因变量创新绩效、中介变量开放式创新的四个维度以及自变量董事会资本同时放入回归模型公式（4−10）中。

$$\text{Inno\_perfor}_{it} = \alpha_i + \delta_t + \beta_1 \sum X_{it} + \beta_2 \sum OI_{it} + \gamma \sum Z_{it} + \varepsilon_{it}$$

$$(4-10)$$

以上三步中，Inno_perfor_{it} 为企业 i 在年份 t 的创新绩效；X_{it} 为企业 i 在年份 t 的董事会资本广度与资本深度的相关变量；OI_{it} 为企业 i 在年份 t 的开放式创新的相关变量，即开放度、开放对象组织多样性、开放对象国别多样性、开放式创新网络中心度四个维度；Z_{it} 为企业 i 在年份 t 的控制变量；α_i 和 δ_t 是企业和年份的固定效应；ε_{it} 为误差项。

中介效应的检验环节既涉及面板数据的负二项回归模型，又涉及固定效应面板回归模型。公式（4−8）和（4−10）采用负二项面板回归模型，公式（4−9）采用固定效应回归模型。中介效应的检验程序如图 4−15 所示，具体的检验步骤如下：

（1）检验企业创新绩效与董事会资本关系的回归系数 c，如果显著，继续下面的第（2）步。否则停止分析。

（2）做 Baron 和 Kenny（Baron et al.，1986）部分中介效应检验，即依次检验开放式创新与董事会资本关系的系数 a，以及企业创新绩效与开放式创新关系的系数 b。如果都显著，意味着董事会资本对企业创新绩效的影响至少有一部分是通过中介变量开放式创新实现的，第一类错误率小于或等于 0.05，继续下面第 3 步。如果至少有一个不显著，由于该检验的功效较低（即第二类错误率较大），所以还不能下结论，转到第 4 步。

（3）做 Judd 和 Kenny（Judd et al.，1981）完全中介检验中的第三个检验（因为前两个在上一步已经完成），即检验系数 c'。如果不显著，说明是完全中介过程，即董事会资本对企业创新绩效的影响都是通过中介变量开放式创新实现的；如果显著，说明只是部分中介过程，即董事会资本对企业创新绩效的影响只有一部分是通过中介变量开放式创新实现的。检验结束。

（4）做 Sobel 检验（Sobel，1982）。如果显著，意味着开放式创新的中介效应显著；否则中介效应不显著。检验结束。

第四节　本章小结

　　本章对开展实证研究的样本数据来源、样本筛选以及变量定义、模型建立做了相应的梳理。具体而言，在样本数据来源部分，本章首先介绍了数据来源，随后详细介绍了样本数据的筛选过程，最后对样本数据的特征进行了描述。在变量定义与测量部分，本研究详细介绍了每个变量的定义、简称以及测量。在模型介绍部分，本研究从实证的三大部分分别介绍了每个部分用到的模型以及中介效应、调节效应的检验流程。

第五章 董事会资本、开放式创新与企业创新绩效关系的实证研究

本章利用上述的研究样本针对第三章提出的理论框架以及研究假设进行实证分析。本章主要包含实证样本的描述性统计及相关性分析，实证结果、稳健性检验、异质性检验、假设检验结果汇总及讨论以及路径分析与机制提炼几个部分。

第一节 描述性统计及相关性分析

在进行实证分析之前，本研究首先对样本数据进行描述性统计以及相关性分析，结果如表 5-1 所示。表中详细显示了各个变量的均值、标准差、分位数、最小值以及最大值等信息。从表 5-1 中可以看出，各变量的数据都较为平稳，并未出现过度离散的情况，也没有出现受极端值影响的情况。

表 5-1 各变量的描述性统计

Variables	N	Mean	SD	P25	Median	P75	Min	Max
1. OI _ perfor	3017	13.68	47.35	1.00	2.00	7.00	0.00	372.00
2. O _ broaden	3017	0.90	0.40	0.69	0.69	1.10	0.69	2.77
3. O _ depth	3017	2.10	2.38	1.00	1.00	2.00	1.00	17.00
4. O _ diversity	3017	0.05	0.14	0.00	0.00	0.00	0.00	0.73
5. O _ oversea	3017	0.02	0.14	0.00	0.00	0.00	0.00	1.00
6. O _ lock	3017	0.35	0.54	0.13	0.17	0.29	0.10	3.87
7. BC _ breadth	3017	1.86	0.58	1.54	1.92	2.30	0.43	2.94

Variables	N	Mean	SD	P25	Median	P75	Min	Max
8. BC_depth	3017	3.84	0.56	3.50	3.87	4.20	1.95	5.88
9. Stockhold	3017	0.71	0.45	0.00	1.00	1.00	0.00	1.00
10. F_Own	3017	0.47	0.50	0.00	0.00	1.00	0.00	1.00
11. F_size	3017	22.49	1.54	21.38	22.19	23.40	19.96	27.35
12. F_age	3017	2.65	0.43	2.48	2.71	2.94	1.10	3.47
13. Roe	3017	0.09	0.10	0.04	0.08	0.13	−0.39	0.34
14. Lev	3017	0.44	0.20	0.28	0.44	0.59	0.05	0.86
15. Oc	3017	0.37	0.16	0.25	0.35	0.50	0.09	0.82
16. B_size	3017	2.30	0.18	2.20	2.30	2.30	1.79	2.77
17. Duality	3017	0.72	0.45	0.00	1.00	1.00	0.00	1.00
18. Ind_ratio	3017	0.37	0.06	0.33	0.33	0.40	0.25	0.57
19. Fcb	3017	0.66	0.59	0.20	0.49	0.97	0.02	2.76
20. Eci	3017	14.19	1.82	13.90	14.38	14.77	0.00	16.44
21. TMT_ratio	3017	0.26	0.15	0.14	0.25	0.36	0.00	0.67
22. AC	3017	2.31	1.62	1.10	2.20	3.26	0.00	7.43
23. Gender_div	3017	0.18	0.15	0.00	0.19	0.30	0.00	0.49
24. Age_div	3017	0.58	0.11	0.50	0.60	0.66	0.20	0.77

　　各个变量之间的相关系数如表5-2至表5-4所示。从各个变量的相关系数矩阵可以看出，除了控制变量Fcb与Oc的相关系数为−0.742，其余变量之间的相关系数均小于0.6。为了进一步验证各变量之间是否存在多重共线性问题，本研究在回归过程中计算了各个模型的方差膨胀因子（VIF），其中最大值为5.42，远小于临界值10。一般而言，VIF值越大，表明变量之间的共线性就越严重；当VIF大于10时，则表示变量之间存在严重的多重共线性问题（Mansfield et al.，1982）。因此可以判定本研究中的各变量之间不存在严重的共线性问题。

表5-2 各变量间的相关性系数（1）

Variables	1	2	3	4	5	6	7	8	9	10	11	12	13	14
1. OI_perfor*	1.000													
2. O_broaden*	0.370	1.000												
3. O_depth	0.285	0.298	1.000											
4. O_diversity	0.248	0.570	0.135	1.000										
5. O_oversea	0.019	0.013	0.061	-0.001	1.000									
6. O_lock	0.206	0.663	0.202	0.391	0.078	1.000								
7. BC_breadth	0.061	0.071	0.046	0.003	-0.028	-0.193	1.000							
8. BC_depth*	0.006	0.060	0.043	-0.026	0.046	0.041	-0.016	1.000						
9. Stockhold	0.026	-0.021	-0.009	-0.033	0.026	-0.053	0.134	0.133	1.000					
10. F_Own	0.216	0.118	0.041	0.118	0.023	0.204	-0.207	-0.068	-0.257	1.000				
11. F_size*	0.309	0.320	0.175	0.200	0.002	0.174	-0.007	0.193	-0.050	0.338	1.000			
12. F_age*	-0.033	-0.014	0.007	-0.045	-0.012	-0.149	0.049	0.191	0.090	0.040	0.257	1.000		
13. Roe	0.094	0.124	0.055	0.067	-0.008	0.140	0.057	0.016	0.033	-0.100	0.081	-0.085	1.000	
14. Lev	0.119	0.130	0.072	0.072	0.024	0.146	-0.124	0.042	-0.120	0.332	0.534	0.174	-0.126	1.000

表 5-3 各变量间的相关性系数 (2)

Variables	1	2	3	4	5	6	7	8	9	10	11	12	13	14
15. Oc	0.099	0.065	0.018	0.137	-0.024	0.116	-0.126	-0.110	-0.240	0.240	0.165	-0.178	0.097	0.071
16. B_size*	0.162	0.111	0.038	0.148	0.012	0.153	-0.070	0.026	-0.080	0.264	0.230	-0.025	0.038	0.150
17. Duality	0.030	0.063	0.009	0.072	0.016	0.000	-0.043	0.002	-0.107	0.249	0.180	0.096	-0.031	0.132
18. Ind_ratio	0.017	0.043	0.029	0.028	-0.030	-0.035	0.073	-0.007	0.010	0.009	0.113	0.020	-0.055	0.107
19. Fcb	-0.081	-0.046	0.000	-0.090	0.011	-0.080	0.185	0.037	0.226	-0.315	-0.129	0.042	0.053	-0.158
20. Eci	0.183	0.212	0.116	0.110	0.030	0.129	0.128	0.298	0.148	0.070	0.445	0.215	0.281	0.114
21. TMT_ratio	-0.026	-0.088	-0.038	-0.073	0.001	-0.148	0.174	0.018	0.209	-0.380	-0.113	-0.015	0.023	-0.169
22. AC*	0.532	0.383	0.272	0.242	-0.007	0.215	0.126	0.165	0.085	0.120	0.359	0.135	0.089	0.121
23. Gender_div	-0.127	-0.103	-0.028	-0.107	0.010	-0.135	0.104	0.058	0.091	-0.246	-0.180	0.084	-0.011	-0.140
24. Age_div	-0.034	-0.026	-0.005	-0.006	0.040	0.004	0.013	-0.005	0.016	-0.094	-0.043	-0.007	-0.017	-0.021

表 5-4 各变量间的相关性系数 (3)

Variables	15	16	17	18	19	20	21	22	23	24
15. Oc	1.000									
16. B_size*	0.080	1.000								
17. Duality	0.072	0.190	1.000							
18. Ind_ratio	0.004	−0.376	−0.029	1.000						
19. Fcb	−0.742	−0.075	−0.113	−0.012	1.000					
20. Eci	−0.049	0.076	−0.020	0.035	0.127	1.000				
21. TMT_ratio	−0.100	−0.162	−0.249	0.025	0.149	−0.014	1.000			
22. AC*	0.042	0.076	0.035	0.065	−0.019	0.312	−0.013	1.000		
23. Gender_div	−0.120	−0.134	−0.107	0.037	0.091	−0.019	0.136	−0.081	1.000	
24. Age_div	−0.030	0.062	−0.016	−0.019	0.063	−0.018	0.038	−0.036	0.064	1.000

第二节 实证结果

本章从四大部分展开实证结果的探讨。第一部分为董事会资本对企业开放式创新影响的假设验证，以及高管股权激励机制、股权性质对董事会资本与企业开放式创新二者关系的调节效应的假设验证；第二部分为开放式创新对企业创新绩效影响的假设验证；第三部分为董事会资本对企业创新绩效影响的假设验证；第四部分为开放式创新对董事会资本与企业创新绩效的中介效应的假设验证。

一、董事会资本对企业开放式创新影响的假设验证

该部分实证包含三个部分。第一部分为董事会资本广度与资本深度分别对开放式创新过程的四个维度的影响。这四个维度分别为开放度、开放对象组织多样性、开放对象国别多样性以及开放式创新网络中心度。该小结的实证主要用于验证假设 H1～H4，即董事会资本广度与深度正向影响开放式创新的四个维度。第二部分为高管股权激励的调节效应的检验，用于验证假设 H5。第三部分为股权性质的调节效应的检验，用于验证假设 H6。

对于第一部分实证，本研究依据被解释变量的数据为连续变量类型，采用

固定效应模型进行回归。而在数据分析过程中，本研究采用分层回归方法，依次将各个变量纳入回归模型之中。具体来讲，第一步是先放入控制变量进行回归，第二步是将控制变量与解释变量同时放入模型进行回归，来看解释变量对被解释变量的显著影响程度。各个模型均控制了时间效应和行业效应。对于第二、三部分实证，本研究依然采用分层回归方法，第一步将调节变量、解释变量与控制变量放入回归模型；第二步是在第一步的基础上加入调节变量与解释变量的交叉项，通过观察交叉项系数的显著性以及 R^2 的变化来看调节效应是否显著。

董事会资本广度与资本深度对企业开放式创新开放广度和开放深度的影响的回归结果如表5-5所示。表中的模型（1）至模型（3）考察了董事会资本对企业开放广度的影响。模型（1）为控制变量与企业开放广度的回归。模型（2）为在控制变量基础上加入自变量资本广度，来检验资本广度对企业创新开放广度正向影响的关系。从回归结果可以看出，解释变量的系数为0.020，且在10％的显著性水平上通过检验，这说明董事会资本广度对企业开放广度有显著的正向影响。假设 H1-1（a）得到支持。模型（3）在模型（2）的基础上加入自变量董事会资本深度，用于检验董事会资本深度对企业开放广度正向影响的关系。从回归结果可以看出，解释变量的系数为0.031，且在5％的显著性水平上通过检验，这说明董事会资本深度对企业的开放广度有显著的正向影响。假设 H1-2（a）得到支持。模型（4）至模型（6）考察了董事会资本对企业开放深度的影响。模型（4）为控制变量与企业开放深度的回归。模型（5）为在控制变量的基础上加入自变量董事会资本广度，来检验董事会资本广度对企业创新开放深度正向影响的关系。从回归结果可以看出，解释变量的系数为0.005且不显著，这说明董事会资本广度对企业开放深度的影响不显著。假设H1-1（b）没有得到支持。模型（6）在模型（5）的基础上加入自变量董事会资本深度，用于检验董事会资本深度对企业开放深度正向影响的关系。从回归结果可以看出，解释变量的系数为0.039，且不显著，这说明董事会资本深度对企业开放广度没有显著影响。假设 H1-2（b）没有得到支持。综合以上检验结果，本研究发现假设 H1-1 得到部分支持，H1-2 也得到部分支持，即董事会资本广度与资本深度都会正向影响企业开放式创新的开放广度，但是不会影响开放深度。

表 5－5　董事会资本对企业开放式创新的影响（1）

Variables	(1) O＿broaden	(2) O＿broaden	(3) O＿broaden	(4) O＿depth	(5) O＿depth	(6) O＿depth
BC＿breadth		0.020*	0.017*		0.005	0.001
		(2.01)	(1.77)		(0.22)	(0.18)
BC＿depth			0.031**			0.039
			(2.533)			(0.39)
F＿size	0.062***	0.087***	0.089***	0.185***	0.189***	0.191***
	(14.77)	(14.73)	(14.92)	(4.12)	(4.12)	(4.14)
F＿age	−0.095***	−0.108***	−0.104***	−0.081	−0.083	−0.078
	(−7.20)	(−7.30)	(−7.02)	(−0.88)	(−0.89)	(−0.84)
Roe	0.157***	0.160***	0.162***	−0.748	−0.755	−0.752
	(2.80)	(2.75)	(2.79)	(−1.39)	(−1.40)	(−1.39)
Lev	−0.115***	−0.122***	−0.126***	0.050	0.053	0.049
	(−3.61)	(−3.39)	(−3.50)	(0.11)	(0.13)	(0.11)
Oc	0.021	0.023	0.004	0.100	0.188	0.163
	(0.25)	(0.32)	(0.00)	(0.37)	(0.38)	(0.32)
B＿size	0.072	0.074*	0.075*	0.115	0.117	0.120
	(1.63)	(1.67)	(1.67)	(0.25)	(0.25)	(0.25)
Duality	−0.056	−0.010	−0.010	−0.056	−0.056	−0.056
	(−0.75)	(−0.86)	(−0.88)	(−0.55)	(−0.56)	(−0.56)
Ind＿ratio	−0.262**	−0.274**	−0.287**	0.961	0.954	0.934
	(−2.14)	(−2.28)	(−2.39)	(1.12)	(1.10)	(1.08)
Fcb	0.010	0.008	0.006	0.145	0.144	0.141
	(0.66)	(0.54)	(0.38)	(1.41)	(1.39)	(1.36)
Eci	−0.001	−0.002	0.000	−0.074***	−0.074***	−0.072***
	(−0.38)	(−0.46)	(0.11)	(−3.06)	(−3.06)	(−2.90)
TMT＿ratio	−0.136***	−0.149***	−0.148***	−0.316	−0.326	−0.324
	(−3.21)	(−3.47)	(−3.45)	(−1.06)	(−1.08)	(−1.07)
AC	0.096***	0.095***	0.095***	0.318***	0.317***	0.318***
	(22.81)	(22.42)	(22.57)	(10.70)	(10.60)	(10.60)

Variables	(1)	(2)	(3)	(4)	(5)	(6)
	O_broaden	O_broaden	O_broaden	O_depth	O_depth	O_depth
Gender_div	−0.012	−0.019	−0.011	0.175	0.169	0.177
	(−0.28)	(−0.46)	(−0.27)	(0.60)	(0.58)	(0.60)
Age_div	0.022	0.020	0.021	−0.090	−0.091	−0.090
	(0.41)	(0.39)	(0.41)	(−0.24)	(−0.25)	(−0.24)
Industry	控制	控制	控制	控制	控制	控制
Year	控制	控制	控制	控制	控制	控制
Constant	−0.906***	−0.925***	−0.870***	−1.575	−1.589	−1.530
	(−6.25)	(−6.37)	(−5.92)	(−1.54)	(−1.55)	(−1.47)
R^2	0.226	0.306	0.412	0.228	0.228	0.228
Observations	3017	3017	3017	3017	3017	3017

注：括号内为 t 检验值，***、**和*分别表示1%、5%与10%的显著性水平。

董事会资本广度与资本深度对开放对象组织多样性、开放对象国别多样性以及开放式创新网络中心度的影响如表5-6所示。表5-6中的模型（7）至（9）考察了董事会资本对企业开放对象组织多样性的影响。模型（7）为控制变量与企业开放对象组织多样性的回归。模型（8）为在控制变量的基础上加入自变量资本广度，来检验资本广度对企业开放对象组织多样性正向影响的关系。从回归结果可以看出，解释变量的系数为0.018，且在5%的显著性水平上通过检验，这说明董事会资本广度对企业开放对象组织多样性有显著的正向影响。假设 H2-1 得到支持。模型（9）在模型（8）的基础上加入自变量董事会资本深度，用于检验董事会资本深度对企业开放对象组织多样性负向影响的关系。从回归结果可以看出，解释变量的系数为0.015，且在1%的显著性水平上通过检验，这说明董事会资本深度对企业开放对象组织多样性有显著的正向影响。假设 H2-2 得到支持。

表5-6中的模型（10）至（12）考察了董事会资本对企业开放对象国别多样性的影响。模型（10）为控制变量与企业开放对象国别多样性的回归。模型（11）为在控制变量的基础上加入自变量资本广度，来检验资本广度对企业开放对象国别多样性正向影响的关系。从回归结果可以看出，解释变量的系数为0.001，且在5%的显著性水平上通过检验，这说明董事会资本广度对企业开放对象国别多样性有显著的正向影响。假设 H3-1 得到支持。模型（12）

在模型（11）的基础上加入自变量董事会资本深度，用于检验董事会资本深度对企业开放对象国别多样性正向影响的关系。从回归结果可以看出，解释变量的系数为 0.001，且在 5% 的显著性水平上通过检验，这说明董事会资本深度对企业开放对象国别多样性有显著的正向影响。假设 H3-2 得到支持。

表 5-6 中的模型（13）至（15）考察了董事会资本对企业开放式创新网络中心度的影响。模型（13）为控制变量与企业开放式创新网络中心度的回归。模型（14）为在控制变量的基础上加入自变量资本广度，来检验资本广度对企业开放式创新网络中心度正向影响的关系。从回归结果可以看出，解释变量的系数为 0.283，且在 1% 的显著性水平上通过检验，这说明董事会资本广度对企业开放式创新网络中心度有显著的正向影响。假设 H4-1 得到支持。模型（15)在模型（14）的基础上加入自变量董事会资本深度，用于检验董事会资本深度对企业开放式创新网络中心度正向影响的关系。从回归结果可以看出，解释变量的系数为 0.061，且在 1% 的显著性水平上通过检验，这说明董事会资本深度对企业开放式创新网络中心度有显著的正向影响。假设 H4-2 得到支持。

表5-6 董事会资本对企业开放式创新的影响（2）

Variables	(7) O_diversity	(8) O_diversity	(9) O_diversity	(10) O_oversea	(11) O_oversea	(12) O_oversea	(13) O_lock	(14) O_lock	(15) O_lock
BC_breadth		0.018** (2.51)	0.001* (1.85)		0.001** (2.03)	0.002* (1.94)		0.283*** (20.28)	0.280*** (19.91)
BC_depth			0.015*** (3.18)			0.001** (2.04)			0.061*** (4.03)
F_size	0.001 (0.09)	−0.001 (−0.18)	0.007*** (3.09)	0.001 (0.76)	0.001 (0.80)	0.000 (0.71)	0.031*** (3.40)	0.038*** (4.46)	0.036*** (4.26)
F_age	−0.011 (−0.69)	−0.013 (−0.81)	−0.015** (−2.33)	−0.003 (−1.45)	−0.002 (−1.33)	−0.003 (−1.41)	−0.170*** (−7.51)	−0.144*** (−6.81)	−0.149*** (−6.97)
Roe	0.042 (1.02)	0.043 (1.05)	0.014 (0.53)	−0.007 (−0.84)	−0.006 (−0.79)	−0.006 (−0.81)	0.272*** (3.11)	0.272*** (3.33)	0.270*** (3.30)
Lev	0.012 (0.32)	0.014 (0.37)	−0.023 (−1.49)	0.009* (1.93)	0.008* (1.71)	0.008* (1.75)	0.034 (0.61)	−0.056 (−1.07)	−0.052 (−1.00)
Oc	−0.002 (−0.03)	0.016 (0.22)	0.074*** (3.17)	−0.005 (−0.76)	−0.006 (−0.84)	−0.005 (−0.72)	0.468*** (5.16)	0.372*** (4.42)	0.385*** (4.56)
B_size	0.017 (0.44)	0.016 (0.43)	0.068*** (4.20)	0.005 (1.05)	0.005 (1.01)	0.005 (1.01)	0.138** (2.25)	0.133** (2.34)	0.135** (2.37)
Duality	0.003 (0.28)	−0.000 (−0.04)	0.004 (0.60)	0.002 (1.46)	0.003 (1.57)	0.003 (1.57)	−0.186*** (−9.23)	−0.153*** (−8.10)	−0.153*** (−8.08)
Ind_ratio	−0.042 (−0.43)	−0.062 (−0.63)	0.059 (1.17)	−0.005 (−0.36)	−0.003 (−0.22)	−0.003 (−0.18)	−1.276*** (−7.08)	−1.014*** (−6.01)	−1.003*** (−5.95)

续表5-6

Variables	(7) O_diversity	(8) O_diversity	(9) O_diversity	(10) O_oversea	(11) O_oversea	(12) O_oversea	(13) O_lock	(14) O_lock	(15) O_lock
Fcb	-0.004 (-0.23)	-0.002 (-0.12)	0.000 (0.07)	0.001 (0.71)	0.001 (0.83)	0.002 (0.88)	0.098*** (4.39)	0.110*** (5.27)	0.112*** (5.35)
Eci	0.001 (0.46)	0.001 (0.45)	0.000 (0.22)	0.000 (0.34)	0.000 (0.43)	0.000 (0.22)	0.009* (1.95)	0.011*** (2.63)	0.010** (2.24)
TMT_ratio	0.032 (0.84)	0.023 (0.60)	-0.036** (-2.01)	0.002 (0.36)	0.003 (0.66)	0.003 (0.65)	-0.433*** (-6.86)	-0.248*** (-4.16)	-0.248*** (-4.16)
AC	0.009** (2.00)	0.008* (1.79)	0.017*** (9.53)	0.002*** (3.23)	0.002*** (3.45)	0.002*** (3.37)	0.023*** (3.46)	0.041*** (6.59)	0.040*** (6.40)
Gender_div	-0.041 (-1.21)	-0.046 (-1.33)	-0.033* (-1.91)	0.000 (0.01)	0.001 (0.19)	0.001 (0.12)	-0.166*** (-2.75)	-0.076 (-1.34)	-0.080 (-1.41)
Age_div	-0.017 (-0.48)	-0.020 (-0.57)	0.016 (0.71)	0.005 (0.76)	0.005 (0.79)	0.005 (0.78)	0.208*** (2.89)	0.243*** (3.60)	0.240*** (3.55)
Industry	控制	控制	控制	控制	控制	控制	控制	控制	控制
Year	控制	控制	控制	控制	控制	控制	控制	控制	控制
Constant	0.010 (0.06)	0.030 (0.18)	-0.260*** (-4.25)	-0.023 (-1.33)	-0.021 (-1.20)	-0.023 (-1.31)	-0.078 (-0.34)	0.032 (0.15)	-0.007 (-0.03)
R^2	0.189	0.256	0.362	0.131	0.208	0.311	0.116	0.200	0.296
Observations	3017	3017	3017	3017	3017	3017	3017	3017	3017

注：括号内为 t 检验值，***、**和*分别表示1%、5%与10%的显著性水平。

　　高管股权激励对董事会资本与企业开放式创新的调节作用检验见表 5-7 与表 5-8。为减少共线性影响，本研究对构建交互项的相关变量做了中心化处理。

　　表 5-7 中的模型（1）至模型（4）验证的是高管股权激励对董事会资本与企业创新开放广度的调节作用。由于主效应董事会资本对企业创新开放深度的影响不显著，所以在此不做调节效应的回归。模型（1）为将调节变量加入主效应的回归模型中，模型（2）为将调节变量高管股权激励与自变量董事会资本广度的交互项加入回归模型中。可以看出交互项系数为 0.017，在 1％的显著性水平下为正。且加入交互项后，回归结果中的 R^2 从 0.382 增加为 0.463，说明调节作用显著。本研究进一步画出调节图，如图 5-1 所示。从图 5-1（a）中可以看出高管股权激励对董事会资本广度与企业创新开放广度的正相关关系有加强作用。假设 H5-1 得到支持。模型（3）为将调节变量加入董事会资本深度与开放广度的主效应回归中，模型（4）是在模型（3）的基础上加入高管股权激励与董事会资本深度的交互项，可以看出交互项系数为 0.012 且为正值，在 5％的显著性水平下通过检验。加入交互项后，回归结果中的 R^2 从 0.442 增加为 0.512，说明调节作用显著。从图 5-1（b）中可以看出高管股权激励对董事会资本深度与企业创新开放广度的正向关系有加强作用。假设 H5-2 得到支持。

　　模型（5）至模型（8）验证的是高管股权激励对董事会资本与企业开放对象组织多样性的调节作用。模型（5）为将调节变量加入董事会资本广度对企业开放对象组织多样性的影响的主效应的回归模型中，模型（6）为将调节变量高管股权激励与自变量董事会资本广度的交互项加入回归模型中。可以看出交互项系数为 0.013，在 5％的显著性水平下为正。且加入交互项后，回归结果中的 R^2 从 0.294 增加为 0.373，说明调节作用显著。从图 5-1（c）中可以看出高管股权激励对董事会资本广度与企业创新开放对象组织多样性的正相关关系有加强作用。假设 H5-3 得到支持。模型（7）为调节变量加入董事会资本深度与企业创新开放对象组织多样性的主效应回归中，模型（8）是在模型（7）的基础上加入高管股权激励与董事会资本深度的交互项，可以看出交互项系数为 0.005 且为正值，在 10％的显著性水平下通过检验。且加入交互项后，回归结果中 R^2 从 0.365 增加为 0.416，说明调节作用显著。从图 5-1（d）中看出高管股权激励对董事会资本深度与企业创新开放对象组织多样性的负相关关系有减弱作用。假设 H5-4 得到支持。

　　高管股权激励对董事会资本与企业开放对象国别多样性的调节作用如表

5-8 所示。模型（9）为将调节变量加入董事会资本广度对企业开放对象国别多样性的影响的主效应的回归模型中，模型（10）为将调节变量高管股权激励与自变量董事会资本广度的交互项加入回归模型中。可以看出交互项系数为 0.001，在 5％的显著性水平下为正。且加入交互项后，回归结果中的 R^2 从 0.209 增加为 0.316，说明调节作用显著。从图 5-1（e）中可以看出高管股权激励对董事会资本广度与企业创新开放对象国别多样性的正相关关系有加强作用。假设 H5-5 得到支持。模型（11）为调节变量与董事会资本深度对企业创新开放对象国别多样性的影响的主效应回归，模型（12）是在模型（11）的基础上加入高管股权激励与董事会资本深度的交互项，可以看出交互项系数为 0.001 且为正值，在 10％的显著性水平下通过检验。且加入交互项后，回归结果中的 R^2 从 0.311 增加为 0.402，说明调节作用显著。从图 5-1（f）中可以看出高管股权激励对董事会资本深度与企业创新开放对象国别多样性的正相关关系有加强作用。假设 H5-6 得到支持。

模型（13）至模型（16）验证的是高管股权激励对董事会资本与企业开放对象创新网络中心度的调节作用。模型（13）为将调节变量加入董事会资本广度对企业开放对象创新网络中心度的影响的主效应回归模型中，模型（14）为将调节变量高管股权激励与自变量董事会资本广度的交互项加入回归模型中。可以看出交互项系数为 0.018，在 5％的显著性水平下为正。且加入交互项后，回归结果中的 R^2 从 0.200 增加为 0.312，说明调节作用显著。从图 5-1（g）的调节效应图中可以看出高管股权激励对董事会资本广度与企业开放对象创新网络中心度的正相关关系有加强作用。假设 H5-7 得到支持。模型（15）为将调节变量加入董事会资本深度与企业开放对象创新网络中心度的主效应回归模型中，模型（16）是在模型（15）的基础上加入高管股权激励与董事会资本深度的交互项，可以看出交互项系数为 0.028 且为正值，在 1％的显著性水平下通过检验。且加入交互项后，回归结果中的 R^2 从 0.296 增加为 0.386，说明调节作用显著。调节图 5.1（h）显示高管股权激励对董事会资本深度与企业开放对象创新网络中心度的正相关关系有加强作用。假设 H5-8 得到支持。假设 H5 的 8 个假设得到验证。

表5-7 高管股权激励的调节效应

Variables	(1) O_broaden	(2) O_broaden	(3) O_broaden	(4) O_broaden	(5) O_diversity	(6) O_diversity	(7) O_diversity	(8) O_diversity
Stockhold×BC_depth				0.012** (2.01)				0.005* (1.94)
BC_depth		0.017*** (2.77)	0.030** (2.61)	0.017*** (2.61)			0.015*** (3.22)	0.009*** (3.21)
Stockhold×BC_breadth						0.013** (2.05)		
BC_breadth	0.022** (2.06)	0.013** (2.08)			0.018** (2.50)	0.010** (2.45)		
Stockhold	0.028* (1.93)	0.010 (1.56)	0.025* (1.75)	0.010 (1.57)	0.024* (1.96)	0.010* (1.81)	0.002 (0.28)	0.001 (0.44)
F_size	0.084*** (14.68)	0.084*** (14.65)	0.086*** (14.91)	0.085*** (14.77)	0.007*** (2.79)	0.007*** (2.77)	0.007*** (3.11)	0.007*** (2.99)
F_age	-0.107*** (-7.21)	-0.104*** (-6.98)	-0.102*** (-6.85)	-0.102*** (-6.87)	-0.017*** (-2.66)	-0.016** (-2.57)	-0.015** (-2.34)	-0.015** (-2.36)
Roe	0.182*** (2.82)	0.183*** (2.85)	0.187*** (2.91)	0.179*** (2.78)	0.013 (0.47)	0.013 (0.48)	0.014 (0.53)	0.011 (0.41)
Lev	-0.131*** (-3.52)	-0.126*** (-3.38)	-0.142*** (-3.83)	-0.143*** (-3.86)	-0.021 (-1.33)	-0.020 (-1.27)	-0.023 (-1.48)	-0.023 (-1.52)
Oc	0.003 (0.06)	0.007 (0.12)	-0.017 (-0.31)	-0.010 (-0.18)	0.084*** (3.58)	0.084*** (3.60)	0.075*** (3.18)	0.078*** (3.30)
B_size	0.064 (1.64)	0.058 (1.49)	0.063 (1.60)	0.065* (1.68)	0.069*** (4.20)	0.068*** (4.14)	0.068*** (4.21)	0.070*** (4.27)

续表5-7

Variables	(1) O_broaden	(2) O_broaden	(3) O_broaden	(4) O_broaden	(5) O_diversity	(6) O_diversity	(7) O_diversity	(8) O_diversity
Duality	-0.013 (-0.93)	-0.014 (-0.96)	-0.012 (-0.85)	-0.012 (-0.86)	0.004 (0.62)	0.004 (0.62)	0.004 (0.61)	0.004 (0.60)
Ind_ratio	-0.275** (-2.27)	-0.293** (-2.42)	-0.275** (-2.27)	-0.269** (-2.23)	0.067 (1.32)	0.064 (1.26)	0.060 (1.18)	0.062 (1.22)
Fcb	0.009 (0.58)	0.009 (0.61)	0.008 (0.52)	0.008 (0.57)	0.002 (0.27)	0.002 (0.27)	0.000 (0.07)	0.001 (0.11)
Eci	-0.000 (0.62)	-0.001 (-0.03)	0.002 (-0.16)	0.004 (0.57)	-0.001 (1.02)	-0.001 (-0.51)	0.000 (-0.56)	0.001 (0.17)
TMT_ratio	-0.136*** (-3.14)	-0.143*** (-3.30)	-0.125*** (-2.91)	-0.125*** (-2.92)	-0.037** (-2.03)	-0.038** (-2.09)	-0.036** (-2.03)	-0.037** (-2.04)
AC	0.095*** (22.51)	0.095*** (22.42)	0.097*** (23.04)	0.097*** (22.96)	0.016*** (9.24)	0.016*** (9.20)	0.017*** (9.56)	0.017*** (9.48)
Gender_div	-0.017 (-0.40)	-0.018 (-0.42)	-0.002 (-0.06)	-0.002 (-0.04)	-0.037** (-2.14)	-0.037** (-2.15)	-0.033* (-1.91)	-0.033* (-1.89)
Age_div	0.020 (0.39)	0.016 (0.30)	0.023 (0.44)	0.026 (0.50)	0.015 (0.68)	0.014 (0.64)	0.016 (0.71)	0.017 (0.77)
Industry	控制	控制	控制	控制	控制	控制	控制	控制
Year	控制	控制	控制	控制	控制	控制	控制	控制
Constant	-0.918*** (-6.32)	-0.873*** (-6.00)	-0.845*** (-5.77)	-0.997*** (-6.79)	-0.289*** (-4.77)	-0.282*** (-4.63)	-0.260*** (-4.25)	-0.325*** (-5.31)
R^2	0.382	0.463	0.442	0.512	0.294	0.373	0.365	0.416
Observations	3017	3017	3017	3017	3017	3017	3017	3017

注：括号内为 t 检验值，***、**和*分列表示1%、5%与10%的显著性水平。

表5—8 高管股权激励的调节效应（2）

Variables	(9)	(10)	(11)	(12)	(13)	(14)	(15)	(16)
	O_oversea	O_oversea	O_oversea	O_oversea	O_lock	O_lock	O_lock	O_lock
Stockhold×BC_depth	0.003** (2.02)			0.001* (1.76)				0.028*** (3.52)
BC_depth			0.001** (2.12)	0.002** (2.26)			0.061*** (4.08)	0.036*** (4.21)
Stockhold×BC_breadth		0.001** (2.23)				0.018** (2.33)		
BC_breadth		0.002** (2.01)			0.283*** (20.26)	0.164*** (20.21)		
Stockhold	0.001 (0.56)	0.000 (0.39)	0.001 (0.66)	0.001 (0.81)	0.004 (0.22)	0.001 (0.06)	0.021 (1.01)	0.007 (0.72)
F_size	0.001 (0.78)	0.001 (0.76)	0.000 (0.63)	0.001 (0.73)	0.038*** (4.46)	0.037*** (4.41)	0.027*** (2.94)	0.025*** (2.73)
F_age	-0.002 (-7.93)	-0.002 (-1.31)	-0.003 (-1.21)	-0.003 (-1.51)	-0.144*** (-1.49)	-0.141*** (-6.79)	-0.181*** (-6.63)	-0.181*** (-7.90)
Roe	-0.006 (-0.77)	-0.006 (-0.76)	-0.007 (-0.83)	-0.006 (-0.73)	0.273*** (3.33)	0.272*** (3.32)	0.267*** (3.07)	0.251*** (2.89)
Lev	0.007* (1.67)	0.008* (1.73)	0.009* (1.91)	0.009* (1.94)	-0.057 (-1.08)	-0.051 (-0.97)	0.035 (0.62)	0.029 (0.52)
Oc	-0.006 (-0.91)	-0.006 (-0.88)	-0.005 (-0.71)	-0.006 (-0.82)	0.370*** (4.37)	0.376*** (4.44)	0.492*** (5.38)	0.512*** (5.60)
B_size	0.005 (1.00)	0.004 (0.94)	0.005 (1.04)	0.005 (0.98)	0.133** (2.34)	0.127** (2.23)	0.142** (2.33)	0.150** (2.45)

续表5—8

Variables	(9)	(10)	(11)	(12)	(13)	(14)	(15)	(16)
	O_oversea	O_oversea	O_oversea	O_oversea	O_lock	O_lock	O_lock	O_lock
Duality	0.003	0.003	0.002	0.002	-0.153***	-0.154***	-0.185***	-0.185***
	(1.54)	(1.53)	(1.45)	(1.46)	(-8.10)	(-8.14)	(-9.19)	(-9.18)
Ind_ratio	-0.003	-0.004	-0.004	-0.005	-1.014***	-1.029***	-1.241***	-1.221***
	(-0.22)	(-0.28)	(-0.30)	(-0.34)	(-6.01)	(-6.10)	(-6.90)	(-6.79)
Fcb	0.001	0.002	0.001	0.001	0.110***	0.110***	0.104***	0.108***
	(0.84)	(0.85)	(0.79)	(0.76)	(5.27)	(5.29)	(4.65)	(4.80)
Eci	0.000	0.000	0.000	-0.000	0.011***	0.011**	0.006	0.010**
	(0.54)	(0.48)	(0.24)	(-0.18)	(2.61)	(2.49)	(1.30)	(2.07)
TMT_ratio	0.004	0.003	0.002	0.002	-0.247***	-0.253***	-0.419***	-0.419***
	(0.73)	(0.66)	(0.47)	(0.48)	(-4.10)	(-4.20)	(-6.57)	(-6.59)
AC	0.002***	0.002***	0.002***	0.002***	0.041***	0.041***	0.021***	0.021***
	(3.49)	(3.44)	(3.19)	(3.26)	(6.59)	(6.60)	(3.17)	(3.16)
Gender_div	0.001	0.001	-0.000	-0.000	-0.075	-0.076	-0.172***	-0.172***
	(0.20)	(0.19)	(-0.04)	(-0.06)	(-1.33)	(-1.34)	(-2.86)	(-2.86)
Age_div	0.005	0.005	0.005	0.004	0.243	0.238***	0.203***	0.209***
	(2.91)	(0.79)	(0.75)	(0.75)	(0.70)	(3.60)	(3.52)	(2.82)
Industry	控制	控制	控制	控制	控制	控制	控制	控制
Year	控制	控制	控制	控制	控制	控制	控制	控制
Constant	-0.021	-0.025	-0.026	-0.019	0.033	-0.472**	0.173	-0.120
	(-1.18)	(-1.43)	(-1.45)	(-1.05)	(0.15)	(-2.19)	(-0.75)	(-0.10)
R^2	0.209	0.316	0.311	0.402	0.200	0.312	0.296	0.386
Observations	3017	3017	3017	3017	3017	3017	3017	3017

注：括号内为 t 检验值，***、**和*分别表示 1%、5% 与 10% 的显著性水平。

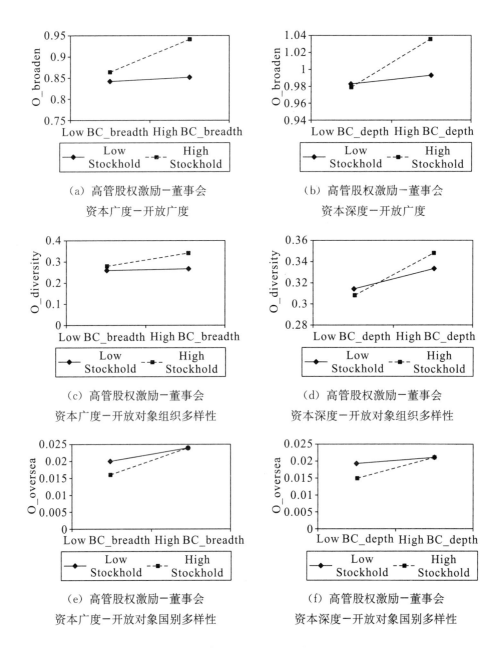

（a）高管股权激励－董事会
资本广度－开放广度

（b）高管股权激励－董事会
资本深度－开放广度

（c）高管股权激励－董事会
资本广度－开放对象组织多样性

（d）高管股权激励－董事会
资本深度－开放对象组织多样性

（e）高管股权激励－董事会
资本广度－开放对象国别多样性

（f）高管股权激励－董事会
资本深度－开放对象国别多样性

图 5－1　高管股权激励的调节效应图

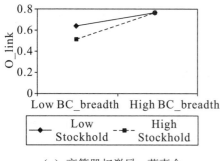 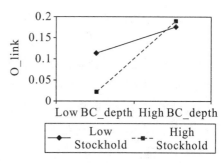

（g）高管股权激励－董事会
资本广度－开放式创新网络中心度

（h）高管股权激励－董事会
资本深度－开放式创新网络中心度

图 5－1（续）

股权性质对董事会资本与企业开放式创新关系调节作用的检验结果如表 5－9 与表 5－10 所示。为了减少共线性的影响，本研究对构建交互项的相关变量都做了中心化处理。

表 5－9 中，模型（1）至模型（4）验证的是股权性质对董事会资本与企业创新开放广度的调节作用。由于主效应董事会资本对企业创新开放深度的影响不显著，所以在此不做调节效应的回归。模型（1）为将调节变量加入主效应的回归模型中，模型（2）为将调节变量股权性质与自变量董事会资本广度的交互项加入回归模型中。可以看出交互项系数为 −0.013，在 5% 的显著性水平通过检验。且加入交互项后，回归结果中的 R^2 从 0.307 增加为 0.389，说明调节作用显著。调节图 5--2（a）显示股权性质对董事会资本广度与企业创新开放广度的正相关关系有减弱作用。假设 H6－1 得到支持。模型（3）为调节变量加入董事会资本深度与开放广度的主效应回归模型中，模型（4）是在模型（3）的基础上加入股权性质与董事会资本深度的交互项，可以看出交互项系数为 −0.006，没有通过显著性检验。回归结果中的 R^2 在交互项加入前后均为 0.323，没有变化，说明调节作用不显著。图 5－2（b）中两条调节效应线的斜率几乎没有差别，由此看出股权性质对董事会资本深度与企业创新开放广度的关系没有调节作用。假设 H6－2 没有得到支持。

表 5－9 中，模型（5）至模型（8）验证的是股权性质对董事会资本与企业开放对象组织多样性的调节作用。模型（5）为将调节变量加入董事会资本广度对企业开放对象组织多样性影响的回归模型中，模型（6）为将调节变量与自变量董事会资本广度的交互项加入回归模型中。可以看出交互项系数为 −0.002，没有通过显著性检验。加入交互项后，回归结果中的 R^2 在交互

项加入前后均为 0.256，没有变化，也说明调节作用不显著。从调节图 5-2 (c) 中可以看出两条调节效应线的斜率基本上没有差别，说明股权性质没有调节董事会资本广度与企业创新开放对象组织多样性的关系。假设 H6-3 没有得到支持。模型（7）为调节变量加入董事会资本深度与企业创新开放对象组织多样性的主效应回归模型中，模型（8）是在模型（7）的基础上加入股权性质与董事会资本深度的交互项，可以看出交互项系数为 -0.003，在 10% 的显著性水平下通过检验。回归结果中的 R^2 从 0.278 增加为 0.327。从调节图 5-2 (d) 中可以看出股权性质对董事会资本深度与企业创新开放对象组织多样性的正相关关系具有减弱作用。假设 H6-4 得到支持。

股权性质对董事会资本与企业开放对象国别多样性的调节作用如表 5-10 所示。模型（9）为将调节变量加入董事会资本广度对企业开放对象国别多样性的影响的主效应的回归模型中，模型（10）为将调节变量股权性质与自变量董事会资本广度的交互项加入回归模型中。可以看出交互项系数为 -0.001，在 10% 的显著性水平下通过检验。且加入交互项后，回归结果中的 R^2 从 0.208 增加为 0.289，说明调节作用显著。从调节图 5-1 (e) 中可以看出股权性质对董事会资本广度与开放对象国别多样性的正相关关系具有减弱作用。假设 H6-5 得到支持。模型（11）为调节变量加入董事会资本深度与企业创新开放对象国别多样性的主效应回归模型中，模型（12）是在模型（11）的基础上加入股权性质与董事会资本深度的交互项，可以看出交互项系数为 -0.001，在 10% 的显著性水平下通过检验。且加入交互项后，回归结果中的 R^2 从 0.231 增加为 0.276，说明调节作用显著。从图 5-1 (f) 中可以看出股权性质对董事会资本深度与企业创新开放对象国别多样性的正相关关系具有削弱作用。假设 H6-6 得到支持。

表 5-10 中，模型（13）至模型（16）验证的是股权性质对董事会资本与企业开放对象创新网络中心度的调节作用。模型（13）为将调节变量加入董事会资本广度对企业开放对象创新网络中心度的影响的主效应的回归模型中，模型（14）为将调节变量与自变量董事会资本广度的交互项加入回归模型中。可以看出交互项系数为 -0.030，在 1% 的显著性水平下通过检验，且加入交互项后，回归结果中的 R^2 从 0.200 增加为 0.316，说明调节作用显著。从调节图 5-1 (g) 中可以看出股权性质对董事会资本广度与企业开放对象创新网络中心度的正相关关系具有削弱作用。假设（H）6-7 得到支持。模型（15）为调节变量加入董事会资本深度与企业开放对象创新网络中心度的主效应回归模型中，模型（16）是在模型（15）的基础上加入股权性质与董事会资本深度的

交互项，可以看出交互项系数为 -0.015，在 10% 的显著性水平下通过检验。且加入交互项后，回归结果中的 R^2 从 0.216 增加为 0.324，说明调节作用显著。从调节图 5-1 （h）中看出股权性质对董事会资本深度与开放对象创新网络中心度的正相关关系具有减弱作用。假设 H6-8 得到支持。综上所述，假设 H6-1、H6-4~H6-8 都得到验证，而假设 H6-2、H6-3 没有得到验证。

表 5-9 股权性质的调节效应 (1)

Variables	(1) O_broaden	(2) O_broaden	(3) O_broaden	(4) O_broaden	(5) O_diversity	(6) O_diversity	(7) O_diversity	(8) O_diversity
F_ownx BC_depth	0.020* (1.85)			-0.006 (-0.68)				-0.003* (-1.86)
BC_depth			0.046*** (2.91)	0.024*** (2.65)			0.016*** (3.36)	0.009*** (3.34)
F_ownx BC_breadth		-0.013** (-2.07)				-0.002 (-0.40)		
BC_breadth		0.011* (1.69)			0.018** (2.49)	0.011** (2.53)		
F_own	-0.016 (-1.11)	-0.007 (-0.98)	-0.104* (-1.81)	-0.053* (-1.83)	-0.028 (-1.07)	-0.014 (-1.10)	-0.010* (-1.67)	-0.005 (-1.60)
F_size	0.085*** (14.75)	0.084*** (14.55)	0.086*** (5.96)	0.085*** (5.85)	-0.001 (-0.18)	-0.001 (-0.18)	0.008*** (3.31)	0.008*** (3.22)
F_age	-0.109*** (-7.30)	-0.111*** (-7.42)	-0.143*** (-3.99)	-0.145*** (-4.03)	-0.014 (-0.89)	-0.014 (-0.88)	-0.015*** (-2.33)	-0.014** (-2.30)
Roe	0.172*** (2.66)	0.170*** (2.63)	0.235*** (2.59)	0.233** (2.56)	0.042 (1.03)	0.042 (1.02)	0.011 (0.41)	0.013 (0.47)
Lev	-0.121*** (-3.25)	-0.119*** (-3.19)	-0.109 (-1.36)	-0.112 (-1.39)	0.016 (0.44)	0.018 (0.48)	-0.020 (-1.30)	-0.021 (-1.33)
Oc	0.019 (0.35)	0.029 (0.53)	0.060 (0.37)	0.069 (0.43)	0.022 (0.29)	0.021 (0.29)	0.075*** (3.20)	0.076*** (3.27)
B_size	0.072* (1.82)	0.073* (1.85)	0.075 (0.91)	0.076 (0.92)	0.017 (0.47)	0.017 (0.45)	0.073*** (4.41)	0.073*** (4.45)

续表5-9

Variables	(1) O_broaden	(2) O_broaden	(3) O_broaden	(4) O_broaden	(5) O_diversity	(6) O_diversity	(7) O_diversity	(8) O_diversity
Duality	-0.010	-0.012	0.029	0.028	0.000	0.001	0.005	0.004
	(-0.72)	(-0.87)	(1.21)	(1.17)	(0.00)	(0.05)	(0.79)	(0.70)
Ind_ratio	-0.271**	-0.270**	0.056	0.058	-0.063	-0.060	0.062	0.063
	(-2.23)	(-2.23)	(0.26)	(0.27)	(-0.64)	(-0.61)	(1.23)	(1.25)
Fcb	0.006	0.007	0.057	0.060*	0.000	0.001	-0.001	-0.000
	(0.40)	(0.49)	(1.61)	(1.67)	(0.03)	(0.05)	(-0.15)	(-0.08)
Eci	-0.002	-0.002	0.007	0.006	0.001	0.001	0.000	0.000
TMT_ratio	-0.160***	-0.157***	-0.008	-0.009	0.023	0.023	-0.043**	-0.043**
	(-3.64)	(-3.55)	(-0.10)	(-0.11)	(0.61)	(0.61)	(-2.37)	(-2.35)
AC	0.095***	0.094***	0.071***	0.072***	0.008*	0.008*	0.017***	0.017***
	(22.42)	(22.37)	(7.29)	(7.32)	(1.79)	(1.81)	(9.61)	(9.61)
Gender_div	-0.024	-0.025	0.017	0.016	-0.047	-0.046	-0.036**	-0.036**
	(-2.09)	(-0.58)	(-0.59)	(0.23)	(0.21)	(-1.36)	(-1.36)	(-2.09)
Age_div	0.017	0.024	-0.015	-0.014	-0.021	-0.022	0.013	0.014
	(0.32)	(0.45)	(-0.19)	(-0.18)	(-0.58)	(-0.62)	(0.61)	(0.63)
Industry	控制	控制	控制	控制	控制	控制	控制	控制
Year	控制	控制	控制	控制	控制	控制	控制	控制
Constant	-0.948***	-0.900***	-0.923***	-1.121***	0.039	0.059	-0.273***	-0.336***
	(-5.37)	(-6.46)	(-6.05)	(-2.51)	(-3.06)	(0.23)	(0.35)	(-4.44)
R^2	0.307	0.389	0.323	0.323	0.256	0.256	0.278	0.327
Observations	3017	3017	3017	3017	3017	3017	3017	3017

注：括号内为 t 检验值，***、**和*分别表示1%、5%与10%的显著性水平。

表 5-10　股权性质的调节效应（2）

Variables	(9) O_oversea	(10) O_oversea	(11) O_oversea	(12) O_oversea	(13) O_lock	(14) O_lock	(15) O_lock	(16) O_lock
F_ownxBC_depth		-0.001* (-1.81)		-0.001* (-1.83)				-0.015* (-1.91)
BC_depth	0.002* (1.90)	0.001* (1.76)	0.002* (1.86)	0.001* (1.86)			0.064*** (4.26)	0.037*** (4.36)
F_ownxBC_breadth						-0.030*** (-3.84)		
BC_breadth					0.281*** (19.96)	0.160*** (19.50)		
F_Own	-0.002 (-0.87)	-0.001 (-0.76)	-0.002 (-1.24)	-0.001 (-1.19)	-0.027 (-1.18)	-0.010 (-0.92)	-0.091*** (-3.76)	-0.046*** (-3.79)
F_size	0.000 (0.67)	0.001 (0.80)	0.000 (0.46)	0.000 (0.53)	0.036*** (4.30)	0.038*** (4.51)	0.023* (2.53)	0.021** (2.32)
F_age	-0.002 (-1.33)	-0.002 (-1.21)	-0.003 (-1.54)	-0.003 (-1.56)	-0.144*** (-6.80)	-0.139*** (-6.59)	-0.181*** (-7.93)	-0.180*** (-7.92)
Roe	-0.006 (-0.73)	-0.005 (-0.70)	-0.006 (-0.77)	-0.006 (-0.81)	0.277*** (3.38)	0.276*** (3.38)	0.281*** (3.23)	0.284*** (3.27)
Lev	0.007 (1.61)	0.007 (1.55)	0.008* (1.80)	0.008* (1.83)	-0.064 (-1.21)	-0.063 (-1.20)	0.010 (0.18)	0.007 (0.12)
Oc	-0.006 (-0.86)	-0.007 (-1.01)	-0.004 (-0.65)	-0.005 (-0.71)	0.368*** (4.38)	0.346*** (4.10)	0.489*** (5.40)	0.504*** (5.54)
B_size	0.004 (0.87)	0.004 (0.85)	0.004 (0.85)	0.004 (0.81)	0.123* (2.13)	0.123* (2.14)	0.107* (1.74)	0.114* (1.85)

续表5—10

Variables	(9) O_oversea	(10) O_oversea	(11) O_oversea	(12) O_oversea	(13) O_lock	(14) O_lock	(15) O_lock	(16) O_lock
Duality	0.002 (1.45)	0.003 (1.58)	0.002 (1.32)	0.002 (1.38)	-0.156*** (-8.18)	-0.150*** (-7.85)	-0.193*** (-9.55)	-0.196*** (-9.65)
Ind_ratio	-0.004 (-0.26)	-0.004 (-0.26)	-0.005 (-0.34)	-0.005 (-0.36)	-1.025*** (-6.07)	-1.003*** (-5.95)	-1.269*** (-7.06)	-1.259*** (-7.00)
Fcb	0.002 (0.93)	0.002 (0.85)	0.002 (0.94)	0.002 (0.88)	0.112*** (5.36)	0.109*** (5.22)	0.113*** (5.03)	0.116*** (5.16)
Eci	0.000 (0.42)	0.000 (0.43)	0.000 (0.08)	0.000 (0.16)	0.011*** (2.61)	0.011*** (2.58)	0.005 (1.04)	0.004 (0.84)
TMT_ratio	0.004 (0.84)	0.004 (0.77)	0.004 (0.67)	0.003 (0.65)	-0.235*** (-3.87)	-0.242*** (-4.00)	-0.378*** (-5.89)	-0.378*** (-5.88)
AC	0.002*** (3.45)	0.002*** (3.50)	0.002*** (3.16)	0.002*** (3.16)	0.041*** (6.61)	0.042*** (6.75)	0.022*** (3.25)	0.022*** (3.29)
Gender_div	0.001 (0.29)	0.001 (0.30)	0.000 (0.09)	0.000 (0.09)	-0.068 (-1.19)	-0.066 (-1.16)	-0.146** (-2.41)	-0.148** (-2.44)
Age_div	0.005 (0.84)	0.005 (0.73)	0.005 (0.83)	0.005 (0.81)	0.247*** (3.65)	0.228*** (3.36)	0.216*** (3.01)	0.219*** (3.04)
Industry	控制	控制	控制	控制	控制	控制	控制	控制
Year	控制	控制	控制	控制	控制	控制	控制	控制
Constant	-0.019 (-1.06)	-0.025 (-1.37)	-0.023 (-1.28)	-0.016 (-0.91)	0.068 (0.31)	-0.493** (-2.24)	-0.061 (-0.26)	0.254 (1.07)
R^2	0.208	0.289	0.231	0.276	0.200	0.316	0.216	0.324
Observations	3017	3017	3017	3017	3017	3017	3017	3017

注: 括号内为 t 检验值，***、**和*分别表示1%、5%与10%的显著性水平。

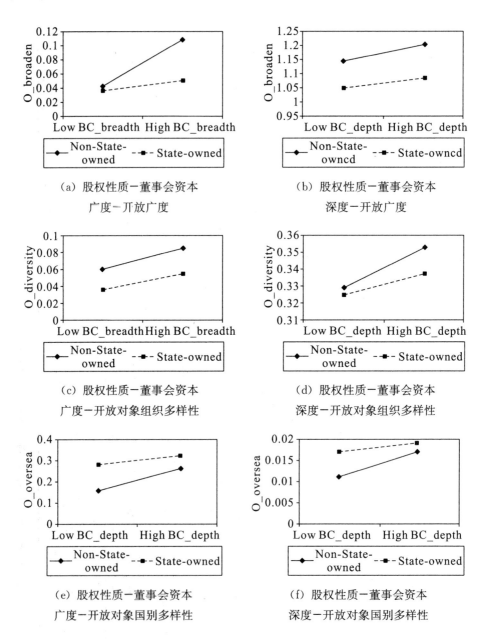

图 5—2　股权性质的调节效应图

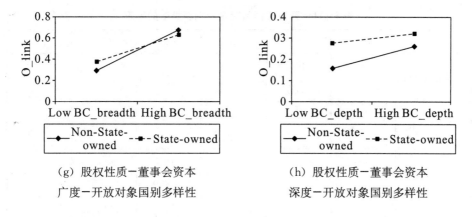

（g）股权性质－董事会资本　　　　（h）股权性质－董事会资本
广度－开放对象国别多样性　　　　深度－开放对象国别多样性

图 5-2（续）

二、开放式创新对企业创新绩效影响的假设验证

验证假设 H7 的实证检验结果如表 5-11 所示。模型（1）为控制变量与因变量的回归结果。模型（2）为在模型（1）的基础上加入开放广度的回归结果，结果表明开放广度的系数为 0.406，且在 1％ 的显著性水平上通过检验，这说明开放广度会正向影响企业创新绩效。假设 H7-1（a）得到支持。模型（3）为在模型（1）的基础上加入开放深度的回归结果，结果表明开放深度的系数为 0.030，且在 1％ 的显著性水平上通过检验，这说明开放深度会正向影响企业创新绩效。假设 H7-1（b）得到支持。模型（4）为在模型（1）的基础上加入开放对象组织多样性的回归结果，结果表明开放对象组织多样性的系数为 4.768，且在 5％ 的显著性水平上通过检验，这说明开放对象组织多样性会正向影响企业创新绩效。假设 H7-2 得到支持。模型（5）为在模型（1）的基础上加入开放对象国别多样性的回归结果，结果表明开放对象国别多样性的系数为 1.261，且在 1％ 的显著性水平上通过检验，这说明开放对象国别多样性会正向影响企业创新绩效。假设 H7-3 得到支持。模型（6）为在模型（1）的基础上加入开放式创新网络中心度的回归结果，结果表明开放式创新网络中心度的系数为 0.087，且在 5％ 的显著性水平上通过检验，这说明开放式创新网络中心度会正向影响企业创新绩效。假设 H7-4 得到支持。综上所述，假设 H7 的四个假设均得到实证结果的支持。

表 5－11　开放式创新对企业创新绩效的影响

Variables	（1）	（2）	（3）	（4）	（5）	（6）
O_broaden		0.406***				
		(7.68)				
O_depth			0.030***			
			(4.21)			
O_diversity				4.768**		
				(2.00)		
O_oversea					1.261***	
					(2.91)	
O_lock						0.087**
						(2.37)
F_size	0.050**	0.025	0.046**	7.080***	0.049**	0.047**
	(2.36)	(1.16)	(2.16)	(10.51)	(2.34)	(2.23)
F_age	−0.258***	−0.214***	−0.250***	−8.109***	−0.257***	−0.240***
	(−4.80)	(−3.97)	(−4.65)	(−4.63)	(−4.80)	(−4.44)
Roe	0.509**	0.463**	0.623***	−1.241	0.516**	0.495**
	(2.35)	(2.13)	(2.87)	(−0.16)	(2.39)	(2.29)
Lev	−0.083	−0.065	−0.091	−8.070*	−0.086	−0.084
	(−0.60)	(−0.47)	(−0.65)	(−1.86)	(−0.62)	(−0.61)
Oc	−0.110	−0.110	−0.077	1.577**	−0.114	−0.156
	(−0.52)	(−0.51)	(−0.36)	(2.42)	(−0.54)	(−0.73)
B_size	0.500***	0.393***	0.454***	2.381***	0.494***	0.461***
	(3.49)	(2.75)	(3.18)	(5.17)	(3.46)	(3.23)
Duality	−0.028	−0.017	−0.028	−2.733*	−0.027	−0.003
	(−0.55)	(−0.34)	(−0.55)	(−1.65)	(−0.54)	(−0.06)
Ind_ratio	−0.185	−0.162	−0.246	−7.878	−0.187	−0.051
	(−0.44)	(−0.39)	(−0.58)	(−0.55)	(−0.44)	(−0.12)
Fcb	−0.128**	−0.125**	−0.118**	6.974***	−0.130**	−0.133**
	(−2.24)	(−2.20)	(−2.06)	(4.06)	(−2.28)	(−2.33)

Variables	(1)	(2)	(3)	(4)	(5)	(6)
Eci	−0.029***	−0.029***	−0.027***	−0.730*	−0.028***	−0.029***
	(−2.82)	(−2.83)	(−2.69)	(−1.81)	(−2.81)	(−2.90)
TMT _ ratio	0.206	0.225	0.249	7.438	0.205	0.243
	(1.36)	(1.49)	(1.64)	(1.49)	(1.36)	(1.61)
AC	0.199***	0.163***	0.187***	1.240***	0.199***	0.197***
	(11.82)	(9.26)	(10.90)	(24.75)	(11.84)	(11.68)
Gender _ div	−0.354**	−0.352**	−0.360**	−2.735	−0.360**	−0.342**
	(−2.35)	(−2.33)	(−2.38)	(−0.56)	(−2.38)	(−2.27)
Age _ div	0.176	0.161	0.205	6.759	0.171	0.141
	(1.00)	(0.92)	(1.17)	(1.09)	(0.97)	(0.80)
Constant	−1.643***	−1.225**	−1.544***	−2.058***	−1.618***	−1.586***
	(−3.12)	(−2.33)	(−2.93)	(−12.03)	(−3.06)	(−3.03)
Log likelihood	−8220.636	−8192.637	−8212.587	−8220.229	−8220.258	−8217.977
Observations	3017	3017	3017	3017	3017	3017

注：括号内为 t 检验值，***、**和*分别表示1％、5％与10％的显著性水平。

三、董事会资本对企业创新绩效影响的假设验证

验证假设 H8，即验证董事会资本对企业创新绩效的影响如表5-12所示。由于因变量为计数型变量，所以采用面板负二项回归模型。模型（1）中列入控制变量对因变量的影响。模型（2）为在控制变量的基础上加入自变量董事会资本广度，探讨董事会资本广度对企业创新绩效的影响。模型（3）在模型（2）的基础上加入自变量董事会资本深度，探讨董事会资本深度对企业创新绩效的影响。模型（2）中，解释变量的系数为0.136，且在1％的显著性水平上通过检验，这说明董事会资本广度对企业创新绩效有显著的正向影响。假设H8-1得到验证。模型（3）中，解释变量的系数为0.180，且在1％的显著性水平上通过检验，这说明董事会资本深度对企业创新绩效有显著的正向影响。假设H8-2得到验证。

表 5-12 董事会资本对企业创新绩效的影响

Variables	(1)	(2)	(3)
BC _ breadth		0.136***	0.112***
		(3.17)	(2.61)
BC _ depth			0.180***
			(4.13)
F _ size	0.075***	0.068**	0.072***
	(2.72)	(2.45)	(2.61)
F _ age	−0.062	−0.085	−0.047
	(−0.83)	(−1.13)	(−0.61)
Roe	0.126	0.088	0.081
	(0.52)	(0.36)	(0.33)
Lev	−0.211	−0.165	−0.166
	(−1.11)	(−0.86)	(−0.87)
Oc	−0.321	−0.258	−0.415
	(−1.06)	(−0.84)	(−1.35)
B _ size	0.339*	0.373**	0.311*
	(1.82)	(1.98)	(1.66)
Duality	−0.071	−0.096	−0.087
	(−1.11)	(−1.49)	(−1.35)
Ind _ ratio	−0.339	−0.488	−0.613
	(−0.63)	(−0.89)	(−1.13)
Fcb	−0.163**	−0.170**	−0.196**
	(−1.99)	(−2.06)	(−2.37)
Eci	−0.028**	−0.028**	−0.018
	(−2.20)	(−2.21)	(−1.43)
TMT _ ratio	0.221	0.144	0.139
	(1.11)	(0.71)	(0.69)
AC	0.007	−0.001	0.015
	(0.36)	(−0.04)	(0.69)

续表5-12

Variables	(1)	(2)	(3)
Gender _ div	0.087	0.060	0.100
	(0.45)	(0.31)	(0.51)
Age _ div	0.308	0.287	0.339
	(1.43)	(1.33)	(1.57)
Industry	控制	控制	控制
Year	控制	控制	控制
Constant	−1.603**	−1.617**	−1.035
	(−2.29)	(−2.30)	(−1.45)
Log likelihood	−4873.366	−4868.247	−4859.819
Observations	2434	2434	2434

注：括号内为 t 检验值，***、**和*分别表示1%、5%与10%的显著性水平。

四、开放式创新中介效应的假设验证

（一）开放度对董事会资本与企业创新绩效的中介效应

检验假设 H9，即验证创新开放度对董事会资本与企业创新绩效的中介效应的结果如表 5-13 所示。本研究发现董事会资本对企业开放深度的影响并不显著，所以本研究主要检验开放广度对董事会资本与企业创新绩效的中介效应。本研究采用温忠麟提出的中介效应检验模型及流程（温忠麟等，2004）来完成开放度的中介效应检验，具体步骤参考 4.3 节中的中介效应模型及检验流程。

表 5-13 开放度的中介效应检验

Variables	(1)	(2)	(3)	(4)	(5)	(6)
	OI _ perfor	O _ broaden	OI _ perfor	OI _ perfor	O _ broaden	OI _ perfor
O _ broaden			0.506***			0.506***
			(8.36)			(8.44)
BC _ depth				0.194***	0.046***	0.166***
				(4.52)	(2.95)	(3.91)

续表5—13

Variables	(1) OI _ perfor	(2) O _ broaden	(3) OI _ perfor	(4) OI _ perfor	(5) O _ broaden	(6) OI _ perfor
BC _ breadth	0.136***	0.022**	0.086**			
	(3.17)	(2.01)	(2.00)			
F _ size*	0.068**	0.077***	0.044	0.077***	0.086***	0.051*
	(2.45)	(5.36)	(1.57)	(2.81)	(5.95)	(1.80)
F _ age*	−0.085	−0.169***	0.011	−0.023	−0.138***	0.065
	(−1.13)	(−4.83)	(0.14)	(−0.30)	(−3.86)	(0.84)
Roe	0.088	0.235***	0.015	0.108	0.239***	0.014
	(0.36)	(2.61)	(0.06)	(0.44)	(2.63)	(0.06)
Lev	−0.165	−0.110	−0.185	−0.204	−0.118	−0.211
	(−0.86)	(−1.38)	(−0.97)	(−1.07)	(−1.48)	(−1.10)
Oc	−0.258	0.142	−0.273	−0.476	0.041	−0.433
	(−0.84)	(0.88)	(−0.90)	(−1.56)	(0.25)	(−1.42)
B _ size*	0.373**	0.078	0.203	0.278	0.070	0.127
	(1.98)	(0.95)	(1.08)	(1.50)	(0.85)	(0.69)
Duality	−0.096	0.012	−0.095	−0.065	0.027	−0.076
	(−1.49)	(0.51)	(−1.48)	(−1.02)	(1.14)	(−1.20)
Ind _ ratio	−0.488	−0.002	−0.494	−0.504	0.060	−0.556
	(−0.89)	(−0.01)	(−0.92)	(−0.94)	(0.28)	(−1.05)
Fcb	−0.170**	0.061*	−0.154*	−0.191**	0.048	−0.171**
	(−2.06)	(1.74)	(−1.91)	(−2.34)	(1.36)	(−2.12)
Eci*	−0.028**	0.004	−0.029**	−0.018	0.006	−0.021
	(−2.21)	(0.80)	(−2.30)	(−1.37)	(1.30)	(−1.60)
TMT _ ratio	0.144	−0.044	0.162	0.198	−0.009	0.174
	(0.71)	(−0.54)	(0.80)	(0.99)	(−0.10)	(0.87)
AC*	−0.001	0.064***	−0.049**	0.023	0.071***	−0.031
	(−0.04)	(6.62)	(−2.24)	(1.06)	(7.28)	(−1.39)
Gender _ div	0.060	0.001	0.057	0.122	0.021	0.097
	(0.31)	(0.02)	(0.29)	(0.62)	(0.28)	(0.50)

Variables	(1) OI_perfor	(2) O_broaden	(3) OI_perfor	(4) OI_perfor	(5) O_broaden	(6) OI_perfor
Age_div	0.287 (1.33)	−0.040 (−0.52)	0.278 (1.30)	0.356* (1.66)	−0.013 (−0.17)	0.343 (1.61)
Industry	控制	控制	控制	控制	控制	控制
Year	控制	控制	控制	控制	控制	控制
Constant	−1.617** (−2.30)	−0.982*** (−2.71)	−1.130 (−1.62)	−0.960 (−1.35)	−0.953*** (−2.60)	−0.573 (−0.81)
R^2		0.306			0.323	
Log likelihood	−4868.247		−4835.227	−4863.274		−4829.659
Observations	2434	3017	2434	2434	3017	2434

注：括号内为 t 检验值，***、**和*分别表示1%、5%与10%的显著性水平。

模型（1）至模型（3）为开放度对董事会资本广度与创新绩效中介效应的检验，模型（1）为验证董事会资本广度对企业创新绩效影响的显著度，解释变量的系数为0.136，在1%的显著性水平上通过检验。模型（2）验证董事会资本广度对企业开放广度的影响，解释变量的系数为0.022，且在5%的显著性水平上通过检验。模型（3）将董事会资本广度与企业开放广度同时放入模型中来看这两个变量对企业创新绩效影响的显著性。其中，开放广度的系数为0.506，且在1%的显著性水平上通过检验，说明中介效应显著。基于此，本研究进一步考察董事会资本广度变量的系数是否显著，结果显示系数为0.086，且在5%的显著性水平上通过检验，由此可以看出开放广度对董事会资本广度与企业创新绩效的中介效应为部分中介效应。为了进一步支持该结论并得到中介效应程度与占比，本研究进行 Soble 检验，如表5—14所示。结果显示董事会资本广度—开放广度—企业创新绩效这条作用路径中，董事会资本广度的直接效应为0.016，开放广度的间接效应为0.014，总效应为0.030，中介效应在总效应中的占比为46.67%。假设 H9—1 得到支持。

模型（4）至模型（6）为开放度对董事会资本深度与企业创新绩效中介效应的检验。模型（4）为验证董事会资本深度对企业创新绩效影响的显著度，解释变量的系数为0.194，在1%的显著性水平上通过检验。模型（5）验证董事会资本深度对企业开放广度的影响，解释变量的系数为0.046，且在1%的显著性水平上通过检验。模型（6）将董事会资本深度与企业开放广度同时放入模型中来看这两个变量对企业创新绩效影响的显著性。其中,开放深度的系数为 0.506,且在 1% 的显著性水平上通过检验,由此可以看出中介效应显著。基于此,本书进一步考察董事会资本深度变量的系数是否显著,结果显示系数为 0.166,且在 1% 的显著性水平上通过检验,由此可以看出开放深度对董事会资本广度与企业创新绩效具有显著的部分中介效应。为了进一步验证该结论并得到中介效应程度与占比,本研究进行 Soble 检验,如表 5-14 所示,结果显示董事会资本深度—开放广度—企业创新绩效这条作用路径中,董事会资本深度的直接效应为 0.188,开放广度的间接效应为 0.020,总效应为 0.208,中介效应在总效应中的占比为 9.62%。假设 H9-2 得到支持。

表 5-14 开放度中介效应的 Soble 检验

	Coef	StdErr	Z	$P > |Z|$
董事会资本广度—开放度—企业创新绩效				
Sobel	0.014	0.007	1.991	0.047
Goodman-1 (Aroian)	0.014	0.007	1.985	0.047
Goodman-2	0.014	0.007	1.996	0.046
A coefficient	0.022	0.011	2.014	0.044
B coefficient	0.666	0.051	13.075	0.000
Indirect effect	0.014	0.007	1.991	0.047
Direct effect	0.016	0.030	1.995	0.048
董事会资本深度—开放度—企业创新绩效				
Sobel	0.020	0.008	2.646	0.008
Goodman-1 (Aroian)	0.020	0.008	2.638	0.008
Goodman-2	0.020	0.008	2.654	0.008
A coefficient	0.031	0.011	2.704	0.007
B coefficient	0.652	0.051	12.869	0.000
Indirect effect	0.020	0.008	2.646	0.008
Direct effect	0.188	0.031	5.995	0.000

(二) 开放对象组织多样性对董事会资本与企业创新绩效的中介效应

检验假设 H10,即检验开放对象组织多样性对董事会资本与企业创新绩效中介效应的结果如表 5-15 所示。模型 (1) 至模型 (3) 为开放对象组织多样性对董事会资本广度与创新绩效中介效应的检验，模型（1）为验证董事会资本广度对企业创新绩效影响的显著度。解释变量的系数为 0.136，在 1% 的显著性水平上通过检验。模型（2）验证董事会资本广度对企业开放对象组织多样性的影响。解释变量的系数为 0.018，且在 5% 的显著性水平上通过检验。模型（3）将自变量董事会资本广度与中介变量企业开放对象组织多样性同时放入模型中。其中，中介变量开放对象组织多样性的系数为 0.229，且没有通过显著性水平检验，中介效应不显著。本研究进一步进行 Soble 检验，如表 5−16 所示。结果显示 Soble 检验结果的 P 值大于 0.1，结果不显著，由此可以看出开放对象组织多样性对董事会资本广度与企业创新绩效的中介效应不显著。假设 H10−1 没有得到支持。

模型（4）至模型（6）为开放对象组织多样性对董事会资本深度与企业创新绩效中介效应的检验。模型（4）为验证董事会资本深度对企业创新绩效影响的显著度，解释变量的系数为 0.194，在 1% 的显著性水平上通过检验。模型（5）验证董事会资本深度对企业开放广度的影响，即验证自变量对中介变量的影响的显著性。解释变量的系数为 0.013，且在 10% 的显著性水平上通过检验。模型（6）将董事会资本深度与开放对象组织多样性同时放入模型中来看这两个变量对企业创新绩效的影响的显著性。其中，开放对象组织多样性的系数为 0.223，未通过显著性检验，所以进行 Soble 检验，见表 5−16。Soble 检验结果在 10% 的水平上显著。同时，结果显示在董事会资本深度—开放对象组织多样性—企业创新绩效这条作用路径中，董事会资本深度的直接效应为 0.203，开放广度的间接效应为 0.005，总效应为 0.208，中介效应在总效应中的占比为 2.40%。由此可以看出开放对象组织多样性对董事会资本深度与企业创新绩效的中介效应显著。假设 H10−2 得到支持。

表 5−15 开放对象组织多样性的中介效应检验

Variables	(1) OI_perfor	(2) O_diversity	(3) OI_perfor	(4) OI_perfor	(5) O_diversity	(6) OI_perfor
O_diversity			0.229 (1.55)			0.223 (1.62)
BC_depth				0.194*** (4.52)	0.013* (1.81)	0.191*** (4.44)
BC_breadth	0.136*** (3.17)	0.018** (2.51)	0.132*** (3.11)			

续表5—15

Variables	(1)	(2)	(3)	(4)	(5)	(6)
	OI_perfor	O_diversity	OI_perfor	OI_perfor	O_diversity	OI_perfor
F_size	0.068**	−0.001	0.067**	0.077***	0.000	0.076***
	(2.45)	(−0.18)	(2.40)	(2.81)	(0.07)	(2.76)
F_age	−0.085	−0.013	−0.077	−0.023	−0.005	−0.016
	(−1.13)	(−0.81)	(−1.01)	(−0.30)	(−0.32)	(−0.21)
Roe	0.088	0.043	0.073	0.108	0.045	0.092
	(0.36)	(1.05)	(0.30)	(0.44)	(1.08)	(0.38)
Lev	−0.165	0.014	−0.174	−0.204	0.012	−0.210
	(−0.86)	(0.37)	(−0.91)	(−1.07)	(0.33)	(−1.10)
Oc	−0.258	0.016	−0.281	−0.476	−0.004	−0.498
	(−0.84)	(0.22)	(−0.92)	(−1.56)	(−0.06)	(−1.63)
B_size	0.373**	0.016	0.361*	0.278	0.014	0.268
	(1.98)	(0.43)	(1.92)	(1.50)	(0.37)	(1.45)
Duality	−0.096	−0.000	−0.095	−0.065	0.002	−0.064
	(−1.49)	(−0.04)	(−1.48)	(−1.02)	(0.22)	(−1.00)
Ind_ratio	−0.488	−0.062	−0.466	−0.504	−0.054	−0.482
	(−0.89)	(−0.63)	(−0.85)	(−0.94)	(−0.54)	(−0.90)
Fcb	−0.170**	−0.002	−0.171**	−0.191**	−0.005	−0.192**
	(−2.06)	(−0.12)	(−2.08)	(−2.34)	(−0.31)	(−2.35)
Eci	−0.028**	0.001	−0.028**	−0.018	0.002	−0.018
	(−2.21)	(0.45)	(−2.20)	(−1.37)	(0.75)	(−1.38)
TMT_ratio	0.144	0.023	0.144	0.198	0.029	0.197
	(0.71)	(0.60)	(0.71)	(0.99)	(0.77)	(0.99)
AC	−0.001	0.008*	−0.007	0.023	0.009**	0.017
	(−0.04)	(1.79)	(−0.31)	(1.06)	(2.13)	(0.77)
Gender_div	0.060	−0.046	0.071	0.122	−0.042	0.132
	(0.31)	(−1.33)	(0.37)	(0.62)	(−1.22)	(0.68)
Age_div	0.287	−0.020	0.290	0.356*	−0.014	0.361*
	(1.33)	(−0.57)	(1.34)	(1.66)	(−0.39)	(1.68)
Industry	控制	控制	控制	控制	控制	控制

续表5—15

Variables	(1)	(2)	(3)	(4)	(5)	(6)
	OI_perfor	O_diversity	OI_perfor	OI_perfor	O_diversity	OI_perfor
Year	控制	控制	控制	控制	控制	控制
Constant	−1.617**	0.030	−1.571**	−0.960	0.047	−0.931
	(−2.30)	(0.18)	(−2.23)	(−1.35)	(0.28)	(−1.31)
R^2		0.256			0.268	
Loglikelihood	−4868.247		−4866.841	−4863.274		−4861.987
Observations	2434	3017	2434	2434	3017	2434

注：括号内为 t 检验值，***、**和*分别表示1%、5%与10%的显著性水平。

表5—16 开放对象组织多样性中介效应的 Soble 检验

	Coef	StdErr	Z	$P>|Z|$
董事会资本广度—开放对象组织多样性—企业创新绩效				
Sobel	0.001	0.002	0.415	0.678
Goodman−1（Aroian）	0.001	0.002	0.397	0.692
Goodman−2	0.001	0.002	0.435	0.663
A coefficient	0.002	0.005	0.418	0.676
B coefficient	0.407	0.125	3.251	0.001
Indirect effect	0.001	0.002	0.415	0.678
Direct effect	0.030	0.031	0.964	0.335
董事会资本深度—开放对象组织多样性—企业创新绩效				
Sobel	0.005	0.003	2.153	0.031
Goodman−1（Aroian）	0.005	0.003	2.098	0.036
Goodman−2	0.005	0.002	2.213	0.027
A coefficient	0.015	0.005	3.207	0.001
B coefficient	0.362	0.125	2.906	0.004
Indirect effect	0.005	0.003	2.153	0.031
Direct effect	0.203	0.032	6.290	0.000

（三）开放对象国别多样性对董事会资本与企业创新绩效的中介效应

表5-17为开放对象国别多样性对董事会资本与企业创新绩效中介效应的检验，即检验假设H11。模型（1）至模型（3）为开放对象国别多样性对董事会资本广度与创新绩效中介效应的检验，模型（1）为验证董事会资本广度对企业创新绩效影响的显著度，即验证自变量对因变量的影响的显著性。解释变量的系数为0.136，在1%的显著性水平上通过检验。模型（2）验证董事会资本广度对企业开放对象国别多样性的影响，即验证自变量对中介变量的影响的显著性。解释变量的系数为0.003，且在5%的显著性水平上通过检验。模型（3）将自变量董事会资本广度与中介变量开放对象国别多样性同时放入模型中来看这两个变量对企业创新绩效的影响的显著性。其中，中介变量开放对象国别多样性的系数为0.510，且在1%的显著性水平上通过检验，由此可以看出开放对象国别多样性的中介效应显著。本研究进一步考察自变量董事会资本广度变量的系数是否显著，结果显示，系数为0.123，且在1%的显著性水平上通过检验。由此可以看出开放对象国别多样性对董事会资本广度与企业创新绩效的中介效应为部分中介效应。

表5-17　开放对象国别多样性的中介效应

Variables	(1)	(2)	(3)	(4)	(5)	(6)
	OI _ perfor	O _ oversea	OI _ perfor	OI _ perfor	O _ oversea	OI _ perfor
O _ oversea			0.510***			0.498
			(2.96)			(2.91)
BC _ depth				0.194***	0.018**	0.184***
				(4.52)	(2.05)	(4.25)
BC _ breadth	0.136***	0.003**	0.123***			
	(3.17)	(2.03)	(2.88)			
F _ size	0.068**	0.004**	0.068**	0.077***	0.004*	0.077***
	(2.45)	(2.05)	(2.45)	(2.81)	(1.78)	(2.79)
F _ age	−0.085	0.003	−0.061	−0.023	0.002	−0.006
	(−1.13)	(0.54)	(−0.80)	(−0.30)	(0.35)	(−0.08)

Variables	(1)	(2)	(3)	(4)	(5)	(6)
	OI_perfor	O_oversea	OI_perfor	OI_perfor	O_oversea	OI_perfor
Roe	0.088	0.002	0.081	0.108	0.002	0.102
	(0.36)	(0.15)	(0.33)	(0.44)	(0.17)	(0.42)
Lev	−0.165	0.001	−0.165	−0.204	0.002	−0.200
	(−0.86)	(0.08)	(−0.86)	(−1.07)	(0.13)	(−1.05)
Oc	−0.258	0.064***	−0.233	−0.476	0.071***	−0.432
	(−0.84)	(2.74)	(−0.76)	(−1.56)	(3.01)	(−1.40)
B_size	0.373**	0.007	0.337*	0.278	0.007	0.247
	(1.98)	(0.59)	(1.78)	(1.50)	(0.59)	(1.33)
Duality	−0.096	0.005	−0.097	−0.065	0.004	−0.068
	(−1.49)	(1.46)	(−1.50)	(−1.02)	(1.15)	(−1.06)
Ind_ratio	−0.488	−0.011	−0.645	−0.504	−0.017	−0.662
	(−0.89)	(−0.34)	(−1.17)	(−0.94)	(−0.53)	(−1.23)
Fcb	−0.170**	0.015***	−0.161*	−0.191**	0.016***	−0.180**
	(−2.06)	(2.93)	(−1.93)	(−2.34)	(3.04)	(−2.16)
Eci	−0.028**	−0.000	−0.027**	−0.018	−0.000	−0.018
	(−2.21)	(−0.53)	(−2.18)	(−1.37)	(−0.59)	(−1.38)
TMT_ratio	0.144	0.020	0.136	0.198	0.017	0.187
	(0.71)	(1.63)	(0.67)	(0.99)	(1.40)	(0.93)
AC	−0.001	−0.001	−0.007	0.023	−0.002	0.016
	(−0.04)	(−0.88)	(−0.32)	(1.06)	(−1.12)	(0.73)
Gender_div	0.060	0.005	0.079	0.122	0.003	0.141
	(0.31)	(0.43)	(0.41)	(0.62)	(0.30)	(0.72)
Age_div	0.287	0.019*	0.326	0.356*	0.018	0.392*
	(1.33)	(1.74)	(1.51)	(1.66)	(1.63)	(1.82)
Industry	控制	控制	控制	控制	控制	控制
Year	控制	控制	控制	控制	控制	控制
Constant	−1.617**	−0.148***	−1.522**	−0.960	−0.144***	−0.900
	(−2.30)	(−2.80)	(−2.16)	(−1.35)	(−2.69)	(−1.26)

续表5—17

Variables	(1) OI_perfor	(2) O_oversea	(3) OI_perfor	(4) OI_perfor	(5) O_oversea	(6) OI_perfor
R^2		0.208			0.212	
Loglikelihood	−4868.247		−4863.045	−4863.274		−4858.329
Observations	2434	3017	2434	2434	3017	2434

注：括号内为 t 检验值，***、**和*分别表示1%、5%与10%的显著性水平。

为了进一步验证该结论并得到中介效应程度与占比，本研究进行 Soble 检验，如表5—18所示。结果显示董事会资本广度—开放对象国别多样性—企业创新绩效这条作用路径中，董事会资本广度的直接效应为0.034，开放广度的间接效应为0.003，总效应为0.037，中介效应在总效应中的占比为8.11%。假设 H11—1 得到支持。

模型（4）至模型（6）为开放对象国别多样性对董事会资本深度与企业创新绩效中介效应的检验。模型（4）为验证董事会资本深度对企业创新绩效影响的显著度，即验证自变量对因变量的影响的显著性。解释变量的系数为0.194，在1%的显著性水平上通过检验。模型（5）验证董事会资本深度对企业开放对象国别多样性的影响，即验证自变量对中介变量的影响的显著性。解释变量的系数为0.018，且在5%的显著性水平上通过检验。模型（6）将董事会资本深度与开放对象国别多样性同时放入模型中来看这两个变量对企业创新绩效的影响的显著性。其中，开放对象国别多样性的系数为0.498，且没有通过显著性水平检验，为此本研究进行 Soble 检验，如表5—18所示，结果显示 P 值大于0.1，中介效应的间接效应不显著。由此假设 H11—2 没有得到支持。

表5—18 开放对象国别多样性中介效应的 Soble 检验

	Coef	StdErr	Z	$P>|Z|$
董事会资本广度—开放对象国别多样性—企业创新绩效				
Sobel	0.003	0.002	1.675	0.094
Goodman−1（Aroian）	0.003	0.002	1.613	0.095
Goodman−2	0.003	0.002	1.744	0.081
A coefficient	0.003	0.001	2.033	0.042
B coefficient	1.278	0.433	2.951	0.003
Indirect effect	0.003	0.002	1.675	0.094

续表5—18

	Coef	StdErr	Z	$P>\|Z\|$
Direct effect	0.034	0.031	1.682	0.096
董事会资本深度—开放对象国别多样性—企业创新绩效				
Sobel	0.002	0.002	0.992	0.321
Goodman—1（Aroian）	0.002	0.002	0.948	0.343
Goodman—2	0.002	0.002	1.043	0.297
A coefficient	0.001	0.001	1.049	0.294
B coefficient	1.314	0.430	3.057	0.002
Indirect effect	0.002	0.002	0.992	0.321
Direct effect	0.210	0.032	6.529	0.000

（四）开放式创新网络中心度对董事会资本与企业创新绩效的中介效应

检验假设 H12，即验证开放式创新网络中心度对董事会资本与企业创新绩效关系中介效应的结果如表5—19所示。

表5—19　开放式创新网络度中心度的中介效应

Variables	(1) OI_perfor	(2) O_lock	(3) OI_perfor	(4) OI_perfor	(5) O_lock	(6) OI_perfor
O_lock			0.179***			0.136***
			(3.87)			(3.01)
BC_depth				0.194***	0.094***	0.202***
				(4.52)	(4.95)	(4.76)
BC_breadth	0.136***	0.283***	0.185***			
	(3.17)	(20.28)	(4.17)			
F_size	0.068**	0.018	0.064**	0.077***	−0.007	0.076***
	(2.45)	(1.09)	(2.33)	(2.81)	(−0.39)	(2.77)
F_age	−0.085	−0.245***	−0.037	−0.023	−0.315***	0.030
	(−1.13)	(−6.06)	(−0.48)	(−0.30)	(−7.30)	(0.37)
Roe	0.088	0.336***	0.071	0.108	0.334***	0.100
	(0.36)	(3.22)	(0.29)	(0.44)	(3.05)	(0.41)

续表5—19

Variables	(1)	(2)	(3)	(4)	(5)	(6)
	OI _ perfor	O _ lock	OI _ perfor	OI _ perfor	O _ lock	OI _ perfor
Lev	−0.165	−0.148	−0.152	−0.204	−0.123	−0.205
	(−0.86)	(−1.61)	(−0.80)	(−1.07)	(−1.28)	(−1.08)
Oc	−0.258	0.387**	−0.354	−0.476	0.670***	−0.576*
	(−0.84)	(2.08)	(−1.15)	(−1.56)	(3.45)	(−1.87)
B _ size	0.373**	0.307***	0.270	0.278	0.321***	0.192
	(1.98)	(3.25)	(1.43)	(1.50)	(3.24)	(1.03)
Duality	−0.096	−0.123***	−0.064	−0.065	−0.169***	−0.033
	(−1.49)	(−4.40)	(−0.99)	(−1.02)	(−5.81)	(−0.52)
Ind _ ratio	−0.488	−0.685***	−0.338	−0.504	−0.894***	−0.350
	(−0.89)	(−2.74)	(−0.63)	(−0.94)	(−3.42)	(−0.66)
Fcb	−0.170**	0.111***	−0.176**	−0.191**	0.144***	−0.195**
	(−2.06)	(2.75)	(−2.14)	(−2.34)	(3.40)	(−2.39)
Eci	−0.028**	0.013**	−0.031**	−0.018	0.008	−0.020
	(−2.21)	(2.29)	(−2.42)	(−1.37)	(1.27)	(−1.50)
TMT _ ratio	0.144	−0.092	0.160	0.198	−0.202**	0.227
	(0.71)	(−0.97)	(0.79)	(0.99)	(−2.03)	(1.14)
AC	−0.001	0.030***	−0.012	0.023	0.012	0.017
	(−0.04)	(2.65)	(−0.57)	(1.06)	(1.03)	(0.80)
Gender _ div	0.060	0.045	0.063	0.122	−0.012	0.125
	(0.31)	(0.53)	(0.32)	(0.62)	(−0.13)	(0.64)
Age _ div	0.287	0.269***	0.212	0.356*	0.201**	0.310
	(1.33)	(3.03)	(0.98)	(1.66)	(2.17)	(1.45)
Industry	控制	控制	控制	控制	控制	控制
Year	控制	控制	控制	控制	控制	控制
Constant	−1.617**	0.032	−1.514**	−0.960	0.173	−0.865
	(−2.30)	(0.15)	(−2.18)	(−1.35)	(0.39)	(−1.23)
R^2		0.200			0.213	
Loglikelihood	−4868.247		−4861.395	−4863.274		−4859.068
Observations	2434	3017	2434	2434	3017	2434

注：括号内为 t 检验值，***、**和*分别表示1%、5%与10%的显著性水平。

模型（1）至模型（3）为开放式创新网络中心度对董事会资本广度与企业创新绩效中介效应的检验。模型（1）至模型（3）为开放式创新网络中心度对董事会资本广度与创新绩效中介效应的检验，模型（1）为验证董事会资本广度对企业创新绩效影响的显著度，即验证自变量对因变量的影响的显著性。解释变量的系数为 0.136，在 1％的显著性水平上通过检验。模型（2）验证董事会资本广度对开放式创新网络中心度的影响，即验证自变量对中介变量的影响的显著性。解释变量的系数为 0.283，且在 1％的显著性水平上通过检验。模型（3）将自变量董事会资本广度与中介变量开放式创新网络中心度，同时放入模型中来看这两个变量对企业创新绩效的影响的显著性。其中，中介变量开放式创新网络中心度的系数为 0.179，且在 1％的显著性水平上通过检验，说明中介效应显著。本研究进一步考察自变量董事会资本广度变量的系数是否显著，结果显示，系数为 0.185，且在 1％的水平上显著。由此可以看出开放式创新网络中心度对董事会资本广度与企业创新绩效的中介效应为部分中介效应。为了进一步验证该结论并得到中介效应程度与占比，本研究进行 Soble 检验，结果如表 5-20 所示。在董事会资本广度—开放式创新网络中心度—企业创新绩效这条作用路径中，董事会资本广度的直接效应为 0.136，开放广度的间接效应为 0.105，总效应为 0.241，中介效应在总效应中的占比为 43.57％。假设 H12-1 得到支持。

表 5-20　开放式创新网络中心度中介效应的 Soble 检验

	Coef	StdErr	Z	$P>|Z|$
董事会资本广度—开放式创新网络中心度—企业创新绩效				
Sobel	0.105	0.012	8.813	0.000
Goodman-1（Aroian）	0.105	0.012	8.804	0.000
Goodman-2	0.105	0.012	8.823	0.000
A coefficient	0.281	0.015	18.940	0.000
B coefficient	0.373	0.037	9.957	0.000
Indirect effect	0.105	0.012	8.813	0.000
Direct effect	0.136	0.032	4.203	0.000
董事会资本深度—开放式创新网络中心度—企业创新绩效				
Sobel	0.009	0.006	1.663	0.096
Goodman-1（Aroian）	0.009	0.006	1.654	0.098

	Coef	StdErr	Z	$P>\lvert Z \rvert$
Goodman—2	0.009	0.005	1.672	0.094
A coefficient	0.028	0.016	1.690	0.091
B coefficient	0.329	0.035	9.333	0.000
Indirect effect	0.009	0.006	1.663	0.096
Direct effect	0.217	0.032	6.839	0.000

模型（4）至模型（6）为开放式创新网络中心度对董事会资本深度与企业创新绩效中介效应的检验。模型（4）为验证董事会资本深度对企业创新绩效影响的显著度，即验证自变量对因变量的影响的显著性。解释变量的系数为0.194，在1%的显著性水平上通过检验。模型（5）验证董事会资本深度对开放式创新网络中心度的影响，即验证自变量对中介变量的影响的显著性。解释变量的系数为0.094，且在1%的显著性水平上通过检验。模型（6）将董事会资本深度与开放式创新网络中心度同时放入模型中来看这两个变量对企业创新绩效的影响的显著性。其中，开放式创新网络中心度的系数为0.136，且在1%的显著性水平上通过检验，说明中介效应显著。本研究进一步考察董事会资本深度变量的系数是否显著，结果显示系数为0.202，且在1%的显著性水平上通过检验，由此可以看出开放式创新网络中心度对董事会资本深度与企业创新绩效的中介效应为部分中介效应。为了进一步支持该结论并得到中介效应程度与占比，本研究进行 Soble 检验，结果如表5—20所示。在董事会资本深度—开放式创新网络中心度—企业创新绩效这条作用路径中，董事会资本广度的直接效应为0.217，开放广度的间接效应为0.009，总效应为0.226，中介效应在总效应中的占比为3.98%。假设 H12—2 得到支持。

第三节　稳健性检验

本研究首先对主效应董事会资本对企业开放式创新的影响进行双向因果以及样本选择偏差检验，随后采用替换被解释变量的方法对董事会资本对企业创新绩效的影响以及开放式创新的中介效应进行稳健性检验。

一、双向因果及样本选择偏差检验

(一) 双向因果关系检验

本书提出董事会资本会正向影响企业开放式创新。但是有一种可能是企业采取了开放式创新战略,需要教育、从业经历多样化的董事提供多样化咨询和丰富的社会资源,从而招募不同行业领域、教育背景、职业背景、社会背景的董事参与公司的运营,并由此导致企业拥有较高的董事会资本广度与深度。为了检验是否存在这种双向因果关系,本书采用格兰杰因果关系检验法进行因果关系的论证。

Granger (1969) 提出了格兰杰因果关系检验法。随着方法的不断完善,该方法已经成为检验两个变量之间因果关系的重要统计工具 (Grover et al., 1972)。早期格兰杰因果关系检验法是估计标准 VAR 模型,并通过对解释变量滞后项是否具有显著解释作用进行 F 检验来判断是否存在 Granger 意义上的因果关系及其走向。具体来说,如果 X 的历史信息的存在对 Y 的预测残差平方和显著地小于没有 X 信息时的残差平方和,那么就可以说 X 的存在显著地提高了对 Y 的预测精度,即可以说 X 是 Y 的格兰杰原因,回归公式如公式 (5-1) 所示。

$$Y_t = \gamma + \sum_{i=1}^{n} \alpha_i Y_{t-i} + \sum_{j=1}^{n} \beta_j X_{t-j} + \varepsilon_t \tag{5-1}$$

其中, X_t 和 Y_t 表示两组时间序列数据; X_{t-j} 是 X_t 的滞后项, Y_{t-i} 是 Y_t 的滞后项, γ 是常数, α_i 和 β_j 是回归系数, ε_t 为随机误差项。模型的零假设为 X 不是引起 Y 变化的原因,如果系数 β_j 中至少有一个显著不为 0,则拒绝原假设,接受 X 是引起 Y 变化的原因的备择假设,即 X 过去的信息会对 Y 产生影响。

为了防止回归结果失真,本书在进行格兰杰因果关系检验之前进行单位根检验。本书采用 Fisher-ADF 和 Fisher-PP 方法 (Maddala, 1999) 分别对各指标序列的平稳性进行单位根检验。对于每个面板单位根检验,原假设是存在单位根,备择假设是没有单位根。当 P 值小于显著性水平值时,说明不存在单位根,该时间序列为平稳时间序列;否则需要对该变量进行一阶差分,继续进行单位根检验。

Fisher-ADF 单位根检验结果如表 5-21 所示。Fisher-PP 单位根检验结果如表 5—22 所示。结合两张表可以看出，董事会资本广度、董事会资本深度、开放度、开放对象组织多样性、开放对象国别多样性、开放式创新网络中心度的单位根检验 P 值均在 10% 的显著性水平上显著，说明不存在单位根，这些时间序列为平稳序列。由于是平稳序列，所以不进行协整分析，可以直接进行格兰杰因果关系检验。检验结果如表 5—23 所示。从滞后 1 期、2 期、3 期数据可以看出，检验结果在 5% 的显著性水平上拒绝"董事会资本不是影响企业开放式创新的原因"的假设，即表明董事会资本是引起企业开放式创新的格兰杰原因。同时，在各个滞后期内均无法在 5% 的显著性水平上拒绝"企业开放式创新不是影响董事会资本的原因"，即企业开放式创新不是影响董事会资本的格兰杰原因。基于此，可以看出本研究不存在双向因果关系，而是董事会资本确实会影响企业开放式创新活动。

表 5—21 Fisher—ADF 单位根检验结果

变量	统计量	P 值	是否平稳
BC _ breadth	468.4000	0.0000	平稳
BC _ depth	465.1088	0.0000	平稳
O _ broaden	385.8426	0.0000	平稳
O _ diversity	313.8897	0.0189	平稳
O _ oversea	127.5697	0.0256	平稳
O _ lock	532.3201	0.0000	平稳

表 5—22 Fisher—PP 单位根检验结果

变量	统计量	P 值	是否平稳
BC _ breadth	1011.0804	0.0000	平稳
BC _ depth	658.0008	0.0000	平稳
O _ broaden	663.2003	0.0000	平稳
O _ diversity	718.0708	0.0000	平稳
O _ oversea	53.4568	0.0325	平稳
O _ lock	1070.7452	0.0000	平稳

表 5—23　格兰杰因果关系检验结果

假设	滞后 1 期	滞后 2 期	滞后 3 期
BC _ breadth 不是引起 O _ broaden 的格兰杰原因	0.000	0.002	0.000
BC _ depth 不是引起 O _ broaden 的格兰杰原因	0.006	0.000	0.000
BC _ breadth 不是引起 O _ diversity 的格兰杰原因	0.043	0.026	0.030
BC _ depth 不是引起 O _ diversity 的格兰杰原因	0.021	0.026	0.028
BC _ breadth 不是引起 O _ oversea 的格兰杰原因	0.018	0.011	0.008
BC _ depth 不是引起 O _ oversea 的格兰杰原因	0.013	0.017	0.015
BC _ breadth 不是引起 O _ lock 的格兰杰原因	0.025	0.018	0.016
BC _ depth 不是引起 O _ lock 的格兰杰原因	0.026	0.013	0.002
O _ broaden 不是引起 BC _ breadth 的格兰杰原因	0.260	0.727	0.854
O _ broaden 不是引起的 BC _ depth 格兰杰原因	0.162	0.266	0.432
O _ diversity 不是引起 BC _ breadth 的格兰杰原因	0.160	0.178	0.444
O _ diversity 不是引起 BC _ depth 的格兰杰原因	0.473	0.488	0.970
O _ oversea 不是引起 BC _ breadth 的格兰杰原因	0.172	0.269	0.465
O _ oversea 不是引起 BC _ depth 的格兰杰原因	0.235	0.452	0.423
O _ lock 不是引起 BC _ breadth 的格兰杰原因	0.268	0.928	0.997
O _ lock 不是引起 BC _ depth 的格兰杰原因	0.511	0.796	0.371

（二）样本选择偏差检验

董事会资本对企业开放式创新的影响的内生性问题包含样本选择偏差和遗漏变量的情况。开放式创新活动的内涵非常丰富，而本书从专利交易以及合作研发的角度来测量开放式创新。本研究选取的是 1999—2019 年中国上市公司中涉及专利买卖、许可以及合作研发的上市公司作为研究样本，而那些没有通过专利交易活动以及合作研发体现开放式创新活动的上市公司并未进入本研究的回归样本范围。这样的样本选择并非随机及外生，所以统计学结果可能存在选择偏差问题。另外，在回归过程中也存在遗漏变量的问题，本研究尽可能多地设置了控制变量，并采用固定效用回归模型来尽可能减少遗漏变量问题对主效应结果的影响。

为了缓解内生性问题带来的干扰，本研究采用 Heckman 两阶段模型（Heckman，1979）进行回归结果的纠正。选用变量"企业专利组合"作为工具变量（IV），该变量会影响企业是否愿意从事专利交易及合作研发的活动，但不太可能影响开放式创新活动的四个维度。本研究首先将模型分为两个阶段：第一阶段是采用 Probit 模型，利用总体样本里的全部观测值估计观测单元具有专利交易与合作研发活动行为的概率，并计算出每一个观测值的逆米尔斯比（IMR）。这一步骤中的因变量是二元虚拟变量（OIpatent），表示观测单元是否存在专利交易与合作研发活动；自变量是"企业专利组合"。另外我们将行业竞争环境（Competition）、企业技术多样性（Tech_div）作为影响因素也一同纳入回归模型。作为企业战略规划领域中最广泛使用的工具，企业专利组合、行业竞争环境与企业技术多样性可用于分析企业在行业中的竞争地位，同时也可用于比较技术领域中竞争对手公司的专利地位和技术优势，帮企业做出正确的专利许可、买卖与持有的决策（郭磊等，2013）。第二阶段是利用选择以专利交易与合作研发活动进行开放式创新活动的企业样本回归分析董事会资本对企业开放式创新活动的影响，并将第一阶段得到的逆米尔斯比作为控制变量以得到一致估计量。

具体模型设定如公式（5-2）和（5-3）：

$$oi_i = \begin{cases} 1, oi_i^* > 0 \\ 0, oi_i^* \leqslant 0 \end{cases} \qquad (5-2)$$

$$oi_i^* = \beta_0 + \beta_1 X_i + u_i \qquad (5-3)$$

其中，oi_i^* 代表影响企业 i 开放式创新决策但不可观测的变量；oi_i 为企业 i 的开放式创新状态，其中 $oi_i = 1$ 表示企业 i 选择专利许可、买卖、合作研发活动的形式来体现开放式创新活动；X_i 为影响企业 i 是否选择专利许可、买卖、合作研发活动的因素；β_0 为常数项；β_1 为解释变量的系数；u_i 为随机误差项。

则第一阶段 Probit 开放式创新决策模型设定为公式（5-4）：

$$Pr(oi_i = 1) = \varphi(\beta_0 + \beta_1 X_i) \qquad (5-4)$$

$Pr(oi_i = 1)$ 表示企业 i 选择专利许可、买卖与合作研发活动的形式来体现开放式创新活动的概率，$\varphi(\cdot)$ 为标准正态分布的累积分布函数。

第二阶段 OLS 开放式创新模型设定为式（5-5）：

$$OI_i = \alpha_0 + \alpha_1 X_i' + \alpha_2 \lambda_i + \varepsilon_i \qquad (5-5)$$

其中，OI_i 表示企业 i 的开放式创新的四个维度，X_i' 为影响企业开放式创新四个维度的因素，λ_i 为从公式（5-4）计算得出的逆米尔斯比，α_0 为常数项，α_1 和 α_2 为回归系数，ε_i 为随机误差项。逆米尔斯比的具体计算公式为：

$$\lambda_i = \frac{\varphi(\beta_0 + \beta_1 X_i)}{\varphi(\beta_0 + \beta_1 X_i)} \tag{5-6}$$

其中，$\varphi(\cdot)$ 是标准正态分布的概率密度函数。如果 λ_i 不为零，且在统计上显著异于零，则说明存在样本选择偏差。

利用 Heckman 两阶段法进行样本选择偏差校正后的回归结果如表 5-24 所示。可以看出经过校正后的结果依然保持稳定。

表 5-24　校正后的董事会资本对开放式创新的影响（1）

Variables	Probit	(1)	(2)	(3)	(4)	(5)	(6)
	OIpatent	O_broaden	O_broaden	O_broaden	O_depth	O_depth	O_depth
BC_breadth			0.026**	0.024**		0.015	0.011
			(2.41)	(2.22)		(0.19)	(0.15)
BC_depth				0.020*			0.035
				(1.79)			(0.44)
F_size		0.087***	0.087***	0.087***	0.165***	0.165***	0.167***
		(15.25)	(15.23)	(15.33)	(4.08)	(4.08)	(4.10)
F_age		−0.093***	−0.094***	−0.092***	−0.098	−0.099	−0.096
		(−6.22)	(−6.32)	(−6.16)	(−0.93)	(−0.93)	(−0.90)
Roe		0.155**	0.150**	0.153**	−0.621	−0.623	−0.618
		(2.41)	(2.34)	(2.39)	(−1.37)	(−1.37)	(−1.36)
Lev		−0.149***	−0.140***	−0.142***	0.037	0.042	0.037
		(−4.04)	(−3.78)	(−3.85)	(0.14)	(0.16)	(0.14)
Oc		−0.008	−0.003	−0.015	0.159	0.161	0.139
		(−0.14)	(−0.06)	(−0.28)	(0.40)	(0.41)	(0.35)
B_size		0.031	0.032	0.032	0.083	0.084	0.086
		(0.78)	(0.81)	(0.83)	(0.30)	(0.30)	(0.31)
Duality		−0.012	−0.014	−0.014	−0.054	−0.055	−0.055
		(−0.89)	(−1.02)	(−1.03)	(−0.54)	(−0.55)	(−0.55)

续表5－24

Variables	Probit OIpatent	(1) O _ broaden	(2) O _ broaden	(3) O _ broaden	(4) O _ depth	(5) O _ depth	(6) O _ depth
Ind _ ratio		−0.297**	−0.318***	−0.326***	0.977	0.965	0.950
		(−2.46)	(−2.63)	(−2.70)	(1.14)	(1.12)	(1.11)
Fcb	0.011	0.009	0.008	0.144	0.143	0.140	
	(0.79)	(0.65)	(0.53)	(1.40)	(1.39)	(1.35)	
Eci		−0.001	−0.002	−0.000	−0.073***	−0.074***	−0.071***
		(−0.38)	(−0.48)	(−0.07)	(−3.05)	(3.06)	(−2.88)
TMT _ ratio		−0.133***	−0.148***	−0.147***	−0.320	−0.329	−0.326
		(−3.14)	(−3.46)	(−3.45)	(−1.07)	(−1.08)	(−1.08)
AC		0.111***	0.110***	0.110***	0.310***	0.309***	0.310***
		(23.11)	(22.89)	(22.92)	(9.01)	(8.97)	(8.99)
Gender _ div		0.012	0.004	0.009	0.163	0.159	0.167
		(0.30)	(0.10)	(0.21)	(0.56)	(0.54)	(0.57)
Age _ div		0.018	0.017	0.018	−0.090	−0.091	−0.088
		(0.35)	(0.32)	(0.34)	(−0.24)	(−0.25)	(−0.24)
IV	0.354***						
	(52.74)						
Competition	418.773***						
	(11.00)						
Tech _ div	0.014						
	(0.45)						
IMR		0.094***	0.096***	0.093***	−0.045	−0.043	−0.048
		(6.46)	(6.59)	(6.34)	(−0.43)	(−0.42)	(−0.46)
Constant	−2.082***	−1.109***	−1.135***	−1.089***	−1.476	−1.491	−1.414
	(−186.34)	(−7.52)	(−7.69)	(−7.27)	(−1.40)	(−1.41)	(−1.32)
R^2	0.133	0.313	0.428	0.516	0.228	0.228	0.228
Chi^2	3429.590						
Observations	48300	3017	3017	3017	3017	3017	3017

注：括号内为 t 检验值，***、**和*分别表示1%、5%与10%的显著性水平。

表 5-25 校正后的董事会资本对开放式创新的影响（2）

Variables	(1) O_diversity	(2) O_diversity	(3) O_diversity	(4) O_oversea	(5) O_oversea	(6) O_oversea	(7) O_lock	(8) O_lock	(9) O_lock
BC_breadth		0.018** (2.46)	0.001* (1.85)		0.002 (1.91)	0.006** (2.56)		0.282*** (20.26)	0.258*** (13.68)
BC_depth			0.014*** (2.91)			0.001** (2.32)			0.049*** (2.66)
F_size	0.002 (0.33)	0.000 (0.06)	0.008*** (3.21)	0.001 (0.89)	0.001 (0.92)	0.004* (1.95)	0.034*** (3.75)	0.041*** (4.81)	0.020 (1.21)
F_age	-0.004 (-0.27)	-0.007 (-0.41)	-0.013** (-2.02)	-0.002 (-1.12)	-0.002 (-1.03)	0.002 (0.45)	-0.154*** (-6.68)	-0.129*** (-6.01)	-0.257*** (-6.10)
Roe	0.038 (0.91)	0.039 (0.94)	0.010 (0.39)	-0.008 (-0.97)	-0.007 (-0.92)	0.003 (0.19)	0.247*** (2.83)	0.249*** (3.04)	0.320*** (3.06)
Lev	0.010 (0.27)	0.012 (0.32)	-0.025 (-1.60)	0.008* (1.79)	0.007 (1.59)	0.001 (0.09)	0.019 (0.34)	-0.069 (-1.33)	-0.151* (-1.65)
Oc	-0.002 (-0.03)	0.016 (0.21)	0.072*** (3.08)	-0.006 (-0.89)	-0.006 (-0.96)	0.064*** (2.73)	0.450*** (4.98)	0.355*** (4.23)	0.403** (2.16)
B_size	0.012 (0.33)	0.012 (0.33)	0.064*** (3.88)	0.004 (0.76)	0.004 (0.74)	0.007 (0.61)	0.113* (1.85)	0.110* (1.92)	0.311*** (3.29)
Duality	0.002 (0.21)	-0.001 (-0.10)	0.003 (0.55)	0.002 (1.42)	0.003 (1.52)	0.005 (1.47)	-0.188*** (-9.31)	-0.155*** (-8.18)	-0.123*** (-4.41)
Ind_ratio	-0.049 (-0.50)	-0.069 (-0.69)	0.054 (1.07)	-0.007 (-0.47)	-0.005 (-0.33)	-0.011 (-0.33)	-1.308*** (-7.27)	-1.045*** (-6.20)	-0.661*** (-2.65)

续表5-25

Variables	(1) O_diversity	(2) O_diversity	(3) O_diversity	(4) O_oversea	(5) O_oversea	(6) O_oversea	(7) O_lcck	(8) O_lock	(9) O_lock
Fcb	-0.003 (-0.21)	-0.002 (-0.11)	0.001 (0.12)	0.001 (0.75)	0.002 (0.86)	0.015*** (2.90)	0.095*** (4.42)	0.110*** (5.30)	0.117*** (2.90)
Eci	0.001 (0.50)	0.001 (0.48)	0.000 (0.16)	0.000 (0.34)	0.000 (0.42)	-0.000 (-0.50)	0.003* (1.96)	0.011** (2.64)	0.011* (1.84)
TMT_ratio	0.032 (0.86)	0.024 (0.62)	-0.036** (-2.00)	0.002 (0.39)	0.003 (0.67)	0.019 (1.62)	-0.427*** (-6.77)	-0.243*** (-4.09)	-0.085 (-0.89)
AC	0.012** (2.47)	0.011** (2.24)	0.019*** (9.40)	0.002*** (3.86)	0.002*** (3.99)	-0.001 (-0.98)	0.038*** (4.37)	0.055*** (7.60)	0.031*** (2.64)
Gender_div	-0.036 (-1.05)	-0.040 (-1.18)	-0.030* (-1.73)	0.001 (0.20)	0.002 (0.36)	0.004 (0.38)	-0.145** (-2.39)	-0.056 (-0.98)	0.053 (0.61)
Age_div	-0.018 (-0.52)	-0.021 (-0.60)	0.015 (0.68)	0.005 (0.74)	0.005 (0.77)	0.020* (1.76)	0.207*** (2.87)	0.241*** (3.58)	0.253*** (2.85)
IMR	0.017* (1.74)	0.016* (1.66)	0.014** (2.21)	0.004** (2.12)	0.004** (2.01)	0.002** (2.02)	0.076*** (3.69)	0.073*** (3.76)	0.026*** (3.81)
Constant	-0.070 (-0.41)	-0.046 (-0.27)	-0.292*** (-4.64)	-0.031* (-1.75)	-0.029 (-1.60)	-0.139** (-2.51)	-0.292 (-1.23)	-0.171 (-0.77)	-0.112 (-0.26)
R^2	0.232	0.306	0.423	0.213	0.312	0.418	0.242	0.316	0.391
Observations	3017	3017	3017	3017	3017	3017	3017	3017	3017

注：括号内为 t 检验值，***、**和*分别表示1%、5%与10%的显著性水平。

二、替换被解释变量

在前文变量定义中本研究选取了专利层面的数据来刻画企业开放式创新行为，在此本研究选取全要素生产率（TFP）来测量开放式创新绩效。全要素生产率是在一定时期内生产活动的效率，反映技术水平变化、规模经济和效率的变化（Hu et al.，2017）。全要素生产率被广泛使用在企业创新绩效的衡量上。本书采用 Giannetti 使用的全要素生产率计算方法（Giannetti et al.，2015），立足于企业层面的回归模型，如公式（5—7）：

$$y_{ijt} = \alpha_{jt} + \beta_{jt}l_{ijt} + \gamma_{jt}k_{ijt} + \delta_{jt}m_{ijt} + \varepsilon_{ijt} \tag{5—7}$$

全要素生产率是该模型中的残差项 ε_{ijt}，y_{ijt} 指在 t 年，j 行业 i 公司的主营业务收入取对数；l_{ijt} 指 t 年，j 行业，i 公司的总员工数量取对数；k_{ijt} 为 t 年，j 行业，i 公司的总资产取对数；m_{ijt} 为 t 年，j 行业，i 公司的购入商品和劳务的那部分金额取对数。在做回归时，本研究控制了年份和企业所在的行业。将各个企业的以上参数放入模型中回归后得到的残差为全要素生产率。

（一）董事会资本对企业创新绩效影响的稳健性检验

董事会资本对企业创新绩效影响的稳健性检验结果表 5—26 所示。从模型（2）以及模型（3）中可以看出自变量董事会资本广度与资本深度的回归系数均显著为正，说明回归结果稳健。

表 5—26　董事会资本对企业创新绩效的影响的稳健性检验

Variables	(1)	(2)	(3)
BC _ breadth		0.014*	0.017**
		(1.75)	(2.10)
BC _ depth			0.016**
			(2.05)
F _ size	−0.017**	−0.018**	−0.018**
	(−2.34)	(−2.52)	(−2.54)
F _ age	0.090***	0.088***	0.081***
	(5.13)	(5.05)	(4.52)
Roe	0.652***	0.653***	0.650***
	(14.38)	(14.41)	(14.35)

续表5-26

Variables	(1)	(2)	(3)
Lev	−0.048	−0.046	−0.046
	(−1.19)	(−1.15)	(−1.16)
Oc	−0.246***	−0.232***	−0.227***
	(−3.06)	(−2.87)	(−2.80)
B_size	−0.045	−0.045	−0.042
	(−1.09)	(−1.10)	(−1.01)
Duality	0.009	0.007	0.007
	(0.77)	(0.54)	(0.57)
Ind_ratio	−0.264**	−0.280**	−0.268**
	(−2.44)	(−2.58)	(−2.47)
Fcb	−0.064***	−0.063***	−0.061***
	(−3.67)	(−3.60)	(−3.49)
Eci	0.001	0.001	−0.000
	(0.28)	(0.27)	(−0.08)
TMT_ratio	0.078*	0.071*	0.073*
	(1.89)	(1.72)	(1.77)
AC	−0.001	−0.001	−0.002
	(−0.16)	(−0.31)	(−0.49)
Gender_div	−0.052	−0.055	−0.055
	(−1.38)	(−1.46)	(−1.47)
Age_div	0.069*	0.066*	0.062
	(1.78)	(1.72)	(1.60)
Industry	控制	控制	控制
Year	控制	控制	控制
Constant	0.367**	0.383**	0.339*
	(2.02)	(2.10)	(1.85)
R^2	0.079	0.131	0.142
Observations	3017	3017	3017

注：括号内为 t 检验值，***、**和*分别表示1%、5%与10%的显著性水平。

（二）开放式创新中介效应的稳健性检验

替换被解释变量后的创新开放度对董事会资本与企业创新绩效中介效应的稳健性检验结果如表 5-27 所示。其中模型（1）至模型（3）为开放度对董事会资本广度与创新绩效中介效应的检验，模型（1）为验证董事会资本广度对企业创新绩效影响的显著度，即验证自变量对因变量影响的显著性。解释变量的系数为 0.014，在 1% 的显著性水平上通过检验。模型（2）验证董事会资本广度对企业开放广度的影响，解释变量的系数为 0.094，且在 1% 的显著性水平上通过检验。模型（3）将董事会资本广度与企业开放广度同时放入模型中来看这两个变量对企业创新绩效的影响。其中，开放广度的系数为 0.011，且不显著，此时需要进行 Soble 检验。Soble 检验结果如表 5-28 所示，可以看出 Soble 检验结果的 P 值小于 0.1，说明结果显著。由此可以看出开放广度对董事会资本广度与企业创新绩效中介效应的结果依然显著。

模型（4）至模型（6）为开放度对董事会资本深度与企业创新绩效中介效应的检验。模型（4）为验证董事会资本深度对企业创新绩效影响的显著度，即验证自变量对因变量的影响的显著性。解释变量的系数为 0.013，在 10% 的显著性水平上通过检验。模型（5）验证董事会资本深度对企业开放广度的影响，即验证自变量对中介变量的影响的显著性。解释变量的系数为 0.046，且在 1% 的显著性水平上通过检验。模型（6）将董事会资本深度与企业开放广度同时放入模型中来看这两个变量对企业创新绩效的影响的显著性。其中，开放广度的系数为 0.007，且不显著，此时需要进行 Soble 检验。Soble 检验结果如表 5-28 所示，可以看出 Soble 检验结果的 P 值均小于 0.1，说明结果显著，由此可以看出开放广度对董事会资本深度与企业创新绩效的中介效应依然显著。

表 5-27　开放度中介效应的稳健性检验

Variables	(1)	(2)	(3)	(4)	(5)	(6)
	TFP	O_broaden	TFP	TFP	O_broaden	TFP
O_broaden			0.011			0.007
			(0.97)			(0.62)
BC_depth				0.013*	0.046***	0.015***
				(1.69)	(2.95)	(2.19)

Variables	(1) TFP	(2) O_broaden	(3) TFP	(4) TFP	(5) O_broaden	(6) TFP
BC_breadth	0.014* (1.75)	0.094*** (5.84)	0.015* (1.85)			
F_size	−0.018** (−2.52)	0.077*** (5.36)	−0.017** (−2.38)	−0.017** (−2.33)	0.086*** (5.95)	−0.016** (−2.22)
F_age	0.088*** (5.05)	−0.169*** (−4.83)	0.087*** (4.91)	0.084*** (4.71)	−0.138*** (−3.86)	0.083*** (4.63)
wRoe	0.653*** (14.41)	0.235*** (2.61)	0.656*** (14.44)	0.649*** (14.32)	0.239*** (2.63)	0.651*** (14.33)
Lev	−0.046 (−1.15)	−0.110 (−1.38)	−0.047 (−1.18)	−0.048 (−1.20)	−0.118 (−1.48)	−0.049 (−1.22)
Oc	−0.232*** (−2.87)	0.142 (0.88)	−0.231*** (−2.85)	−0.244*** (−3.04)	0.041 (0.25)	−0.244*** (−3.03)
B_size	−0.045 (−1.10)	0.078 (0.95)	−0.044 (−1.08)	−0.042 (−1.02)	0.070 (0.85)	−0.041 (−1.01)
Duality	0.007 (0.54)	0.012 (0.51)	0.007 (0.55)	0.010 (0.83)	0.027 (1.14)	0.010 (0.85)
Ind_ratio	−0.280** (−2.58)	−0.002 (−0.01)	−0.279** (−2.58)	−0.252** (−2.33)	0.060 (0.28)	−0.252** (−2.33)
Fcb	−0.063*** (−3.60)	0.061* (1.74)	−0.063*** (−3.56)	−0.063*** (−3.59)	0.048 (1.36)	−0.063*** (−3.57)
Eci	0.001 (0.27)	0.004 (0.80)	0.001 (0.29)	−0.000 (−0.00)	0.006 (1.30)	0.000 (0.01)
TMT_ratio	0.071* (1.72)	−0.044 (−0.54)	0.071* (1.71)	0.081* (1.96)	−0.009 (−0.10)	0.081* (1.96)
AC	−0.001 (−0.31)	0.064*** (6.62)	−0.001 (−0.16)	−0.001 (−0.28)	0.071*** (7.28)	−0.001 (−0.17)
Gender_div	−0.055 (−1.46)	0.001 (0.02)	−0.055 (−1.46)	−0.051 (−1.37)	0.021 (0.28)	−0.051 (−1.37)

续表5－27

Variables	(1)	(2)	(3)	(4)	(5)	(6)
	TFP	O＿broaden	TFP	TFP	O＿broaden	TFP
Age＿div	0.066*	−0.040	0.066*	0.065*	−0.013	0.065*
	(1.72)	(−0.52)	(1.70)	(1.69)	(−0.17)	(1.69)
Industry	控制	控制	控制	控制	控制	控制
Year	控制	控制	控制	控制	控制	控制
Constant	0.383**	−0.982***	0.372**	0.329*	−0.953***	0.322*
	(2.10)	(−2.71)	(2.04)	(1.79)	(−2.60)	(1.75)
R^2	0.131	0.306	0.132	0.138	0.323	0.138
Observations	3017	3017	3017	3017	3017	3017

注：括号内为 t 检验值，***、**和*分别表示1%、5%与10%的显著性水平。

表5－28 开放广度中介效应的稳健性 Soble 检验

	Coef	StdErr	Z	$P>\lvert Z\rvert$
董事会资本广度—开放广度—企业创新绩效				
Sobel	0.001	0.001	1.838	0.066
Goodman−1 (Aroian)	0.001	0.001	1.802	0.072
Goodman−2	0.001	0.001	1.877	0.060
A coefficient	0.022	0.011	2.014	0.044
B coefficient	0.066	0.015	4.501	0.000
Indirect effect	0.001	0.001	1.838	0.066
Direct effect	0.009	0.009	1.932	0.068
董事会资本深度—开放广度—企业创新绩效				
Sobel	0.002	0.001	2.290	0.022
Goodman−1 (Aroian)	0.002	0.001	2.247	0.025
Goodman−2	0.002	0.001	2.335	0.020
A coefficient	0.031	0.011	2.704	0.007
B coefficient	0.063	0.015	4.305	0.000
Indirect effect	0.002	0.001	2.290	0.022
Direct effect	0.029	0.009	3.258	0.001

替换被解释变量后的创新开放对象组织多样性对董事会资本与企业创新绩效中介效应的稳健性检验结果如表 5-29 所示。模型（1）至模型（3）为开放对象组织多样性对董事会资本广度与创新绩效中介效应的检验。模型（1）为验证董事会资本广度对企业创新绩效影响的显著性。解释变量的系数为 0.014，在 10% 的显著性水平上通过检验。模型（2）验证董事会资本广度对企业开放对象组织多样性的影响。解释变量的系数为 0.018，且在 5% 的显著性水平上通过检验。模型（3）将自变量董事会资本广度与中介变量企业开放对象组织多样性同时放入模型中来看这两个变量对企业创新绩效的影响的显著性。其中，中介变量开放对象组织多样性的系数为 0.015，且不显著，此时需要进行 Soble 检验。Soble 检验结果如表 5-30 所示。可以看出 Soble 检验结果的 P 值大于 0.1，说明结果不显著。由此可以看出开放对象组织多样性对董事会资本广度与企业创新绩效的中介效应没有通过稳健性检验。

模型（4）至模型（6）为开放对象组织多样性对董事会资本深度与企业创新绩效中介效应的检验。模型（4）为验证董事会资本深度对企业创新绩效影响的显著度，即验证自变量对因变量的影响的显著性。解释变量的系数为 0.016，在 5% 的显著性水平上通过检验。模型（5）验证董事会资本深度对企业开放广度的影响，即验证自变量对中介变量的影响的显著性。解释变量的系数为 0.015，且在 1% 的显著性水平上通过检验。模型（6）将董事会资本深度与开放对象组织多样性同时放入模型中来看这两个变量对企业创新绩效的影响的显著性。其中，开放对象组织多样性的系数为 0.010，且不显著，此时需要进行 Soble 检验。Soble 检验结果如表 5-30 所示，可以看出 Soble 检验结果的 P 值大于 0.1，说明结果不显著。由此可以看出开放对象组织多样性对董事会资本深度与企业创新绩效的中介效应没有通过稳健性检验。

表 5-29　开放对象组织多样性的中介效应稳健性检验

Variables	(1)	(2)	(3)	(4)	(5)	(6)
	TFP	O_diversity	TFP	TFP	O_diversity	TFP
O_diversity			0.015			0.010
			(0.59)			(0.41)
BC_depth				0.016**	0.015***	0.016**
				(2.25)	(3.21)	(2.24)
BC_breadth	0.014*	0.018**	0.014*			
	(1.75)	(2.51)	(1.77)			

续表5-29

Variables	(1)	(2)	(3)	(4)	(5)	(6)
	TFP	O_diversity	TFP	TFP	O_diversity	TFP
F_size	−0.018**	−0.001	−0.018**	−0.017**	0.000	−0.017**
	(−2.52)	(−0.18)	(−2.52)	(−2.33)	(0.07)	(−2.33)
F_age	0.088***	−0.013	0.088***	0.084***	−0.005	0.084***
	(5.05)	(−0.81)	(5.04)	(4.71)	(−0.32)	(4.70)
Roe	0.653***	0.043	0.653***	0.649***	0.045	0.650***
	(14.41)	(1.05)	(14.41)	(14.32)	(1.08)	(14.33)
Lev	−0.046	0.014	−0.046	−0.048	0.012	−0.048
	(−1.20)	(−1.15)	(0.37)	(−1.15)	(−1.20)	(0.33)
Oc	−0.232***	0.016	−0.232***	−0.244***	−0.004	−0.244***
	(−2.87)	(0.22)	(−2.87)	(−3.04)	(−0.06)	(−3.03)
B_size	−0.045	0.016	−0.045	−0.042	0.014	−0.042
	(−1.10)	(0.43)	(−1.09)	(−1.02)	(0.37)	(−1.02)
Duality	0.007	−0.000	0.007	0.010	0.002	0.010
	(0.54)	(−0.04)	(0.54)	(0.83)	(0.22)	(0.84)
Ind_ratio	−0.280**	−0.062	−0.280***	−0.252**	−0.054	−0.253**
	(−2.58)	(−0.63)	(−2.59)	(−2.33)	(−0.54)	(−2.33)
Fcb	−0.063***	−0.002	−0.063***	−0.063***	−0.005	−0.063***
	(−3.59)	(−3.60)	(−0.12)	(−3.60)	(−3.59)	(−0.31)
Eci	0.001	0.001	0.001	−0.000	0.002	0.000
	(0.00)	(0.27)	(0.45)	(0.27)	(−0.00)	(0.75)
TMT_ratio	0.071*	0.023	0.071*	0.081*	0.029	0.081**
	(1.72)	(0.60)	(1.73)	(1.96)	(0.77)	(1.97)
AC	−0.001	0.008*	−0.001	−0.001	0.009**	−0.001
	(−0.31)	(1.79)	(−0.28)	(−0.28)	(2.13)	(−0.26)
Gender_div	−0.055	−0.046	−0.055	−0.051	−0.042	−0.052
	(−1.46)	(−1.33)	(−1.48)	(−1.37)	(−1.22)	(−1.38)
Age_div	0.066*	−0.020	0.066*	0.065*	−0.014	0.065*
	(1.72)	(−0.57)	(1.71)	(1.69)	(−0.39)	(1.69)
Industry	控制	控制	控制	控制	控制	控制

续表5－29

Variables	(1)	(2)	(3)	(4)	(5)	(6)
	TFP	O＿diversity	TFP	TFP	O＿diversity	TFP
Year	控制	控制	控制	控制	控制	控制
Constant	0.383**	0.030	0.383**	0.329*	−0.260***	0.329*
	(2.10)	(0.18)	(2.11)	(1.79)	(−4.25)	(1.80)
R^2	0.131	0.256	0.131	0.138	0.268	0.138
Observations	3017	3017	3017	3017	3017	3017

注：括号内为 t 检验值，***、**和*分别表示1%、5%与10%的显著性水平。

表 5－30　开放对象组织多样性的中介效应稳健性 Soble 检验

	Coef	StdErr	Z	$P>\|Z\|$
董事会资本广度—开放对象组织多样性—企业创新绩效				
Sobel	0.000	0.000	0.185	0.854
Goodman−1 (Aroian)	0.000	0.000	0.078	0.938
Goodman−2	0.000	0.000	0.075	0.926
A coefficient	0.002	0.005	0.418	0.676
B coefficient	0.007	0.035	0.206	0.837
Indirect effect	0.000	0.000	0.184	0.854
Direct effect	0.008	0.009	0.895	0.371
董事会资本深度—开放对象组织多样性—企业创新绩效				
Sobel	0.000	0.001	0.413	0.680
Goodman−1 (Aroian)	0.000	0.001	0.394	0.693
Goodman−2	0.000	0.001	0.434	0.664
A coefficient	0.015	0.005	3.207	0.601
B coefficient	0.015	0.035	0.416	0.677
Indirect effect	0.000	0.001	0.413	0.680
Direct effect	0.008	0.009	0.895	0.371

　　开放对象国别多样性对董事会资本与企业创新绩效中介效应的稳健性检验如表5－31所示。模型（1）至模型（3）为开放对象国别多样性对董事会资本广度与创新绩效中介效应的检验，模型（1）为验证董事会资本广度对企业创

新绩效影响的显著度。解释变量的系数为 0.014，在 1‰ 的显著性水平上通过检验。模型（2）验证董事会资本广度对企业开放对象国别多样性的影响。解释变量的系数为 0.006，且在 1‰ 的显著性水平上通过检验。模型（3）将自变量董事会资本广度与中介变量开放对象国别多样性同时放入模型中来看这两个变量对企业创新绩效的影响的显著性。其中，中介变量开放对象国别多样性的系数为 0.002，且未在显著性水平上通过检验。基于此本研究进行 Soble 检验，检验结果如表 5—32 所示，可以看出 Soble 检验结果不显著。由此可以看出开放对象国别多样性对董事会资本深度与企业创新绩效的中介效应没有通过稳健性检验。

　　模型（4）至模型（6）为开放对象国别多样性对董事会资本深度与企业创新绩效中介效应的检验。模型（4）为验证董事会资本深度对企业创新绩效影响的显著度。解释变量的系数为 0.013，在 10‰ 的显著性水平上通过检验。模型（5）验证董事会资本深度对企业开放对象国别多样性的影响，解释变量的系数为 0.018，且在 10‰ 的显著性水平上通过检验。模型（6）将董事会资本深度与开放对象国别多样性同时放入模型中，开放对象国别多样性的系数为 0.007，且未通过显著性水平检验，基于此本研究进行 Soble 检验，结果如表 5—32 所示，可以看出 Soble 检验结果不显著。由此可以看出开放对象国别多样性对董事会资本深度与企业创新绩效的中介效应没有通过稳健性检验。

表 5—31　开放对象国别多样性的中介效应稳健性检验

Variables	(1)	(2)	(3)	(4)	(5)	(6)
	TFP	O _ oversea	TFP	TFP	O _ oversea	TFP
O _ oversea			0.002 (0.03)			0.007 (0.09)
BC _ depth				0.013* (1.69)	0.018* (1.86)	0.013* (1.69)
BC _ breadth	0.014* (1.75)	0.006*** (2.58)	0.014* (1.74)			
F _ size	−0.018** (−2.52)	0.004** (2.05)	−0.018** (−2.51)	−0.017** (−2.33)	0.004* (1.78)	−0.017** (−2.32)
F _ age	0.088*** (5.05)	0.003 (0.54)	0.088*** (5.05)	0.084*** (4.71)	0.002 (0.35)	0.084*** (4.71)

续表5-31

Variables	(1) TFP	(2) O＿oversea	(3) TFP	(4) TFP	(5) O＿oversea	(6) TFP
Roe	0.653***	0.002	0.653***	0.649***	0.002	0.649***
	(14.41)	(0.15)	(14.40)	(14.32)	(0.17)	(14.32)
Lev	−0.046	0.001	−0.046	−0.048	0.002	−0.048
	(−1.15)	(0.08)	(−1.15)	(−1.20)	(0.13)	(−1.20)
Oc	−0.232***	0.064***	−0.232***	−0.244***	0.071***	−0.244***
	(−2.87)	(2.74)	(−2.87)	(−3.04)	(3.01)	(−3.02)
B＿size	−0.045	0.007	−0.045	−0.042	0.007	−0.042
	(−1.10)	(0.59)	(−1.10)	(−1.02)	(0.59)	(−1.02)
Duality	0.007	0.005	0.007	0.010	0.004	0.010
	(0.54)	(1.46)	(0.54)	(0.83)	(1.15)	(0.84)
Ind＿ratio	−0.280**	−0.011	−0.279**	−0.252**	−0.017	−0.252**
	(−2.58)	(−0.34)	(−2.58)	(−2.33)	(−0.53)	(−2.33)
Fcb	−0.063***	0.015***	−0.063***	−0.063***	0.016***	−0.063***
	(−3.60)	(2.93)	(−3.59)	(−3.59)	(3.04)	(−3.58)
Eci	0.001	−0.000	0.001	−0.000	−0.000	−0.000
	(0.27)	(−0.53)	(0.27)	(−0.00)	(−0.59)	(−0.00)
TMT＿ratio	0.071*	0.020	0.071*	0.081*	0.017	0.081**
	(1.72)	(1.63)	(1.72)	(1.96)	(1.40)	(1.96)
AC	−0.001	−0.001	−0.001	−0.001	−0.002	−0.001
	(−0.31)	(−0.88)	(−0.31)	(−0.28)	(−1.12)	(−0.28)
Gender＿div	−0.055	0.005	−0.055	−0.051	0.003	−0.051
	(−1.46)	(0.43)	(−1.46)	(−1.37)	(0.30)	(−1.37)
Age＿div	0.066*	0.019*	0.066*	0.065*	0.018	0.065*
	(1.72)	(1.74)	(1.71)	(1.69)	(1.63)	(1.69)
Industry	控制	控制	控制	控制	控制	控制
Year	控制	控制	控制	控制	控制	控制
Constant	0.383**	−0.148***	0.383**	0.329*	−0.144***	0.328*
	(2.10)	(−2.80)	(2.10)	(1.79)	(−2.69)	(1.79)

续表5—31

Variables	(1)	(2)	(3)	(4)	(5)	(6)
	TFP	O＿oversea	TFP	TFP	O＿oversea	TFP
R^2	0.131	0.208	0.131	0.138	0.212	0.138
Observations	3017	3017	3017	3017	3017	3017

注：括号内为 t 检验值，***、**和*分别表示1%、5%与10%的显著性水平。

表5—32　开放对象国别多样性的中介效应稳健性 Soble 检验

	Coef	StdErr	Z	$P>|Z|$
董事会资本广度—开放对象国别多样性—企业创新绩效				
Sobel	0.000	0.000	0.992	0.321
Goodman—1（Aroian）	0.000	0.000	0.934	0.350
Goodman—2	0.000	0.000	1.063	0.288
A coefficient	0.012	0.005	2.563	0.010
B coefficient	0.038	0.035	1.076	0.282
Indirect effect	0.000	0.000	0.992	0.321
Direct effect	0.007	0.009	0.846	0.398
董事会资本深度—开放对象国别多样性—企业创新绩效				
Sobel	0.001	0.001	1.240	0.215
Goodman—1（Aroian）	0.001	0.001	1.195	0.232
Goodman—2	0.001	0.001	1.290	0.197
A coefficient	0.016	0.005	3.366	0.001
B coefficient	0.046	0.035	1.334	0.182
Indirect effect	0.001	0.001	1.240	0.215
Direct effect	0.032	0.009	3.540	0.000

开放式创新网络中心度对董事会资本与企业创新绩效中介效应的稳健性检验如表5—33所示。模型（1）至模型（3）为开放式创新网络中心度对董事会资本广度与创新绩效中介效应的检验，模型（1）为验证董事会资本广度对企业创新绩效影响的显著度。解释变量的系数为0.014，在10%的显著性水平上通过检验。模型（2）验证董事会资本广度对开放式创新网络中心度的影响，解释变量的系数为0.267，且在1%的显著性水平上通过检验。模型（3）将自

变量董事会资本广度与中介变量开放式创新网络中心度同时放入模型中来看这两个变量对企业创新绩效的影响的显著性。其中，中介变量开放式创新网络中心度的系数为 0.056，且在 1% 的显著性水平上通过检验，基于此本研究进一步考察自变量董事会资本广度变量的系数是否显著，结果显示系数为 0.013，不显著。由此可以看出开放式创新网络中心度对董事会资本广度与企业创新绩效的中介效应稳健性显著。

模型（4）至模型（6）为开放式创新网络中心度对董事会资本深度与企业创新绩效中介效应的检验。模型（4）为验证董事会资本深度对企业创新绩效影响的显著度。解释变量的系数为 0.013，在 10% 的显著性水平上通过检验。模型（5）验证董事会资本深度对开放式创新网络中心度的影响。解释变量的系数为 0.094，且在 1% 的显著性水平上通过检验。模型（6）将董事会资本深度与开放式创新网络中心度同时放入模型中来看这两个变量对企业创新绩效的影响的显著性。其中，开放式创新网络中心度的系数为 0.054，且在 1% 的显著性水平上通过检验，基于此本研究进一步考察董事会资本深度变量的系数是否显著，结果显示系数为 0.014，且在 10% 的显著性水平上通过检验。由此可以看出开放式创新网络中心度对董事会资本广度与企业创新绩效的中介效应稳健性显著。

表 5-33 开放式创新网络度中心度的中介效应稳健性检验

Variables	(1) TFP	(2) O_lock	(3) TFP	(4) TFP	(5) O_lock	(6) TFP
O_lock			0.056*** (5.24)			0.054*** (5.36)
BC_depth				0.013* (1.69)	0.094*** (4.95)	0.014* (1.81)
BC_breadth	0.014* (1.75)	0.267*** (14.36)	0.013 (1.51)			
F_size	−0.018** (−2.52)	0.018 (1.09)	−0.018** (−2.50)	−0.017** (−2.33)	−0.007 (−0.39)	−0.017** (−2.34)
F_age	0.088*** (5.05)	−0.245*** (−6.06)	0.087*** (4.94)	0.084*** (4.71)	−0.315*** (−7.30)	0.081*** (4.45)
Roe	0.653*** (14.41)	0.336*** (3.22)	0.654*** (14.40)	0.649*** (14.32)	0.334*** (3.05)	0.653*** (14.37)

Variables	(1)	(2)	(3)	(4)	(5)	(6)
	TFP	O_lock	TFP	TFP	O_lock	TFP
Lev	−0.046	−0.148	−0.047	−0.048	−0.123	−0.049
	(−1.15)	(−1.61)	(−1.17)	(−1.20)	(−1.28)	(−1.23)
Oc	−0.232***	0.387**	−0.231***	−0.244***	0.670***	−0.237***
	(−2.87)	(2.08)	(−2.85)	(−3.04)	(3.45)	(−2.93)
B_size	−0.045	0.307***	−0.044	−0.042	0.321***	−0.038
	(−1.10)	(3.25)	(−1.06)	(−1.02)	(3.24)	(−0.93)
Duality	0.007	−0.123***	0.006	0.010	−0.169***	0.008
	(0.54)	(−4.40)	(0.50)	(0.83)	(−5.81)	(0.67)
Ind_ratio	−0.280**	−0.685***	−0.282***	−0.252**	−0.894***	−0.262**
	(−2.58)	(−2.74)	(−2.60)	(−2.33)	(−3.42)	(−2.41)
Fcb	−0.063***	0.111***	−0.063***	−0.063***	0.144***	−0.062***
	(−3.60)	(2.75)	(−3.56)	(−3.59)	(3.40)	(−3.49)
Eci	0.001	0.013**	0.001	−0.000	0.008	0.000
	(0.27)	(2.29)	(0.29)	(−0.00)	(1.27)	(0.03)
TMT_ratio	0.071*	−0.092	0.071*	0.081*	−0.202**	0.078*
	(1.72)	(−0.97)	(1.71)	(1.96)	(−2.03)	(1.90)
AC	−0.001	0.030***	−0.001	−0.001	0.012	−0.001
	(−0.31)	(2.65)	(−0.28)	(−0.28)	(1.03)	(−0.25)
Gender_div	−0.055	0.045	−0.055	−0.051	−0.012	−0.051
	(−1.46)	(0.53)	(−1.46)	(−1.37)	(−0.13)	(−1.37)
Age_div	0.066*	0.269***	0.067*	0.065*	0.201**	0.067*
	(1.72)	(3.03)	(1.74)	(1.69)	(2.17)	(1.75)
Industry	控制	控制	控制	控制	控制	控制
Year	控制	控制	控制	控制	控制	控制
Constant	0.383**	0.145	0.383**	0.329*	0.173	0.331*
	(2.10)	(0.35)	(2.11)	(1.79)	(0.39)	(1.81)
R^2	0.131	0.200	0.256	0.138	0.213	0.247
Observations	3017	3017	3017	3017	3017	3017

注：括号内为 t 检验值，***、**和*分别表示1%、5%与10%的显著性水平。

通过替换变量的方法进行稳健性检验，发现有开放组织多样性和开放对象国别多样性的中介效应并不显著，这与原回归结果有所不同。原回归结果中，开放对象组织多样性对董事会资本广度与企业创新绩效的中介效应不显著，开放对象国别多样性对董事会资本深度与企业创新绩效的中介效应不显著。而开放对象组织多样性对董事会资本深度与企业创新绩效的中介效应显著，开放对象国别多样性对董事会资本广度与企业创新绩效的中介效应显著。原因可能是本研究选择的变量全要素生产率是企业科技进步的一项综合指标，它的来源包括技术进步、组织创新、专业化和生产创新等。而本书涉及的创新绩效是技术创新绩效。所以开放式创新的相关要素的中介效应在创新综合指标的体现上不一定显著。

第四节　异质性检验

本研究选取上市公司数据来研究董事会资本对企业开放式创新的影响，但是以往的研究表明企业的规模不同、企业所在行业不同等因素会导致企业开放式创新活动的强度不同（Bayona-Saez et al.，2017；Casprini et al.，2017）。基于这样的背景，为了进一步探讨董事会资本对企业开放式创新的影响，本研究进行了异质性分析，主要从企业规模、企业行业方面考虑异质性问题。

一、企业规模的异质性分析

研究表明董事会资本以及企业开放式创新活动均会受到企业规模的影响（Bika et al.，2019；Lee et al.，2010）。对于企业开放式创新而言，无论是意愿还是吸收能力，大企业的开放式创新活动较为踊跃。而与大公司相比，中小企业在进行开放式创新方面既有优势也有劣势。一方面，中小企业由于资源稀缺性、无系统的创新活动、无结构的创新运营流程与缺乏协调创新活动的内部手段等特点，在生态系统中更加依赖于开放的创新伙伴关系（Hossain et al.，2016）；另一方面，弱的吸收能力会在一定程度上影响企业的开放式创新效果（Spithoven et al.，2013）。另外，不同规模企业的董事会资本会有所不同。整体来说，大企业的董事会资本无论是人力资本的多样性还是社会资本的行业扎根深度都优于中小企业。基于此，本书从企业规模角度开展董事会资本对企业开放式创新影响的异质性分析。

本书以员工全职数量作为公司规模的划分依据，50人以下为小企业，

50~500 人为中企业，大于 500 人为大企业（Brunswicker et al.，2015）。按照此依据，以 500 人为分水岭，小于等于 500 人为中小企业，大于 500 人为大企业。本研究发现共有 136 条样本数据为中小企业数据，2881 条为大企业数据，采用分样本回归方法对原模型进行回归。大企业的董事会资本对企业开放式创新的影响的结果如表 5-34 和表 5-35 所示。从中可以看出，除了董事会资本对企业开放深度影响不显著外，大企业的董事会资本对企业开放式创新的其他维度的影响均显著。中小企业的董事会资本对企业开放式创新的影响如表 5-36 所示。其中由于开放国别多样性均为 0，即这些企业只与一个国家有开放式创新合作，所以不存在多样性。在这种情况下，董事会资本对企业开放对象国别多样性影响的回归不出结果。本研究继续考察董事会资本对开放式创新的其他三个维度的影响。从回归结果可以看出，董事会资本对开放式创新的影响均不显著。可能的原因是：有文献支持，相比于中小企业，大企业更适合也更愿意创新。Phillips（1966）研究发现企业研发强度与企业规模显著正相关，说明大企业更适合创新。徐传谌等（2011）提出企业规模越大越有利于技术创新的观点，认为大企业研发实力和抗风险能力对技术创新拥有绝对作用。所以相比于大企业，中小企业的资金充裕度、研发人员的质量等均会限制企业的创新。与此同时，从整体水平而言，中小企业的董事会资本质量低于大企业。中小企业董事会成员的教育程度、海外经历以及社会网络等方面的优势比不上大企业，那么输送的资源以及创新决策等有可能逊色于大企业，所以中小企业的董事会资本对企业开放式创新的影响不显著。

表 5-34 企业规模异质性分析（大企业）（1）

Variables	(1) O_broaden	(2) O_broaden	(3) O_broaden	(4) O_depth	(5) O_depth	(6) O_depth
BC_breadth		0.023** (2.05)	0.020* (1.79)		0.017 (0.22)	0.016 (0.20)
BC_depth			0.032*** (2.73)			0.018 (0.22)
F_size	0.086*** (14.32)	0.085*** (14.28)	0.087*** (14.48)	0.181*** (4.22)	0.181*** (4.21)	0.182*** (4.21)
F_age	−0.113*** (−7.27)	−0.115*** (−7.37)	−0.110*** (−7.05)	−0.108 (−0.98)	−0.110 (−0.99)	−0.107 (−0.96)
Roe	0.180*** (2.68)	0.176*** (2.63)	0.180*** (2.69)	−0.441 (−0.94)	−0.443 (−0.94)	−0.442 (−0.94)

Variables	(1) O_broaden	(2) O_broaden	(3) O_broaden	(4) O_depth	(5) O_depth	(6) O_depth
Lev	−0.136***	−0.128***	−0.133***	−0.093	−0.087	−0.090
	(−3.51)	(−3.29)	(−3.42)	(−0.34)	(−0.31)	(−0.32)
Oc	−0.000	0.005	−0.014	0.156	0.160	0.150
	(−0.00)	(0.09)	(−0.23)	(0.37)	(0.38)	(0.36)
B_size	0.073*	0.075*	0.075*	−0.042	−0.041	−0.041
	(1.79)	(1.84)	(1.86)	(−0.14)	(−0.14)	(−0.14)
Duality	−0.012	−0.013	−0.014	−0.081	−0.083	−0.083
	(−0.79)	(−0.91)	(−0.96)	(−0.78)	(−0.79)	(−0.79)
Ind_ratio	−0.276**	−0.293**	−0.307**	0.740	0.726	0.719
	(−2.20)	(−2.33)	(−2.45)	(0.83)	(0.81)	(0.80)
Fcb	0.008	0.006	0.004	0.118	0.117	0.116
	(0.50)	(0.40)	(0.26)	(1.07)	(1.06)	(1.05)
Eci	−0.001	−0.001	0.001	−0.077***	−0.077***	−0.076***
	(−0.30)	(−0.40)	(0.21)	(−2.97)	(−2.98)	(−2.86)
TMT_ratio	−0.136***	−0.149***	−0.148***	−0.390	−0.401	−0.401
	(−3.08)	(−3.35)	(−3.32)	(−1.24)	(−1.26)	(−1.25)
AC	0.098***	0.097***	0.098***	0.308***	0.307***	0.308***
	(22.59)	(22.22)	(22.39)	(9.85)	(9.75)	(9.73)
Gender_div	−0.009	−0.017	−0.007	0.238	0.232	0.238
	(−0.21)	(−0.39)	(−0.15)	(0.78)	(0.75)	(0.77)
Age_div	0.021	0.019	0.020	−0.157	−0.158	−0.158
	(0.38)	(0.34)	(0.37)	(−0.41)	(−0.41)	(−0.41)
Industry	控制	控制	控制	控制	控制	控制
Year	控制	控制	控制	控制	控制	控制
Constant	−0.931***	−0.950***	−0.887***	−1.332	−1.345	−1.311
	(−6.18)	(−6.29)	(−5.82)	(−1.23)	(−1.24)	(−1.19)
R^2	0.224	0.301	0.410	0.226	0.226	0.226
Observations	2881	2881	2881	2881	2881	2881

注：括号内为 t 检验值，***、**和*分别表示1%、5%与10%的显著性水平。

表 5-35 企业规模异质性分析（大企业）（2）

Variables	(1) O_diversity	(2) O_diversity	(3) O_diversity	(4) O_oversea	(5) O_oversea	(6) O_oversea	(7) O_lock	(8) O_lock	(9) O_lock
BC_breadth		0.019** (2.50)	0.017** (2.22)		0.006** (2.50)	0.006** (2.49)		0.273*** (14.33)	0.265*** (13.69)
BC_depth			0.013* (1.76)			0.000* (1.71)			0.044** (2.35)
F_size	−0.000 (−0.06)	−0.002 (−0.33)	−0.002 (−0.32)	0.004* (1.67)	0.004* (1.93)	0.004* (1.93)	−0.009 (−0.49)	0.018 (1.04)	0.018 (1.03)
F_age	−0.011 (−0.69)	−0.013 (−0.80)	−0.009 (−0.52)	0.002 (0.45)	0.003 (0.56)	0.003 (0.58)	−0.277*** (−6.33)	−0.251*** (−6.05)	−0.271*** (−6.40)
Roe	0.050 (1.17)	0.051 (1.20)	0.053 (1.24)	−0.002 (−0.12)	−0.002 (−0.15)	−0.002 (−0.14)	0.347*** (3.05)	0.331*** (3.07)	0.323*** (3.00)
Lev	0.011 (0.30)	0.014 (0.37)	0.014 (0.37)	0.001 (0.07)	−0.000 (−0.00)	−0.000 (−0.00)	−0.131 (−1.30)	−0.172* (−1.80)	−0.172* (−1.80)
Oc	−0.001 (−0.01)	0.020 (0.26)	0.016 (0.21)	0.070*** (2.91)	0.064*** (2.62)	0.064*** (2.61)	0.651*** (3.24)	0.350* (1.82)	0.366* (1.91)
B_size	0.020 (0.53)	0.020 (0.53)	0.018 (0.47)	0.008 (0.65)	0.008 (0.66)	0.008 (0.65)	0.310*** (3.02)	0.311*** (3.20)	0.320*** (3.30)
Duality	0.003 (0.30)	−0.000 (−0.03)	−0.000 (−0.04)	0.004 (1.19)	0.005 (1.51)	0.005 (1.50)	−0.181*** (−6.03)	−0.127*** (−4.42)	−0.126*** (−4.40)
Ind_ratio	−0.039 (−0.39)	−0.059 (−0.58)	−0.066 (−0.65)	−0.015 (−0.47)	−0.009 (−0.27)	−0.009 (−0.28)	−0.986*** (−3.65)	−0.699*** (−2.73)	−0.667*** (−2.60)

续表5—35

Variables	(1) O_diversity	(2) O_diversity	(3) O_diversity	(4) O_oversea	(5) O_oversea	(6) O_oversea	(7) O_lock	(8) O_lock	(9) O_lock
Fcb	−0.005 (−0.32)	−0.004 (−0.22)	−0.005 (−0.28)	0.017*** (3.16)	0.016*** (3.05)	0.016*** (3.04)	0.149*** (3.39)	0.124*** (2.96)	0.128*** (3.07)
Eci	0.001 (0.44)	0.001 (0.41)	0.001 (0.62)	−0.000 (−0.59)	−0.000 (−0.55)	−0.000 (−0.52)	0.012* (1.87)	0.013** (2.16)	0.011* (1.74)
TMT_ratio	0.031 (0.81)	0.022 (0.58)	0.021 (0.55)	0.017 (1.39)	0.020 (1.61)	0.020 (1.61)	−0.221** (−2.14)	−0.095 (−0.97)	−0.090 (−0.92)
AC	0.009** (2.08)	0.008* (1.86)	0.009* (1.97)	−0.002 (−1.08)	−0.001 (−0.86)	−0.001 (−0.84)	0.017 (1.41)	0.031*** (2.72)	0.029** (2.49)
Gender_div	−0.038 (−1.08)	−0.041 (−1.17)	−0.041 (−1.16)	0.003 (0.25)	0.004 (0.34)	0.004 (0.34)	−0.010 (−0.10)	0.037 (0.42)	0.036 (0.40)
Age_div	−0.013 (−0.37)	−0.016 (−0.44)	−0.013 (−0.37)	0.019 (1.63)	0.020* (1.71)	0.020* (1.71)	0.220** (2.29)	0.259*** (2.84)	0.248*** (2.71)
Industry	控制	控制	控制	控制	控制	控制	控制	控制	控制
Year	控制	控制	控制	控制	控制	控制	控制	控制	控制
Constant	0.018 (0.11)	0.038 (0.22)	−0.254*** (−4.02)	−0.144*** (−2.62)	−0.151*** (−2.74)	−0.149*** (−2.69)	0.486 (1.06)	0.205 (0.47)	0.076 (0.17)
R^2	0.192	0.258	0.363	0.135	0.212	0.313	0.143	0.230	0.232
Observations	2881	2881	2881	2881	2881	2881	2881	2881	2881

注：括号内为 t 检验值，***、** 和 * 分别表示 1%、5% 与 10% 的显著性水平。

表 5-36　企业规模异质性分析（中小企业）

Variables	(1) O_broaden	(2) O_broaden	(3) O_broaden	(4) O_depth	(5) O_depth	(6) O_depth	(7) O_diversity	(8) O_diversity	(9) O_diversity	(10) O_lock	(11) O_lock	(12) O_lock
BC_breadth		0.003 (0.18)	0.002 (0.11)		0.040 (0.16)	0.049 (0.19)		0.014 (0.07)	0.009 (0.04)		0.078 (0.60)	0.079 (0.57)
BC_depth			0.014 (0.76)			0.077 (0.34)			0.058 (0.21)			0.002 (0.01)
F_size	0.000 (0.02)	-0.000 (-0.00)	-0.001 (-0.08)	-0.419** (-1.97)	-0.424** (-1.98)	-0.406* (-1.85)	-0.174 (-0.88)	-0.172 (-0.84)	-0.194 (-0.82)	-0.382** (-2.85)	-0.376** (-2.71)	-0.375** (-2.34)
F_age	-0.012 (-0.53)	-0.012 (-0.53)	-0.012 (-0.50)	0.526 (1.63)	0.523 (1.62)	0.540 (1.64)	-0.081 (-0.17)	-0.073 (-0.14)	0.079 (0.09)	0.281 (0.86)	0.328 (0.96)	0.324 (0.54)
Roe	0.021 (0.18)	0.021 (0.17)	0.027 (0.23)	-5.935*** (-3.51)	-5.950*** (-3.50)	-5.921*** (-3.45)	1.565 (1.22)	1.602 (1.11)	1.774 (1.04)	1.140 (1.30)	1.354 (1.40)	1.349 (1.17)
Lev	-0.050 (-0.89)	-0.050 (-0.89)	-0.047 (-0.82)	2.197** (2.51)	2.219** (2.53)	2.134** (2.39)	0.518 (0.69)	0.546 (0.62)	0.596 (0.63)	0.734 (1.42)	0.894 (1.51)	0.893 (1.39)
Oc	-0.039 (-0.32)	-0.035 (-0.29)	-0.030 (-0.24)	0.440 (0.28)	0.502 (0.31)	0.502 (0.31)	0.220 (0.20)	0.247 (0.20)	0.712 (0.28)	0.455 (0.60)	0.614 (0.75)	0.601 (0.35)
B_size	-0.136** (-2.01)	-0.136** (-2.00)	-0.125* (-1.81)	1.010 (1.14)	1.003 (1.12)	0.956 (1.06)	-0.215 (-0.33)	-0.225 (-0.32)	-0.275 (-0.36)	-0.207 (-0.46)	-0.265 (-0.56)	-0.264 (-0.51)
Duality	0.023 (1.07)	0.023 (1.06)	0.019 (0.84)	-0.041 (-0.13)	-0.038 (-0.12)	-0.033 (-0.10)	-0.527 (-0.94)	-0.492 (-0.64)	-0.449 (-0.54)	-0.289 (-0.75)	-0.088 (-0.17)	-0.089 (-0.16)
Ind_ratio	-0.087 (-0.37)	-0.086 (-0.36)	-0.068 (-0.28)	2.307 (0.74)	2.358 (0.75)	2.401 (0.76)	-0.445 (-0.26)	-0.413 (-0.23)	-0.357 (-0.18)	-0.152 (-0.13)	0.033 (0.03)	0.031 (0.02)

续表5—36

Variables	(1) O_broaden	(2) O_broaden	(3) O_broaden	(4) O_depth	(5) O_depth	(6) O_depth	(7) O_diversity	(8) O_diversity	(9) O_diversity	(10) O_lock	(11) O_lock	(12) O_lock
Fcb	0.000 (0.01)	0.001 (0.05)	0.003 (0.12)	0.553* (1.68)	0.571* (1.68)	0.556 (1.63)	-0.055 (-0.22)	-0.046 (-0.16)	0.011 (0.03)	0.043 (0.25)	0.096 (0.49)	0.094 (0.34)
Eci	0.002 (0.58)	0.002 (0.58)	0.001 (0.36)	-0.052 (-1.27)	-0.052 (-1.28)	-0.047 (-1.13)	0.012 (0.54)	0.013 (0.50)	0.018 (0.50)	0.022 (1.47)	0.027 (1.55)	0.027 (1.09)
TMT_ratio	-0.001 (-0.01)	0.001 (0.01)	-0.006 (-0.08)	0.587 (0.69)	0.594 (0.69)	0.614 (0.71)	0.562 (1.39)	0.561 (1.33)	0.547 (1.22)	-0.299 (-1.08)	-0.306 (-1.08)	-0.305 (-1.01)
AC	0.010 (1.20)	0.010 (1.21)	0.011 (1.25)	0.239** (2.04)	0.242** (2.04)	0.238** (1.99)	0.123 (1.35)	0.121 (1.23)	0.131 (1.16)	0.028 (0.46)	0.019 (0.28)	0.018 (0.24)
Gender_div	-0.027 (-0.39)	-0.026 (-0.38)	-0.015 (-0.21)	-0.613 (-0.72)	-0.602 (-0.70)	-0.638 (-0.74)	-0.449 (-0.64)	-0.425 (-0.52)	-0.318 (-0.32)	0.007 (0.01)	0.150 (0.27)	0.147 (0.22)
Age_div	-0.003 (-0.04)	-0.005 (-0.05)	-0.009 (-0.11)	0.974 (0.92)	0.951 (0.90)	1.041 (0.98)	-0.793 (-1.14)	-0.751 (-0.80)	-0.711 (-0.71)	0.207 (0.43)	0.451 (0.71)	0.449 (0.66)
Industry	控制	控制	控制	控制	控制	控制	控制	控制	控制	控制	控制	控制
Year	控制	控制	控制	控制	控制	控制	控制	控制	控制	控制	控制	控制
Constant	1.060*** (2.65)	1.071*** (2.64)	1.020** (2.47)	4.749 (0.85)	4.887 (0.87)	4.785 (0.84)	4.569 (0.91)	4.474 (0.83)	4.431 (0.78)	7.275* (2.12)	6.727* (1.85)	6.728 (1.76)
R^2	0.132	0.132	0.132	0.232	0.32	0.232	0.401	0.401	0.404	0.756	0.764	0.764
Observations	136	136	136	136	136	136	136	136	136	136	136	136

注：括号内为 t 检验值，***、**和*分别表示 1%、5%与 10%的显著性水平。

二、企业行业的异质性分析

行业会对企业的开放式创新活动产生影响。相较于其他行业，高科技行业的开放式创新活动会更加踊跃（Wang et al.，2015）。高科技行业的企业生存和发展的核心竞争力是打造快速更新迭代的技术型产品，如电子、计算机、医药等行业。这些类型的企业非常看重技术与产品的持续性创新。所以对于创新活动，尤其是开放式创新活动尤为关注。本书的回归样本既包含了高科技行业企业，也包含了非高科技行业企业。在此本研究进行行业的异质性分析，以是否属于高科技行业进行样本划分，分析董事会资本对企业开放式创新的影响是否有区别。

本书采用国泰安数据库中对上市公司企业是否拿到国家高科技企业认证证书为高科技企业的划分依据，将样本企业分为高科技企业与非高科技企业。其中高科技企业的样本量为2820，非高科技企业的样本量为197。高科技行业企业的董事会资本对开放式创新的影响结果如表5-37和表5-38所示。可以看出董事会资本对企业开放深度的影响依旧不显著，除此之外，董事会资本对企业开放式创新其他维度的影响是显著的。非高科技行业企业的董事会资本对企业开放式创新的影响结果如表5-39和表5-40所示。从结果可以看出，除了董事会资本广度对企业开放式创新网络中心度的影响显著之外，董事会资本对企业开放式创新的其他维度的影响是不显著的。可能的原因是：研究表明高科技企业的创新动机与创新意愿更强烈，研发实力优于非高科技企业，所以创新能力也更强（杨治，2017）。高科技企业更愿意走出去与其他组织合作，在风险可控、成本可控的情况下收获较高的创新绩效。而这时董事会资本的效用有场所去发挥去展示。相反，非高科技企业的创新动机以及创新能力相对较弱，企业对创新战略定位不足，即使有良好的董事会资本基础，董事会资本的效用发挥依然会受到限制。这可能导致董事会资本对企业开放式创新的影响不显著。

表 5-37　行业异质性分析（高科技行业）（1）

Variables	(1)	(2)	(3)	(4)	(5)	(6)
	O _ broaden	O _ broaden	O _ broaden	O _ depth	O _ depth	O _ depth
BC _ breadth		0.026**	0.024**		0.048	0.048
		(2.41)	(2.20)		(0.59)	(0.59)

Variables	(1) O_broaden	(2) O_broaden	(3) O_broaden	(4) O_depth	(5) O_depth	(6) O_depth
BC_depth			0.033** (1.64)			0.006 (0.07)
F_size	0.063*** (10.59)	0.062*** (10.52)	0.064*** (10.64)	0.172*** (3.83)	0.171*** (3.80)	0.171*** (3.76)
F_age	−0.090*** (−6.07)	−0.092*** (−6.19)	−0.089*** (−5.96)	−0.038 (−0.34)	−0.042 (−0.37)	−0.042 (−0.37)
Roe	0.242*** (3.68)	0.239*** (3.65)	0.239*** (3.64)	−0.613 (−1.26)	−0.617 (−1.26)	−0.617 (−1.26)
Lev	−0.040 (−1.06)	−0.030 (−0.79)	−0.033 (−0.88)	−0.025 (−0.09)	−0.007 (−0.02)	−0.006 (−0.02)
Oc	−0.108* (−1.90)	−0.105* (−1.84)	−0.115** (−2.00)	0.410 (0.94)	0.417 (0.96)	0.421 (0.96)
B_size	0.068* (1.73)	0.069* (1.75)	0.069* (1.74)	0.220 (0.73)	0.221 (0.73)	0.221 (0.73)
Duality	−0.019 (−1.36)	−0.020 (−1.45)	−0.021 (−1.48)	−0.096 (−0.91)	−0.098 (−0.94)	−0.098 (−0.94)
Ind_ratio	−0.053 (−0.44)	−0.071 (−0.58)	−0.082 (−0.67)	1.770* (1.92)	1.736* (1.88)	1.740* (1.88)
Fcb	−0.002 (−0.12)	−0.004 (−0.27)	−0.005 (−0.35)	0.193* (1.76)	0.189* (1.73)	0.190* (1.73)
Eci	0.001 (0.30)	0.001 (0.22)	0.002 (0.58)	−0.074*** (−2.95)	−0.074*** (−2.96)	−0.074*** (−2.91)
TMT_ratio	−0.178*** (−4.19)	−0.194*** (−4.50)	−0.192*** (−4.47)	−0.509 (−1.59)	−0.539* (−1.66)	−0.539* (−1.66)
AC	0.086*** (20.09)	0.084*** (19.61)	0.085*** (19.68)	0.304*** (9.35)	0.301*** (9.18)	0.301*** (9.12)
Gender_div	−0.018 (−0.44)	−0.026 (−0.63)	−0.021 (−0.51)	0.208 (0.67)	0.193 (0.63)	0.192 (0.62)

Variables	(1)	(2)	(3)	(4)	(5)	(6)
	O_broaden	O_broaden	O_broaden	O_depth	O_depth	O_depth
Age_div	0.004	0.002	0.003	−0.210	−0.214	−0.215
	(0.08)	(0.04)	(0.06)	(−0.54)	(−0.55)	(−0.56)
Industry	控制	控制	控制	控制	控制	控制
Year	控制	控制	控制	控制	控制	控制
Constant	−0.534***	−0.553***	−0.521***	−2.412**	−2.444**	−2.453**
	(−3.58)	(−3.71)	(−3.46)	(−2.12)	(−2.15)	(−2.14)
R^2	0.247	0.324	0.451	0.267	0.267	0.267
Observations	2820	2820	2820	2820	2820	2820

注：括号内为 t 检验值，***、**和*分别表示1%、5%与10%的显著性水平。

表 5-38 行业异质性分析（高科技行业）(2)

Variables	(1)	(2)	(3)	(4)	(5)	(6)	(7)	(8)	(9)
	O_diversity	O_diversity	O_diversity	O_oversea	O_oversea	O_oversea	O_lock	O_lock	O_lock
BC_breadth		0.020***	0.018**		0.007***	0.007***		0.254***	0.232***
		(2.59)	(2.27)		(2.60)	(2.63)		(13.79)	(12.37)
BC_depth			0.012*			0.001*			0.094***
	(5.12)			(1.64)			(0.40)		
F_size	0.000	−0.002	−0.002	0.004*	0.005**	0.005**	−0.051***	−0.023	−0.026
	(0.04)	(−0.28)	(−0.24)	(1.87)	(2.17)	(2.18)	(−2.91)	(−1.38)	(−1.54)
F_age	−0.017	−0.019	−0.015	0.003	0.003	0.004	−0.311***	−0.287***	−0.339***
	(−1.01)	(−1.12)	(−0.82)	(0.47)	(0.58)	(0.66)	(−7.22)	(−7.00)	(−8.08)
Roe	0.043	0.043	0.044	0.003	0.003	0.003	0.349***	0.356***	0.340***
	(0.99)	(0.98)	(1.01)	(0.18)	(0.20)	(0.21)	(3.17)	(3.40)	(3.26)
Lev	0.018	0.021	0.021	0.001	0.000	0.000	0.010	−0.032	−0.023
	(0.49)	(0.57)	(0.55)	(0.12)	(0.03)	(0.02)	(0.11)	(−0.35)	(−0.26)
Oc	−0.019	0.005	0.004	0.077***	0.069***	0.069***	0.352*	0.056	0.060
	(−0.24)	(0.06)	(0.05)	(3.01)	(2.70)	(2.70)	(1.80)	(0.30)	(0.32)
B_size	−0.004	−0.005	−0.007	0.009	0.009	0.009	0.232**	0.244**	0.266***
	(−0.09)	(−0.11)	(−0.17)	(0.68)	(0.70)	(0.68)	(2.31)	(2.55)	(2.80)
Duality	0.005	0.001	0.001	0.004	0.005	0.005	−0.163***	−0.119***	−0.118***
	(0.42)	(0.12)	(0.11)	(1.16)	(1.46)	(1.45)	(−5.71)	(−4.35)	(−4.34)
boardratio	−0.053	−0.072	−0.079	−0.016	−0.009	−0.010	−0.936***	−0.692***	−0.616**
	(−0.50)	(−0.69)	(−0.75)	(−0.45)	(−0.27)	(−0.29)	(−3.58)	(−2.77)	(−2.48)

续表5-38

Variables	(1) O_diversity	(2) O_diversity	(3) O_diversity	(4) O_oversea	(5) O_oversea	(6) O_oversea	(7) O_lock	(8) O_lock	(9) O_lock
Fcb	-0.003	-0.001	-0.002	0.016***	0.015***	0.015***	0.128***	0.100**	0.108***
	(-0.19)	(-0.05)	(-0.10)	(2.98)	(2.85)	(2.83)	(3.11)	(2.54)	(2.78)
Eci	0.001	0.001	0.002	-0.000	-0.000	-0.000	0.017***	0.017***	0.012**
	(0.51)	(0.51)	(0.68)	(-0.59)	(-0.59)	(-0.52)	(2.93)	(3.09)	(2.25)
TMT_ratio	0.025	0.016	0.015	0.018	0.021	0.020	-0.254***	-0.138	-0.129
	(0.63)	(0.40)	(0.38)	(1.37)	(1.60)	(1.59)	(-2.58)	(-1.47)	(-1.38)
AC	0.009**	0.008*	0.009*	-0.002	-0.001	-0.001	0.019	0.031**	0.026**
	(1.99)	(1.77)	(1.87)	(-1.11)	(-0.89)	(-0.85)	(1.61)	(2.83)	(2.33)
Gender_div	-0.034	-0.037	-0.038	0.003	0.004	0.004	0.112	0.154*	0.158*
	(-0.95)	(-1.05)	(-1.06)	(0.26)	(0.35)	(0.34)	(1.26)	(1.81)	(1.87)
Age_div	-0.010	-0.014	-0.012	0.018	0.020*	0.020*	0.261***	0.306***	0.280***
	(-0.28)	(-0.38)	(-0.32)	(1.56)	(1.66)	(1.68)	(2.85)	(3.52)	(3.24)
Industry	控制	控制	控制	控制	控制	控制	控制	控制	控制
Year	控制	控制	控制	控制	控制	控制	控制	控制	控制
Constant	0.078	0.103	0.122	-0.162***	-0.170***	-0.167***	1.586***	1.276***	1.063**
	(0.44)	(0.57)	(0.67)	(-2.75)	(-2.89)	(-2.84)	(3.52)	(2.97)	(2.48)
R^2	0.195	0.284	0.352	0.148	0.279	0.356	0.165	0.246	0.257
Observations	2820	2820	2820	2820	2820	2820	2820	2820	2820

注：括号内为 t 检验值，***、**和*分别表示1%、5%与10%的显著性水平。

表5-39　行业异质性分析（非高科技行业）

Variables	(1) O_broaden	(2) O_broaden	(3) O_broaden	(4) O_depth	(5) O_depth	(6) O_depth
BC_breadth		0.035 (0.73)	0.042 (0.89)		0.472 (0.56)	0.447 (0.74)
BC_depth			0.069 (1.32)			0.220 (0.81)
F_size	0.155*** (6.45)	0.153*** (6.32)	0.154*** (6.37)	0.113 (0.89)	0.139 (1.10)	0.142 (1.12)
F_age	−0.199*** (−2.94)	−0.203*** (−2.99)	−0.222*** (−3.20)	−0.373 (−1.05)	−0.319 (−0.90)	−0.382 (−1.05)
Roe	0.148 (0.60)	0.144 (0.58)	0.186 (0.75)	−0.838 (−0.64)	−0.790 (−0.61)	−0.657 (−0.50)
Lev	−0.333* (−1.90)	−0.327* (−1.86)	−0.365** (−2.06)	1.327 (1.44)	1.243 (1.35)	1.121 (1.20)
Oc	0.091 (0.37)	0.092 (0.38)	0.061 (0.25)	−0.856 (−0.66)	−0.876 (−0.68)	−0.978 (−0.76)
B_size	0.002 (0.01)	0.008 (0.05)	0.049 (0.32)	−1.276 (−1.60)	−1.360* (−1.72)	−1.229 (−1.52)
Duality	0.124* (1.74)	0.110 (1.48)	0.120 (1.61)	0.490 (1.30)	0.689* (1.78)	0.722* (1.85)
Ind_ratio	−1.645*** (−3.33)	−1.718*** (−3.41)	−1.625*** (−3.20)	−7.467*** (−2.87)	−6.478** (−2.46)	−6.180** (−2.32)
Fcb	−0.055 (−0.69)	−0.061 (−0.75)	−0.069 (−0.85)	−0.163 (−0.39)	−0.085 (−0.20)	−0.110 (−0.26)
Eci	−0.004 (−0.25)	−0.007 (−0.39)	−0.003 (−0.18)	−0.118 (−1.26)	−0.083 (−0.89)	−0.072 (−0.75)
TMT_ratio	−0.164 (−0.86)	−0.191 (−0.98)	−0.186 (−0.96)	0.998 (0.99)	1.358 (1.34)	1.374 (1.35)
AC	0.128*** (7.05)	0.129*** (7.07)	0.127*** (6.96)	0.423*** (4.40)	0.411*** (4.31)	0.406*** (4.23)

Variables	(1)	(2)	(3)	(4)	(5)	(6)
	O_broaden	O_broaden	O_broaden	O_depth	O_depth	O_depth
Gender_div	0.283	0.259	0.278	−0.192	0.130	0.190
	(1.41)	(1.27)	(1.36)	(−0.18)	(0.12)	(0.18)
Age_div	0.157	0.147	0.075	1.294	1.421	1.191
	(0.53)	(0.50)	(0.25)	(0.83)	(0.92)	(0.75)
Industry	控制	控制	控制	控制	控制	控制
Year	控制	控制	控制	控制	控制	控制
Constant	−1.819***	−1.750**	−1.594**	5.499	4.561	5.062
	(−2.63)	(−2.51)	(−2.26)	(1.51)	(1.25)	(1.37)
R^2	0.236	0.234	0.251	0.234	0.237	0.246
Observations	197	197	197	197	197	197

注：括号内为 t 检验值，***、**和*分别表示1%、5%与10%的显著性水平。

表5—40 行业异质性分析（非高科技行业）（2）

Variables	(1) O_diversity	(2) O_diversity	(3) O_diversity	(4) O_oversea	(5) O_oversea	(6) O_oversea	(7) O_lock	(8) O_lock	(9) O_lock
BC_breadth		0.024 (0.89)	0.028 (1.00)		0.000 (0.38)	0.000 (0.27)		0.250** (2.61)	0.203** (2.04)
BC_depth			0.015 (0.52)			0.000 (0.30)			0.161 (1.60)
F_size	-0.020 (-0.93)	-0.021 (-1.00)	-0.022 (-1.03)	-0.000 (-0.05)	-0.000 (-0.08)	-0.000 (-0.05)	0.227*** (2.94)	0.242*** (3.22)	0.231*** (3.09)
F_age	0.027 (0.56)	0.025 (0.53)	0.021 (0.44)	0.000 (0.26)	0.000 (0.24)	0.000 (0.28)	-0.047 (-0.27)	-0.030 (-0.18)	-0.068 (-0.41)
Roe	0.058 (0.41)	0.071 (0.51)	0.080 (0.57)	-0.001 (-0.34)	-0.001 (-0.30)	-0.001 (-0.33)	0.251 (0.49)	0.110 (0.22)	0.207 (0.42)
Lev	-0.100 (-0.51)	-0.125 (-0.63)	-0.115 (-0.58)	-0.001 (-0.34)	-0.002 (-0.38)	-0.002 (-0.41)	-2.224*** (-3.11)	-1.970*** (-2.80)	-1.862*** (-2.66)
Oc	0.106 (0.34)	0.083 (0.26)	0.058 (0.18)	0.005 (0.86)	0.005 (0.82)	0.006 (0.85)	2.307** (2.00)	2.549** (2.27)	2.281** (2.02)
B_size	0.219* (1.95)	0.227** (2.01)	0.235** (2.05)	0.001 (0.51)	0.001 (0.54)	0.001 (0.49)	0.525 (1.28)	0.448 (1.12)	0.533 (1.33)
Duality	-0.043 (-0.95)	-0.056 (-1.17)	-0.059 (-1.22)	0.000 (0.04)	-0.000 (-0.08)	-0.000 (-0.04)	-0.502*** (-3.01)	-0.374** (-2.21)	-0.408** (-2.41)
Ind_ratio	-0.208 (-0.65)	-0.292 (-0.87)	-0.270 (-0.80)	-0.005 (-0.75)	-0.006 (-0.82)	-0.006 (-0.85)	-3.863*** (-3.29)	-2.997** (-2.52)	-2.769** (-2.33)

Variables	(1)	(2)	(3)	(4)	(5)	(6)	(7)	(8)	(9)
	O_diversity	O_diversity	O_diversity	O_oversea	O_oversea	O_oversea	O_lock	O_lock	O_lock
Fcb	−0.052	−0.058	−0.061	0.001	0.001	0.001	0.207	0.268	0.234
	(−0.47)	(−0.53)	(−0.55)	(0.27)	(0.25)	(0.26)	(0.51)	(0.68)	(0.60)
Eci	−0.002	−0.003	−0.003	−0.000	−0.000	−0.000	−0.039	−0.020	−0.011
	(−0.13)	(−0.29)	(−0.22)	(−0.22)	(−0.29)	(−0.32)	(−0.95)	(−0.49)	(−0.27)
TMT_ratio	0.152	0.139	0.137	0.000	0.000	0.000	0.414	0.555	0.535
	(1.09)	(0.98)	(0.97)	(0.13)	(0.09)	(0.10)	(0.81)	(1.11)	(1.08)
AC	0.018	0.018	0.018	0.000	0.000	0.000	0.024	0.023	0.025
	(1.10)	(1.11)	(1.12)	(0.71)	(0.71)	(0.70)	(0.40)	(0.39)	(0.43)
Gender_div	−0.235*	−0.275*	−0.276*	−0.002	−0.003	−0.003	−1.730***	−1.316**	−1.328***
	(−1.75)	(−1.94)	(−1.94)	(−0.82)	(−0.90)	(−0.89)	(−3.52)	(−2.62)	(−2.66)
Age_div	−0.035	−0.030	−0.040	0.007**	0.007**	0.007**	0.790	0.738	0.628
	(−0.22)	(−0.19)	(−0.25)	(2.11)	(2.11)	(2.13)	(1.40)	(1.34)	(1.14)
Industry	控制	控制	控制	控制	控制	控制	控制	控制	控制
Year	控制	控制	控制	控制	控制	控制	控制	控制	控制
Constant	0.067	0.145	0.204	−0.007	−0.006	−0.007	−3.996**	−4.809**	−4.178**
	(0.13)	(0.28)	(0.38)	(−0.66)	(−0.58)	(−0.63)	(−2.13)	(−2.60)	(−2.22)
R^2	0.094	0.100	0.100	0.125	0.125	0.125	0.449	0.485	0.484
Observations	197	197	197	197	197	197	197	197	197

注：括号内为t检验值，***、**和*分别表示1%、5%与10%的显著性水平。

第五节　假设检验结果汇总及讨论

　　本书提出 12 个假设，这些假设又可以分为 38 个子假设。其中，被实证结果支持的子假设有 27 个，7 个子假设部分支持，4 个子假设未被支持。具体验证情况请见表 5-41。本研究针对被部分验证以及未被验证的假设进行讨论。首先，假设 H1-1、H1-2、H5-1、H5-2、H6-1、H9-1、H9-2 是部分支持。究其原因，假设 H5，H6，H9 均是以假设 H1 的实证结果为基础，在主假设成立的基础上进一步证实其他变量的调节效应和中介效应。而实证结果表明董事会资本会影响企业的开放广度，但是不会影响企业的开放深度，凡是涉及开放深度的相关假设均不被实证结果支持，所以以上几个假设检验结果均是部分支持。而董事会资本对开放深度影响不显著的原因，本研究从资源基础理论以及资源依赖理论的角度来分析，董事会资本广度与资本深度更多的是在数量以及多样性上为企业提供多样化的合作伙伴，但是能否深入合作，需要结合双方是否有一致的创新发展战略目标、双方是否有长期且深入合作的意向与信任，以及企业自身的吸收能力与适应能力等问题综合决定。

　　假设 H6-2 与 H6-3 没有得到实证结果的支持，即国有股权性质对董事会资本深度与开放广度（a）以及开放深度（b）的正相关关系的减弱作用不显著，国有股权性质对董事会资本广度与开放对象组织多样性的正相关关系的减弱作用不显著。究其原因，董事会资本深度对开放深度的影响本来就不显著，所以国有股权性质对董事会资本深度与开放深度的关系的调节效应不会显著。而对于国有股权性质对董事会资本深度与开放广度关系没有显著影响的原因可能有：国有企业董事会及高管并非典型的"职业人"，政府具有对国有企业董事和高管任命和考核的权力。在政治关联较强的国有企业中，一些董事会成员，特别是董事长，基于个人的政治抱负，更易采取"迎合"政府需求的态度制定企业发展战略。我国国有企业的实际控制人是中央政府或当地政府，当政府对国有企业创新的考核压力高于其他业绩考核指标时，国有企业政治晋升激励有助于提高国有企业的创新能力。开放式创新相较于封闭式创新而言，具有见效快、周期短、风险小的特点，能在短期内带来较好的利益回报，所以不排除国有企业的董事会以及高管对企业开放式创新项目持有积极的回应状态。

　　假设 H9-1 和 H10-2 没有得到实证结果的支持，即开放对象组织多样性在董事会资本广度与企业创新绩效之间没有起中介效应。开放对象国别多样性在董事会资本深度与企业创新绩效之间没有起中介效应。原因可能如下：本书实证结果表明董事会资本广度有利于促进开放对象组织多样性与开放对象国别多样性，而且董事会资本正向促进企业创新绩效。如果开放对象组织多样性和国别多样性的中介效应成立，那么开放对象组织多样性与国别多样性对创新绩效的影响为正。但是有文献表明并非开放对象组织多样性与开放对象国别多样性越高，创新绩效就越高，它们之间可能会出现倒"U"型关系（岳鹄等，2018）。过多的不同类型的合作伙伴可能会因为高度的复杂性和整合成本的上升对创新绩效产生负面影响。从交易成本理论来看，企业在开放式创新过程中，合作组织的类型越多，其合作协调难度上升（Duysters et al.，2011）。企业需要投资大量的人力、物力和时间来权衡不同组织类型的需求和整合高度差异化的知识，从而会在一定程度上削弱创新绩效。这也与注意力理论（Ocasio，1997）的观点一致，即管理一组不同的外部合作伙伴需要显著的管理注意力，但是管理层的精力是有限的，如果把精力投放在多样性高的开放对象群体中，有可能难以获得良好的创新绩效。同时，企业在开放式创新过程中有知识和技术泄露的风险，企业需要承担风险成本。

表 5—41　假设检验结果汇总表

研究内容		研究假设	实证结果
董事会资本对企业开放式创新的影响	H1—1：董事会资本广度与企业创新开放广度（a）及开放深度（b）正相关		部分支持
	H1—2：董事会资本深度与企业创新开放广度（a）及开放深度（b）正相关		部分支持
	H2—1：董事会资本广度与企业开放对象组织多样性正相关		支持
	H2—2：董事会资本深度与企业开放对象组织多样性正相关		支持
	H3—1：董事会资本广度与企业开放对象国别多样性正相关		支持
	H3—2：董事会资本深度与企业开放对象国别多样性正相关		支持
	H4—1：董事会资本广度与企业开放式创新网络中心度正相关		支持
	H4—2：董事会资本深度与企业开放式创新网络中心度正相关		支持
高管股权激励对董事会资本与企业开放式创新的调节作用	H5—1：高管股权激励会加强董事会资本广度对开放广度（a）及开放深度（b）的正向影响		部分支持
	H5—2：高管股权激励会加强董事会资本深度对开放广度（a）及开放深度（b）的正向影响		部分支持
	H5—3：高管股权激励会加强董事会资本广度对开放对象组织多样性的正向影响		支持
	H5—4：高管股权激励会加强董事会资本深度对开放对象组织多样性的正向影响		支持
	H5—5：高管股权激励会加强董事会资本广度对开放对象跨国合作的正向影响		支持
	H5—6：高管股权激励会加强董事会资本深度对开放对象跨国合作的正向影响		支持
	H5—7：高管股权激励会加强董事会资本广度对创新网络中心度的正向影响		支持
	H5—8：高管股权激励会加强董事会资本深度对创新网络中心度的正向影响		支持

续表5—41

研究内容	研究假设	实证结果
股权性质对董事会资本与企业开放式创新的调节作用	H6-1：国有股权性质会减弱董事会资本广度对开放广度（a）及开放深度（b）的正向影响	部分支持
	H6-2：国有股权性质会减弱董事会资本深度对开放广度（a）及开放深度（b）的正向影响	不支持
	H6-3：国有股权性质会减弱董事会资本广度对开放对象组织多样性的正向影响	不支持
	H6-4：国有股权性质会减弱董事会资本深度对开放对象组织多样性的正向影响	支持
	H6-5：国有股权性质会减弱董事会资本广度对开放对象国别多样性的正向影响	支持
	H6-6：国有股权性质会减弱董事会资本深度对开放对象国别多样性的正向影响	支持
	H6-7：国有股权性质会减弱董事会资本广度对创新网络中心度的正向影响	支持
	H6-8：国有股权性质会减弱董事会资本深度对创新网络中心度的正向影响	支持
开放式创新对企业创新绩效的影响	H7-1：开放广度（a）与开放深度（b）正向影响企业创新绩效	支持
	H7-2：开放对象组织多样性正向影响企业创新绩效	支持
	H7-3：开放对象国别多样性正向影响企业创新绩效	支持
	H7-4：开放式创新网络中心度正向影响创新绩效	支持
董事会资本对企业创新绩效的影响	H8-1：董事会资本广度正向影响企业创新绩效	支持
	H8-2：董事会资本深度正向影响企业创新绩效	支持

续表5-41

研究内容	研究假设	实证结果
开放式创新对董事会资本与企业创新绩效的中介效应	H9-1：开放广度（a）及开放深度（b）在董事会资本广度与企业创新绩效之间具有中介效应	部分支持
	H9-2：开放广度（a）及开放深度（b）在董事会资本深度与企业创新绩效之间具有中介效应	部分支持
	H10-1：开放对象组织多样性在董事会资本广度与企业创新绩效之间具有中介效应	不支持
	H10-2：开放对象组织多样性在董事会资本深度与企业创新绩效之间具有中介效应	支持
	H11-1：开放对象国别多样性在董事会资本广度与企业创新绩效之间具有中介效应	支持
	H11-2：开放对象国别多样性在董事会资本深度与企业创新绩效之间具有中介效应	支持
	H12-1：开放式创新网络中心在董事会资本广度与企业创新绩效之间具有中介效应	不支持
	H12-2：开放式创新网络中心度在董事会资本深度与企业创新绩效之间具有中介效应	支持

第六节　路径分析与机制提炼

基于本书的研究假设和实证结果，本研究从理论到实证确实发现董事会资本广度与深度会正向影响企业的开放式创新活动，而这二者之间的关系会受到高管激励机制以及股权性质的影响；另外，开放式创新会在董事会资本和企业创新绩效之间形成中介效应。基于实证结果，本研究绘制了整个董事会资本、开放式创新、企业创新绩效、高管股权激励与股权性质这几个维度的相关作用路径图，如图5-3所示。图中标出了各个变量之间的回归标准化系数。本研究提炼出基于开放式创新视角的董事会资本对企业创新绩效影响的作用路径如下：

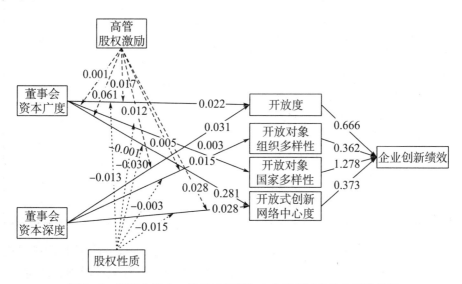

图5-3　董事会资本、开放式创新与企业创新绩效的作用路径图

第一，董事会资本广度会通过影响开放广度、开放对象国别多样性与开放式创新网络中心度，进而影响企业创新绩效；董事会资本深度会通过影响开放广度、开放对象组织多样性与开放式创新网络中心度，进而影响企业创新绩效，即总共有6条路径可实现董事会资本对企业创新绩效的作用，分别为：董事会资本广度—开放广度—企业创新绩效、董事会资本深度—开放广度—企业创新绩效、董事会资本深度—开放对象组织多样性—企业创新绩效、董事会资本广度—开放对象国别多样性—企业创新绩效、董事会资本广度—开放式创新网络中心度—企业创新绩效、董事会资本深度—开放式创新网络中心度—企业创新绩效。虽然这6条路径均可实现董事会资本对企业创新绩效的影响，但是中介效应的程度不同。其中，董事会资本广度—开放广度—企业创新绩效与董事会资本广度—开放式创新网络中心度—企业创新绩效这两条路径中开放式创新的间接效应发挥的作用较大，分别占总效应的46.67%和43.57%。而董事会资本深度—开放对象组织多样性—企业创新绩效路径的间接效应发挥的作用较小，仅占总效应的2.63%。这6条路径的总效应、直接效应和间接效应的具体数值详见表5-42。

表5-42　不同路径中介效应分解表

路径	直接效应	间接效应	总效应	间接效应在总效应中的占比
董事会资本广度—开放广度—企业创新绩效	0.016	0.014	0.030	46.67%
董事会资本深度—开放广度—企业创新绩效	0.188	0.020	0.208	9.62%
董事会资本深度—开放对象组织多样性—企业创新绩效	0.203	0.005	0.208	2.63%
董事会资本广度—开放对象国别多样性—企业创新绩效	0.034	0.003	0.037	9.07%
董事会资本广度—开放式创新网络中心度—企业创新绩效	0.136	0.105	0.241	43.57%
董事会资本深度—开放式创新网络中心度—企业创新绩效	0.217	0.009	0.226	3.98%

第二，以上6条路径会受到高管股权激励程度的影响。高管股权激励对董事会资本与企业创新绩效的关系具有正向调节作用。高管股权激励程度越高，董事会资本作用于开放广度、开放对象组织多样性、开放国别多样性以及开放式创新网络中心度的正向作用就越强。

第三，在以上6条作用路径中，除了董事会资本深度—开放广度—企业创新绩效这条作用路径外，国有股权性质对其他5条作用路径中董事会资本对企业开放式创新四个维度的影响均有负向调节作用。国有股权性质减弱了董事会资本对开放式创新四个维度的影响的正向作用。

第七节　本章小结

　　本章首先对回归样本进行了描述性统计及相关性分析，以求展现出回归样本的基本数据特征以及彼此之间的相关性。在第二节中，本书围绕董事会资本对企业开放式创新四个维度的影响，高管股权激励、股权性质对董事会资本与企业开放式创新关系的调节效应，开放式创新对企业创新绩效的影响，董事会资本对企业创新绩效的影响以及开放式创新对董事会资本与企业创新绩效关系的中介效应几个方面对前文中提出的假设进行一一验证。通过验证，发现在38 个假设中有 27 个假设完全支持，7 个子假设部分支持，4 个子假设未被支持。第三节是对全书的假设检验实证结果进行稳健检验。第四节是对董事会资本对企业开放式创新的影响开展异质性检验。第五节是对全书的假设检验结果进行汇总及对未被支持或者部分支持的假设的原因进行讨论。第六节是本研究结合理论假设与实证结果，对开放式创新的中介作用的形成机制以及作用路径进行了分析与提炼，并计算出了每条作用路径的作用大小。第七节是本章小结。

第六章 结论、启示与展望

本章对全书的研究内容进行总结，阐述主要研究结论，并有针对性地提出政策建议。与此同时，本章列出了一些研究的局限性，并针对研究不足以及进一步研究方向进行展望。

第一节 研究结论

本书以资源依赖理论、高层梯队理论、社会网络理论等作为研究的理论基础，结合 1999—2019 年存在专利交易行为或者合作研发行为的 1124 家中国上市公司的实证，研究了董事会资本、开放式创新与企业创新绩效的关系。本书首先探究了董事会资本对企业开放式创新的影响，其次探究了高管股权激励及股权性质对董事会资本与企业开放式创新二者关系的调节效应，最后探究了开放式创新对董事会资本与企业创新绩效关系的中介效应。本书结合国泰安数据库与国家知识产权数据库获得董事会资本、公司治理、企业开放式创新的相关数据，通过面板数据的固定效应模型、负二项回归模型、中介效应及调节效应的检验流程验证了每章提出的研究假设。具体来说，本研究得到以下结论：

第一，董事会资本对企业开放式创新有正向影响。本研究从董事会资本广度与董事会资本深度两个方面来测量董事会资本。与此同时，本研究从开放度、开放对象组织多样性、开放对象国别多样性、开放式创新网络中心度四个维度刻画企业的开放式创新。实证结果表明董事会资本广度与资本深度对企业开放式创新的开放广度、开放对象组织多样性、开放国别多样性以及开放式创新网络中心度四个维度均具有正向影响。

第二，高管股权激励对董事会资本与开放式创新的关系具有正向调节作用。企业在实施开放式创新活动中，因开放带来的知识、思维与文化异质性的碰撞，可能触碰到高管层的自身利益，会使高管层产生畏难情绪，影响开放式创新执行。通过对高管实行有效的激励机制，将企业的长期利益与高管自身利益捆绑，可有效缓解委托代理问题带来的负面效应。为此，本书以高管持股比例来衡量企业的高管激励机制，研究高管股权激励对董事会资本与开放式创新关系的调节效应。实证结果表明高管股权激励会加强董事会资本与开放式创新的正相关关系。高管持股的激励政策，不仅会促进高管积极开展开放式创新活动，而且会降低高管层与董事勾结的概率，降低董事会对高管层监督不力的风险。

第三，国有股权对董事会资本与开放式创新的部分正相关关系具有减弱作用。中国国有企业的股东是国家及政府，政府对国有企业的董事会以及高管层实行激励措施时，往往以企业短期利润最大化为目标（徐二明和张晗，2011）。由于缺乏长期激励，大多数国有企业董事会倾向于追求企业的短期利益而忽视创新带来的长久驱动力。本书将股权性质设置为国有企业与非国有企业的虚拟变量，探究了其对董事会资本与开放式创新关系的调节作用。结果表明国有股权对董事会资本广度与开放式创新的正相关关系具有减弱作用，即与非国有企业相比，国有企业的董事会资本广度对开放式创新的四个维度的正向影响相对较弱。国有股权性质对董事会资本深度与开放式创新的开放广度以及开放式创新网络中心度的正相关关系具有负向调节作用，即与非国有企业相比，国有企业的董事会资本深度对开放式创新的开放广度以及开放式创新网络中心度的正向影响相对较弱。国有股权性质对董事会资本深度与开放式创新的开放对象组织多样性以及国别多样性的正相关关系没有显著的影响。

第四，开放式创新会正向影响企业创新绩效。开放式创新内涵丰富，以往研究基本采用问卷调查的方式获得开放式创新的相关数据，并从开放式创新的单一维度研究其对创新绩效的影响（Muller et al.，2019）。本书以在观察年内存在专利许可、买卖或合作研发行为的中国上市公司为研究样本，以研究样本涉及的专利为载体收集数据，从开放度、开放对象组织多样性、开放对象国别多样性与开放式创新网络中心度四个维度较为全面地刻画了开放式创新。实证研究结果与现有文献结果基本保持一致。关于开放度对创新绩效的影响，大多数已有研究表明二者之间呈现倒"U"型关系（Laursen 和 Salter，2006），少数研究表明二者之间呈正向关系（D'Ambrosio et al.，2017）。本书实证结果表明二者正相关。对于开放对象组织性质多样性、开放对象国别多样性与开放式创新网络中心度对创新绩效的影响而言，本书结论与现有大部分研究结论保持一致，均呈正相关。

第五，董事会资本广度与深度均正向影响企业创新绩效。现有研究有的从人力资本与社会资本角度探讨董事会资本对企业创新绩效的影响；也有研究将人力资本与社会资本融合在一起，从资本广度与深度的角度探讨二者关系，并得到了一些结论，但是结论并不统一。从人力资本与社会资本的角度探讨董事会资本对创新绩效的影响，已有研究表明人力资本与社会资本对创新绩效有正向影响（Pérez-Calero et al.，2016）。而从资本广度与深度的角度探讨该问题，有的研究认为资本广度正向影响创新绩效，有的研究认为二者负相关，还有的认为二者呈倒"U"型关系（李博，2018；Bravo et al.，2017；顾海峰，2020）。本书从广度与深度的角度，将董事会资本在传统测量基础上优化后，利用企业年发明专利数量表征企业创新绩效，来讨论董事会资本对企业创新绩效的影响，结果表明董事会资本广度与深度均正向影响企业创新绩效。该结果有效验证了已有董事会资本深度正向影响企业创新绩效的结论。

第六，开放式创新对董事会资本与企业开放式创新的关系具有中介效应。董事会资本广度会通过影响开放广度、开放国别多样性与开放式创新网络中心度，进而影响企业的创新绩效；董事会资本深度会通过影响开放广度、开放对象组织多样性与开放式创新网络中心度，进而影响企业的创新绩效。总共有6条路径可实现董事会资本对企业创新绩效的作用，分别为：董事会资本广度—开放广度—企业创新绩效、董事会资本深度—开放广度—企业创新绩效、董事会资本深度—开放对象组织多样性—企业创新绩效、董事会资本广度—开放对象国别多样性—企业创新绩效、董事会资本广度—开放式创新网络中心度—企业创新绩效、董事会资本深度—开放式创新网络中心度—企业创新绩效。虽然这6条路经均可实现董事会资本对企业创新绩效的影响，但是中介效应的程度不同。其中，董事会资本广度—开放广度—企业创新绩效和董事会资本广度—开放式创新网络中心度—企业创新绩效这两条路径中开放式创新的间接效应发挥的作用较大，分别占总效应的46.67%和43.57%。而董事会资本深度—开放对象组织多样性—企业创新绩效路径的间接效应发挥的作用较小，仅占总效应的2.63%。

第二节 研究启示

一、理论启示

本研究在现有文献及理论贡献方面具有一定的价值与启示：

第一，董事会资本会影响企业开放式创新的结论，将丰富董事会资本对企业创新行为影响的理论框架。以往研究多数聚焦在董事会资本对企业创新绩效的影响方面，而对创新模式影响的重视程度不够，使得研究结论缺乏足够的实践指导意义。创新绩效是创新结果的体现。企业收获良好的创新结果不仅需要前端的研发投入，还需要制定合理有效的创新模式。本书从开放式创新模式入手，研究了董事会资本对开放式创新的影响，提出董事会人力资本与社会资本会通过广度和深度影响企业的开放式创新活动。具体会影响开放程度的大小、开放合作对象的选择标准和选择范围、开放式创新网络结构等方面。只有研究清楚董事会资本对创新过程的影响，才能明确该如何调控过程进而实现良好的创新绩效。这为企业挑选合适的董事会成员、搭建有利于企业创新的董事会结构提供了一定的理论依据。所以今后研究应重视创新模式的作用，加强董事会资本对创新过程的相关研究。

第二，公司治理激励机制及股权性质会影响董事会资本与企业开放式创新关系的结论，为从公司治理角度研究影响企业开放式创新的因素提供了新思路。作为董事会治理重要组成部分的董事资本，在对企业创新活动产生影响时会受到公司治理激励机制及股权结构的影响。企业委托代理问题的存在，使得开放式创新活动执行过程有可能面临高管层的阻碍。中国国有企业对董事会及高管层的考核及激励的局限性也可能削弱董事会资本对开放式创新的积极贡献。本书探讨高管激励机制及股权性质的调节效应，不仅进一步证实了董事会资本对企业开放式创新关系的影响，还将相关理论研究的外延拓展至公司治理对企业开放式创新的影响，为从公司治理角度研究影响企业开放式创新的因素提供了新思路。

第三，开放式创新在董事会资本与创新绩效之间发挥中介效应，这一结论不仅有助于从开放式创新模式的角度打开董事会资本作用于企业创新绩效的"黑箱"，而且进一步将开放式创新的中介效应首次嵌入董事会资本与企业绩效的研究思路中，丰富了董事会资本影响企业创新活动的理论框架。现有研究鲜有剖析董事会资本对企业创新绩效的影响机理及作用路径，且未将开放式创新模式嵌入该研究框架之内。例如，现实场景中，已有研究没有清晰地梳理与剖析董事会资本如何影响企业去哪里寻求创新信息，与谁合作创新，是否建立创新网络，进而这些行为如何影响创新绩效等一系列问题。本研究从"投入—过程—结果"的思路明确了开放式创新在创新过程中的重要性，也丰富了董事会资本影响企业创新绩效的机理研究。

二、实践启示

为了提高企业的开放式创新活动，进而提高企业创新绩效，本研究在企业实践和政策方面具有以下几点启示：

第一，优化董事会人员结构，提高董事会人力资本与社会资本的异质性。本研究结论表明董事会资本广度和深度均会正向促进企业开放式创新，所以提高董事会资本广度与深度是促进开放式创新最直接有效的途径。董事会资本广度包括人力资本多样性以及董事兼任背景多样性。多样化的董事会资本结构可有效提升企业创新决策水平，促进开放式创新活动的开展。企业可以通过适当的激励体系和引才政策，吸引教育、职业、海外经历和兼职背景不同的董事加入董事会，加大董事会人力资本和社会资本的多样性，以优化董事会的成员配置和整体结构。对于开放式创新活动而言，董事会成员开放的态度以及丰富的社会资源尤为重要。所以，企业可以重点引进具有海外经历或者具有丰富的行业兼任经验的董事。具体而言，企业可以通过提供高薪酬以及较好的福利吸引人才。

第二，企业应充分重视董事会成员丰富的从业经验及社会资源，促进开放式创新活动的实施。董事会资本深度也可以促进企业开放式创新活动。董事会资本深度是指董事会成员在本行业的嵌入度和外部董事在本行业的嵌入度。嵌入度越高，董事会资本深度越高。较高的董事会资本深度可为开放式创新活动的实施提供更为丰富的创新资源。想要提高董事会资本深度，一方面需要重视人才，妥善留人，让新进董事随着企业的成长而稳定成长，减少董事频繁离职的现象，保持人力资源的稳定性发展。同时，引进一些在行业内具有丰富从业经验的董事，并充分发挥其才能，多听取该类人的创新理念。另一方面，企业可重点引进一些具有广泛社会资源，并能将这些社会资源转化为生产力的董事，充分利用该类董事带来的丰富的创新资源提高企业的创新水平。

第三，制订合理的高管持股计划，促进董事会资本对企业开放式创新的积极影响。本研究结论表明高管股权激励对董事会资本正向影响开放式创新的关系有加强作用。通过让高管持有公司股权，可以放大董事会资本的正向作用，使董事会资本起到事半功倍的效果。为了缓解委托代理问题，有效发挥董事会资本对开放式创新的积极影响，企业可以通过制订合理的高管持股计划，将高管层的利益与企业利益捆绑，激励高管层有力地执行开放式创新决策，减少高管层对董事会成员的不良"浸润"。制订合理的高管持股计划的关键点在于把握好"度"。大量实践表明，要实施股权激励，如果全部由企业买单，对激励对象而言，只是额外增加了一块收入而已，即使得到了实在的股权，时间久了也会产生股东疲劳症。所以可通过给出资者配股或价格优惠等措施鼓励高管层自愿用现金出资持股，这样更容易与企业结成共同体。具体方式包括向激励对象增资扩股、老股东转让股份等。

第四，政府应加大国有企业的创新考核，鼓励国有企业实施开放式创新。国有企业不仅是国家的经济稳定器，而且也应该是国家新科技新技术的领跑者。国有企业聚集了优秀的管理人才与技术骨干，集中了资金优势与资源优势，但是产权性质的固有缺陷可能导致企业利益边界不清晰。在这种情况下，如何制定行之有效的董事会及高管的任命及创新考核机制，是促进国有企业开放式创新活动的重要命题。首先，政府应明确国有企业的创新定位，将持续创新与稳定发展放在同样重要的位置。政府通过会议精神的宣传以及文件的正式发布使国有企业的董事会以及高管层对企业创新，尤其是开放式创新引起高度重视。其次，国家及政府制定合理的激励与考核机制，充分调动董事会与高管层实施创新活动的积极性，充分发挥国有企业优质的董事会资本的作用。具体的激励与考核措施包括将创新指标纳入晋升考核范围与薪酬奖励范围、制订详细的奖励计划、营造国有企业良好的创新氛围等。

第五，企业，尤其是中小企业应高度重视开放式创新模式的应用，充分发挥合作伙伴多样性的优势，提升企业创新绩效。已有研究与本研究结果均表明开放式创新模式可显著提升企业创新绩效。而开放式创新活动中合作伙伴的组织性质以及国别多样性有助于企业从多种组织类型的伙伴中获得非冗余知识，更有可能接触到不同技术领域的新思想、新观点和隐性/组合技能，同时也会具有更广阔的研发视野，从而促进互补资产和机会的获得，进而发挥协同效应，提升创新绩效。所以企业一方面在选择合作伙伴时，应扩大组织性质的多样性，有意识地与高校、科研机构、行业外企业进行交叉性合作与创新；另一方面应积极走出国门，与不同国家的企业或创新组织建立合作，获取互补资产，开拓国际市场，促进开放式创新。企业应团结周围的社会资源，积极搭建开放式创新网络生态系统，充分利用开放式创新网络中的各种信息、资金及创新项目等资源加强企业的开放式创新活动。

第六，政府应加大对中小企业、非高科技企业的创新政策扶持，搭建全国范围内开放式创新合作信息平台，促进该类企业开放式创新，充分释放董事会资本的正向效能。在激烈的市场竞争中，中小型企业及传统产业容易倒闭。基于此，政府应采取以下措施改善现状。中小企业有强烈的实施开放式创新的诉求，但是由于自身规模有限、资金紧缺和不能有效获取开放式创新信息资源等问题，开放式创新活动的实施变得举步维艰。所以政府可一方面通过落实科技创新补贴政策帮助中小企业缓解创新资金压力，鼓励银行适度放宽贷款政策，定向扶持中小企业创新；另一方面积极搭建全国创新信息共享平台，帮助该类企业节省创新资源的搜寻成本，提高开放式创新效率。对于非高科技行业的企业而言，虽然其创新的现实迫切性不及高科技行业，但是依旧需要立足创新，发展成长。所以对该部分企业政府应重在创新理念引导，如充分发挥行业协会的平台效应，让行业内的企业加强创新交流，活跃创新理念，促进开放式创新。

第三节　研究展望

虽然本书将董事会资本与开放式创新进行链接，并做了相应外延研究，从"投入—创新模式—产出"的思路论证了董事会资本、开放式创新、高管股权激励、股权性质与企业创新绩效之间的关系，但是本书研究也存在一定的不足。基于这些不足，本书提出今后进一步的研究方向。

第一，研究样本存在一定的局限性。出于研究数据的可获取性，本书的研究样本立足于中国上市公司，且通过购买技术服务、购买技术授权（以专利的买卖、许可以及合作研发的活动来表征）反映企业的开放式创新活动，这存在一定的局限性。一方面，中国上市公司聚集的是优秀的董事会资本以及较为完善的公司治理体系；而非上市公司中很多企业的董事会与高管层是同一批人马，一人兼任两种角色，且董事会规模不大，往往维持在《中华人民共和国公司法》要求的数量水平。在这种情况下，非上市公司的董事会资本与上市公司的董事会资本存在一定的差异，而且公司治理的委托代理关系也呈现出不同情况。基于这种情况，董事会资本对企业开放式创新的正向影响是否成立？另一方面，开放式创新的内涵丰富，专利交易只是一个方面，而在战略联盟、技术并购、合资公司、小产权投资等其他的开放式创新模式下，董事会资本是否继续产生正向的影响？基于以上不足，本书在今后的研究中打算采用问卷调查的方式从企业抽样收集一手数据来研究。这样既可以较为全面地获得董事会资本与开放式创新的数据，又可以将非上市公司纳入研究范围，从而使得回归结果更加全面客观，研究结论更加可靠。

第二，将公司治理其他因素对开放式创新的效应纳入研究范围。董事会资本不会单一影响企业的开放式创新，而是会受到企业公司治理其他因素的影响。本书重点讨论高管激励以及股权性质对董事会资本和开放式创新关系的影响，股权集中度以及股权制衡度等其他公司治理因素的影响由于篇幅限制没有进一步讨论。下一步研究打算将股权集中度与股权制衡度的调节作用纳入研究范围。研究在不同的股权结构下，企业的董事会资本对开放式创新的影响是否有所变化。另外，公司治理不仅会通过间接效应影响企业开放式创新，也可以直接影响开放式创新。本书重点聚焦在董事会资本对开放式创新的直接影响上，今后可以从公司治理其他因素的直接效应出发，探讨其对开放式创新的影响。例如，探讨董事会结构以及 CEO 二元性对开放式创新的直接效应。

第三，本书的研究初衷是探讨董事会资本对企业创新绩效影响的作用机理与路径。本书从创新模式的视角切入，选取了企业采用最为广泛的开放式创新模式来研究其作用机理。接下来本研究将拓展创新模式的维度，例如从突破式创新和渐进式创新的角度来研究董事会资本对创新模式的影响以及创新模式的中介效应。可以具体分析董事会资本对突破式创新和渐进式创新的影响会有何不同、突破式创新和渐进式创新的中介效应的强度有何不同。通过深入且多视角的分析，从创新模式角度来研究董事会资本对企业创新绩效的影响的研究才有系统性和持续性。当然，也可以跳出创新模式的视角，从其他视角挖掘董事会资本对创新绩效的作用机理，例如从投资效率的视角、风险投资的视角等。

参考文献

[1] Abebe M, Myint P P A. Board characteristics and the likelihood of business model innovation adoption: evidence from the smart home industry [J]. International Journal of Innovation Management, 2018, 22 (1): 1—28.

[2] Ahn J M, Ju Y, Moon T H, et al. Beyond absorptive capacity in open innovation process: the relationships between openness, capacities and firm performance [J]. Technology Analysis & Strategic Management, 2016, 28 (9): 1009—1028.

[3] Ahuja G. Collaboration networks, structural holes, and innovation: a longitudinal study [J]. Administrative Science Quarterly, 2000, 45 (3): 425—455.

[4] Ahuja G, Katila R. Technological acquisitions and the innovation performance of acquiring firms: a longitudinal study [J]. Strategic Management Journal, 2001, 22 (3): 197—220.

[5] Aloini D, Lazzarotti V, Manzini R, et al. IP, openness, and innovation performance: an empirical study [J]. Management Decision, 2017, 55 (6): 1307—1327.

[6] Ariff A M, Salleh Z, Noor M N, et al. Board diversity and innovation performance in Malaysia [J]. International Journal of Business Governance, 2017, 12 (3): 241—261.

[7] Artz K W, Norman P M, Hatfield D E, et al. A longitudinal study of the impact of R&D, patents, and product innovation on firm performance [J]. Journal of Product Innovation Management, 2010, 27 (5): 725—740.

[8] Arzubiaga U, Kotlar J, De Massis A, et al. Entrepreneurial orientation

and innovation in family SMEs: Unveiling the (actual) impact of the Board of Directors [J]. Journal of Business Venturing, 2018, 33 (4): 455—469.

[9] Bae Y, Chang H. Efficiency and effectiveness between open and closed innovation: empirical evidence in South Korean manufacturers [J]. Technology Analysis & Strategic Management, 2012, 24 (10): 967—980.

[10] Barney J. Firm resources and sustained competitive advantage [J]. Journal of Management, 1991, 17 (1): 99—120.

[11] Baron R M, Kenny D A. The moderator—mediator variable distinction in social psychological research: Conceptual, strategic, and statistical considerations [J]. Journal of Personality and Social Psychology, 1986, 51 (6): 1173—1182.

[12] Bartsch K, Wellman H. Young children's attribution of action to beliefs and desires [J]. Child Development, 1989, 60 (4): 946—964.

[13] Bayona — Saez C, Cruz — Cázares C, García — Marco T, et al. Open innovation in the food and beverage industry [J]. Management Decision, 2017, 55 (3): 526—546.

[14] Baysinger B D, Kosnik R D, Turk T A. Effects of board and ownership structure on corporate R&D strategy [J]. Academy of Management Journal, 1991, 34 (1): 205—214.

[15] Berle A A. For whom corporate managers are trustees: a note [J]. Harvard Law Review, 1932, 45 (8): 1365—1372.

[16] Berle A A, Means G G C. The modern corporation and private property [M]. Missouri: Transaction Publishers, 1991.

[17] Bernile G, Bhagwat V, Yonker S. Board diversity, firm risk, and corporate policies [J]. Journal of Financial Economics, 2018, 127 (3): 588—612.

[18] Bika Z, Kalantaridis C. Organizational — social — capital, time and international family SMEs: an empirical study from the east of England [J]. European Management Review, 2019, 16 (3): 525—541.

[19] Blibech N, Berraies S. The impact of CEO'duality and board's size and independence on firms'innovation and financial performance [J]. Journal

of Business Management and Economics，2018，9（1）：22—29.

[20] Borgatti S P, Jones C, Everett M G. Network measures of social capital [J]. Connections, 1998, 21 (2): 27—36.

[21] Bravo F, Reguera－Alvarado N. The effect of board of directors on R&D intensity: board tenure and multiple directorships [J]. R&D Management, 2017, 47 (5): 701—714.

[22] Brunswicker S, Vanhaverbeke W. Open innovation in small and medium － sized enterprises（SMEs）: external knowledge sourcing strategies and internal organizational facilitators [J]. Journal of Small Business Management, 2015, 53 (4): 1241—1263.

[23] Burt R S. The social capital of structural holes [J]. The New Economic Sociology: developments in an Emerging Field, 2002, 148（90）: 201—247.

[24] Campbell J T, Eden L, Miller S R. Multinationals and corporate social responsibility in host countries: does distance matter? [J]. Journal of International Business Studies, 2012, 43 (1): 84—106.

[25] Casprini E, De Massis A, Di Minin A, et al. How family firms execute open innovation strategies: the loccioni case [J]. Journal of Knowledge Management, 2017, 21 (6): 1459—1485.

[26] Chesbrough H, Brunswicker S. A fad or a phenomenon? The adoption of open innovation practices in large firms [J]. Research － Technology Management, 2014, 57 (2): 16—25.

[27] Chesbrough H, Crowther A K. Beyond high tech: early adopters of open innovation in other industries [J]. R&D Management, 2006, 36 (3): 229—236.

[28] Chesbrough H W. The era of open innovation [J]. Mit Sloan Management Review, 2003, 44 (3): 35—41.

[29] Chesbrough H W, Appleyard M M. Open innovation and strategy [J]. California Management Review, 2007, 50 (1): 57—76.

[30] Christensen J F, Olesen M H, Kjær J S. The industrial dynamics of Open Innovation—evidence from the transformation of consumer electronics [J]. Research Policy, 2005, 34 (10): 1533—1549.

[31] Cochran P P, Wartick S L. Corporate governance: a literature

review [J]. USA: Financial Executives Research Fundation, 1988, 34: 99-104.

[32] Core J, Guay W. The use of equity grants to manage optimal equity incentive levels [J]. Journal of Accounting and Economics, 1999, 28 (2): 151-184.

[33] Cronbach L J. Coefficient alpha and internal structure of tests [J]. Psychometrika, 1951, 16 (3): 297-334.

[34] D'Ambrosio A, Gabriele R, Schiavone F, et al. The role of openness in explaining innovation performance in a regional context [J]. The Journal of Technology Transfer, 2017, 42 (2): 389-408.

[35] Daiser P, Ysa T, Schmitt D. Corporate governance of state-owned enterprises: a systematic analysis of empirical literature [J]. International Journal of Public Sector Management, 2017, 30 (5): 447-466.

[36] Dakhli M, De Clercq D. Human capital, social capital, and innovation: a multi-country study [J]. Entrepreneurship & Regional Development, 2004, 16 (2): 107-128.

[37] Dodgson M, Gann D, Salter A. The role of technology in the shift towards open innovation: the case of Procter & Gamble [J]. R&d Management, 2006, 36 (3): 333-346.

[38] Donaldson T, Preston L E. The stakeholder theory of the corporation: Concepts, evidence, and implications [J]. Academy of Management Review, 1995, 20 (1): 65-91.

[39] Duysters G, Lokshin B. Determinants of alliance portfolio complexity and its effect on innovative performance of companies [J]. Journal of Product Innovation Management, 2011, 28 (4): 570-585.

[40] Edamura K, Haneda S, Inui T, et al. Impact of Chinese cross-border outbound M&As on firm performance: econometric analysis using firm-level data [J]. China Economic Review, 2014, 30: 169-179.

[41] Egbetokun A A. The more the merrier? Network portfolio size and innovation performance in Nigerian firms [J]. Technovation, 2015, 43: 17-28.

[42] Eisenhardt K M. Agency theory: an assessment and review [J].

Academy of Management Review，1989，14（1）：57—74.

[43] Enkel E，Gassmann O. Creative imitation：exploring the case of cross—industry innovation [J]. R & D Management，2010，40（3）：256—270.

[44] Erhardt N L，Werbel J D，Shrader C B. Board of director diversity and firm financial performance [J]. Corporate Governance：An International Review，2003，11（2）：102—111.

[45] Ettredge M，Johnstone K，Stone M，et al. The effects of firm size，corporate governance quality，and bad news on disclosure compliance [J]. Review of Accounting Studies，2011，16（4）：866—889.

[46] Fama E F，Jensen M C. Separation of ownership and control [J]. Journal of Law & Economics，1983，26（2）：301—325.

[47] Felin T，Zenger T R. Closed or open innovation? Problem solving and the governance choice [J]. Research Policy，2014，43（5）：914—925.

[48] Felin T，Zenger T R. Open innovation：a theory—based view [J]. Strategic Management Review，2020，1（2）：223—232.

[49] Fischer H M，Pollock T G. Effects of social capital and power on surviving transformational change：the case of initial public offerings [J]. Academy of Management Journal，2004，47（4）：463—481.

[50] Flor M L，Cooper S Y，Oltra M J. External knowledge search，absorptive capacity and radical innovation in high—technology firms [J]. European Management Journal，2018，36（2）：183—194.

[51] Francis J，Smith A. Agency costs and innovation some empirical evidence [J]. Journal of Accounting Economics，2004，19（2—3）：383—409.

[52] Freeman C. Networks of innovators：a synthesis of research issues [J]. Research Policy，1991，20（5）：499—514.

[53] Galia F，Zenou E，Ingham M. Board composition and environmental innovation：does gender diversity matter [J]. International Journal of Entrepreneurship and Small Business，2015，24（1）：117—141.

[54] Gambardella A，Giuri P，Luzzi A. The market for patents in Europe [J]. Research Policy，2007，36（8）：1163—1183.

[55] Garriga H, Von Krogh G, Spaeth S. How constraints and knowledge impact open innovation [J]. Strategic Management Journal, 2013, 34 (9): 1134−1144.

[56] Giannetti M, Liao G, Yu X. The brain gain of corporate boards: evidence from China [J]. The Journal of Finance, 2015, 70 (4): 1629−1682.

[57] Gölgeci I, Ferraris A, Arslan A, et al. European MNE subsidiaries' embeddedness and innovation performance: moderating role of external search depth and breadth [J]. Journal of Business Research, 2019, 102: 97−108.

[58] Gotel O, Scharff C. Opening up the innovation process: towards an agenda [J]. R & D Management, 2010, 36 (3): 223−228.

[59] Granger C W J. Investigating causal relations by econometric models and cross−spectral methods [J]. Econometrica, 1969, 37 (3): 424−438.

[60] Greco M, Grimaldi M, Cricelli L. Open innovation actions and innovation performance [J]. European Journal of Innovation Management, 2015, 18 (2): 150−171.

[61] Griffin D, Guedhami O, Kwok C C Y, et al. National culture: the missing country−level determinant of corporate governance [J]. Journal of International Business Studies, 2017, 48 (6): 1−23.

[62] Grover P L, Hewer A, Sims P. Formation of K−region epoxides as microsomal metabolites of pyrene and benzo (a) pyrene [J]. Biochemical Pharmacology, 1972, 21 (20): 2713−2726.

[63] Hambrick D C, Mason P A. Upper echelons: the organization as a reflection of its top managers [J]. Academy of Management Review, 1984, 9 (2): 193−206.

[64] Harris L, Coles A−M, Dickson K. Building innovation networks: issues of strategy and expertise [J]. Technology Analysis Strategic Management Journal, 2000, 12 (2): 229−241.

[65] Haynes K T, Hillman A. The effect of board capital and CEO power on strategic change [J]. Strategic Management Journal, 2010, 31 (11): 1145−1163.

[66] Heckman J J. Sample selection bias as a specification error [J].

Econometrica: Journal of the Econometric Society, 1979, 47 (1): 153−161.

[67] Helfat C E, Quinn J B. Open innovation: The new imperative for creating and profiting from technology by Henry Chesbrough [J]. Journal of Engineering & Technology Management, 2004, 21 (3): 241−244.

[68] Helmers C, Patnam M, Rau P R. Do board interlocks increase innovation? Evidence from a corporate governance reform in India [J]. Journal of Banking & Finance, 2017, 80: 51−70.

[69] Henkel J. Selective revealing in open innovation processes: the case of embedded Linux [J]. Research Policy, 2006, 35 (7): 953−969.

[70] Hillman A J, Dalziel T. Boards of directors and firm performance: integrating agency and resource dependence perspectives [J]. Academy of Management Review, 2003, 28 (3): 383−396.

[71] Hillman A J, Withers M C, Collins B J. Resource dependence theory: a review [J]. Journal of Management, 2009, 35 (6): 1404−1427.

[72] Hirshleifer D, Low A, Teoh S H. Are overconfident CEOs better innovators? [J]. The Journal of Finance, 2012, 67 (4): 1457−1498.

[73] Hoskisson R E, Hitt M A, Johnson R A, et al. Conflicting voices: the effects of institutional ownership heterogeneity and internal governance on corporate innovation strategies [J]. Academy of Management Journal, 2002, 45 (4): 697−716.

[74] Hossain M, Kauranen I. Open innovation in SMEs: a systematic literature review [J]. Journal of Strategy Management Accounting, 2016, 9 (1): 58−73.

[75] Hsu H Y, Liu F H, Tsou H T, et al. Openness of technology adoption, top management support and service innovation: a social innovation perspective [J]. The Journal of Business & Industrial Marketing, 2019, 34 (3): 575−590.

[76] Hu D, Wang Y, Li Y. How does open innovation modify the relationship between environmental regulations and productivity? [J]. Business Strategy and the Environment, 2017, 26 (8): 1132−1143.

[77] Huang S, Chen J, Liang L. How open innovation performance responds

to partner heterogeneity in China [J]. Management Decision, 2018, 56 (1): 26−46.

[78] Janeiro P, Proença I, da Conceição Gonçalves V. Open innovation: Factors explaining universities as service firm innovation sources [J]. Journal of Business Research, 2013, 66 (10): 2017−2023.

[79] Jensen M C, Meckling W H. Theory of the firm: managerial behavior, agency costs and ownership structure [J]. Journal of Financial Economics, 1976, 3 (4): 305−360.

[80] Jeon J, Lee C, Park Y. How to use patent information to search potential technology partners in open innovation [J]. Journal of Intellectual Property Rights, 2011, 16 (5): 385−393.

[81] Jermias J. The effects of corporate governance on the relationship between innovative efforts and performance [J]. European Accounting Review, 2007, 16 (4): 827−854.

[82] Jiang Y, Yang Y, Zhao Y, et al. Partners' centrality diversity and firm innovation performance: evidence from China [J]. Industrial Marketing Management, 2020, 88: 22−34.

[83] Judd C M, Kenny D A. Process analysis: estimating mediation in treatment evaluations [J]. Evaluation Review, 1981, 5 (5): 602−619.

[84] Jugend D, Jabbour C J C, Scaliza J A A, et al. Relationships among open innovation, innovative performance, government support and firm size: comparing Brazilian firms embracing different levels of radicalism in innovation [J]. Technovation, 2018, 74: 54−65.

[85] Kaplan S C, Levinson C A, Rodebaugh T L, et al. Social anxiety and the big five personality traits: the interactive relationship of trust and openness [J]. Cognitive Behaviour Therapy, 2015, 44 (3): 212−222.

[86] Katila R. Using patent data to measure innovation performance [J]. International Journal of Business Performance Management, 2000, 2 (1−3): 180−193.

[87] Kim K − H, Rasheed A A. Board heterogeneity, corporate diversification and firm performance [J]. Journal of Management Research, 2014, 14 (2): 121−132.

[88] Kim Y, Cannella Jr A A. Toward a social capital theory of director

selection [J]. Corporate Governance: An International Review, 2008, 16 (4): 282−293.

[89] Kirsch A. The gender composition of corporate boards: a review and research agenda [J]. The Leadership Quarterly, 2018, 29 (2): 346−364.

[90] Kor Y Y, Sundaramurthy C. Experience−based human capital and social capital of outside directors [J]. Social Science Electronic Publishing, 2009, 35 (4): 981−1006.

[91] Lau A K, Lo W. Regional innovation system, absorptive capacity and innovation performance: an empirical study [J]. Technological Forecasting and Social Change, 2015, 92: 99−114.

[92] Laursen K, Salter A. Open for innovation: the role of openness in explaining innovation performance among UK manufacturing firms [J]. Strategic Management Journal, 2006, 27 (2): 131−150.

[93] Lavie D, Miller S R. Alliance portfolio internationalization and firm performance [J]. Organization Science, 2008, 19 (4): 623−646.

[94] Lazonick W, O'sullivan M. Maximizing shareholder value: a new ideology for corporate governance [J]. Economy and Society, 2000, 29 (1): 13−35.

[95] Lazzarotti V, Manzini R. Different modes of open innovation: a theoretical framework and an emprical study [J]. International Journal of Innovation Management, 2009, 13 (4): 615−636.

[96] Lee S, Park G, Yoon B, et al. Open innovation in SMEs—an intermediated network model [J]. Research Policy, 2010, 39 (2): 290−300.

[97] Leitner K − H. Intellectual capital, innovation, and performance: empirical evidence from SMEs [J]. International Journal of Innovation Management, 2015, 19 (5): 1−38.

[98] Lester R H, Hillman A, Zardkoohi A, et al. Former government officials as outside directors: the role of human and social capital [J]. Academy of Management Journal, 2008, 51 (5): 999−1013.

[99] Lhuillery S, Pfister E. R&D cooperation and failures in innovation projects: empirical evidence from French CIS data [J]. Research Policy,

2009, 38 (1): 45-57.

[100] Li - Ying J, Wang Y. Find them home or abroad? The relative contribution of international technology in - licensing to "indigenous innovation" in China [J]. Long Range Planning, 2015, 48 (3): 123-134.

[101] Li J, Zhao F, Chen S, et al. Gender diversity on boards and firms' environmental policy [J]. Business Strategy and the Environment, 2017, 26 (3): 306-315.

[102] Li M, Yang J. Effects of CEO duality and tenure on innovation [J]. Journal of Strategy and Management, 2019, 12 (4): 536-552.

[103] Lichtenthaler U, Ernst H. External technology commercialization in large firms: results of a quantitative benchmarking study [J]. R & D Management, 2010, 37 (5): 383-397.

[104] Lu J, Wei W. Managerial conservatism, board independence and corporate innovation [J]. Social Science Electronic Publishing, 2017, 48: 1-16.

[105] Lyu Y, He B, Zhu Y, et al. Network embeddedness and inbound open innovation practice: the moderating role of technology cluster [J]. Technological Forecasting and Social Change, 2019, 144: 12-24.

[106] Maddala G S W, Shaowen. A comparative study of unit root tests with panel data and a new simple test [J]. Oxford Bulletin of Economics statistics (New York), 1999, 61 (S1): 631-652.

[107] Mansfield E R, Helms B P J T A S. Detecting multicollinearity [J]. The American Statistician, 1982, 36 (3): 158-160.

[108] Marques J P. Closed versus open innovation: evolution or combination? [J]. International Journal of Business and Management, 2014, 9 (3): 196-203.

[109] Mazzola E, Bruccoleri M, Perrone G. The effect of inbound, outbound and coupled innovation on performance [J]. International Journal of Innovation Management, 2012, 16 (6): 1-28.

[110] Mention A - L. Intellectual capital, innovation and performance: a systematic review of the literature [J]. Business and Economic Research, 2012, 2 (1): 1-37.

［111］ Miller S R, Lavie D, Delios A. International intensity, diversity, and distance: unpacking the internationalization－performance relationship ［J］. International Business Review, 2016, 25 (4): 907－920.

［112］ Mladenka P, Matejc. Exploratory and exploitative innovation: the moderating role of partner geographic diversity ［J］. Ekonomska Istraživanja, 2016, 29 (1): 1165 1181.

［113］ Morck R, Shleifer A, Vishny R W. Management ownership and market valuation: an empirical analysis ［J］. Social Science Electronic Publishing, 1988, 20 (88): 293－315.

［114］ Morck R, Wolfenzon D, Yeung B. Corporate governance, economic entrenchment, and growth ［J］. Journal of Economic Literature, 2005, 43 (3): 655－720.

［115］ Mousa F－T, Chowdhury J. Organizational slack effects on innovation: The moderating roles of CEO tenure and compensation ［J］. Journal of Business Economics Management Accounting, 2014, 15 (2): 369 －383.

［116］ Musteen M, Barker L, Baeten L. The influence of CEO tenure and attitude toward change on organizational approaches to innovation ［J］. The Journal of Applied Behavioral Science, 2010, 46 (3): 360－387.

［117］ Muttakin M B, Khan A, Mihret D G. The effect of board capital and CEO power on corporate social responsibility disclosures ［J］. Journal of Business Ethics, 2018, 150 (1): 41－56.

［118］ Naqshbandi M M, Tabche I. The interplay of leadership, absorptive capacity, and organizational learning culture in open innovation: testing a moderated mediation model ［J］. Technological Forecasting and Social Change, 2018, 133: 156－167.

［119］ Nielsen M W, Bloch C W, Schiebinger L. Making gender diversity work for scientific discovery and innovation ［J］. Nature Human Behaviour, 2018, 2 (10): 726－734.

［120］ Ocasio W. Towards an attention－based view of the firm ［J］. Strategic Management Journal, 1997, 18 (S1): 187－206.

［121］ Ortqvist D. Does network board capital matter? A study of innovative performance in strategic SME networks ［J］. Journal of Business

Research, 2010, 63 (3): 265−275.

[122] Pan X, Song M L, Zhang J, et al. Innovation network, technological learning and innovation performance of high−tech cluster enterprises [J]. Journal of Knowledge Management, 2019, 23 (9): 1729−1746.

[123] Parida V, Westerberg M, Frishammar J. Inbound open innovation activities in high − tech SMEs: the impact on innovation performance [J]. Journal of Small Business Management, 2012, 50 (2): 283−309.

[124] Pérez−Calero L, del Mar Villegas M, Barroso C. A framework for board capital [J]. Corporate Governance, 2016, 16 (3): 452−475.

[125] Phillips A. Patents, potential competition, and technical progress [J]. The American Economic Review, 1966, 56 (1/2): 301−310.

[126] Popadic M, cerne M. Exploratory and exploitative innovation: the moderating role of partner geographic diversity [J]. Economic Research−Ekonomska istraživanja, 2016, 29 (1): 1165−1181.

[127] Popadic M, Pucko D, Cerne M. Exploratory innovation, exploitative innovation and innovation performance: the moderating role of alliance partner diversity [J]. Economic and Business Review for Central and South−Eastern Europe, 2016, 18 (3): 293−318.

[128] Popli M, Ladkani R M, Gaur A S. Business group affiliation and post−acquisition performance: an extended resource−based view [J]. Journal of Business Research, 2017, 81 (2): 21−30.

[129] Reguera−Alvarado N, Bravo F. The effect of independent directors' characteristics on firm performance: tenure and multiple directorships [J]. Research in International Business Finance a Úver, 2017, 41: 590−599.

[130] Reguera−Alvarado N, de Fuentes P, Laffarga J. Does board gender diversity influence financial performance? Evidence from Spain [J]. Journal of Business Ethics, 2017, 141 (2): 337−350.

[131] Reichstein T, Salter A. Investigating the sources of process innovation among UK manufacturing firms [J]. Industrial Corporate Change, 2006, 15 (4): 653−682.

[132] Ross S A. The economic theory of agency: the principal's problem [J]. The American Economic Review, 1973, 63 (2): 134−139.

[133] Rouyre A, Fernandez A−S. Managing knowledge sharing−protecting tensions in coupled innovation projects among several competitors [J]. California Management Review, 2019, 62 (1): 95−120.

[134] Rushton M. A note on the use and misuse of the racial diversity index [J]. Policy Studies Journal, 2008, 36 (3): 445−459.

[135] Salehi M, Mahmoudabadi M, Adibian M S, et al. The relationship between managerial entrenchment, earnings management and firm innovation [J]. International Journal of Productivity and Performance Management, 2018, 67 (9): 2089−2107.

[136] Sanchez−Famoso V, Maseda A, Iturralde T. The role of internal social capital in organisational innovation. An empirical study of family firms [J]. European Management Journal, 2014, 32 (6): 950−962.

[137] Sandulli F D, Fernandez−Menendez J, Rodriguez−Duarte A, et al. Testing the schumpeterian hypotheses on an open innovation framework [J]. Social Science Electronic Publishing, 2012, 50 (7): 1222−1232.

[138] Sariol A M, Abebe M A. The influence of CEO power on explorative and exploitative organizational innovation [J]. Journal of Business Research, 2017, 73: 38−45.

[139] Sauerwald S, Lin Z, Peng M W. Board social capital and excess CEO returns [J]. Strategic Management Journal, 2016, 37 (3): 498−520.

[140] Sena V, Duygun M, Lubrano G, et al. Board independence, corruption and innovation. Some evidence on UK subsidiaries [J]. Journal of Corporate Finance, 2018, 50: 22−43.

[141] Shapiro D, Tang Y, Wang M, et al. The effects of corporate governance and ownership on the innovation performance of Chinese SMEs [J]. Journal of Chinese Economic Business Studies, 2015, 13 (4): 311−335.

[142] Shleifer A, Vishny R W. Large shareholders and corporate control [J]. Journal of Political Economy, 1986, 94 (3): 461−488.

[143] Snell S A. Effects of ownership structure and control on corporate

productivity [J]. Academy of Management Journal, 1989, 32 (1): 25—46.

[144] Sobel M E. Asymptotic confidence intervals for indirect effects in structural equation models [J]. Sociological Methodology, 1982, 13 (4): 290—312.

[145] Spithoven A, Clarysse B, Knockaert M. Building absorptive capacity to organise inbound open innovation in traditional industries [J]. Technovation, 2010, 30 (2): 130—141.

[146] Spithoven A, Vanhaverbeke W, Roijakkers N. Open innovation practices in SMEs and large enterprises [J]. Small Business Economics, 2013, 41 (3): 537—562.

[147] Srinivasan R, Wuyts S, Mallapragada G. Corporate board interlocks and new product introductions [J]. Journal of Marketing, 2018, 82 (1): 132—148.

[148] Stuart T E. Interorganizational alliances and the performance of firms: a study of growth and innovation rates in a high — technology industry [J]. Strategic Management Journal, 2015, 21 (8): 791—811.

[149] Tan J, Zhang H, Wang L. Network closure or structural hole? The conditioning effects of network — level social capital on innovation performance [J]. Entrepreneurship Theory and Practice, 2015, 39 (5): 1189—1212.

[150] Tasheva S, Hillman A J. Integrating diversity at different levels: multilevel human capital, social capital, and demographic diversity and their implications for team effectiveness [J]. Academy of Management Review, 2019, 44 (4): 746—765.

[151] Torchia M, Calabrò A, Huse M. Women directors on corporate boards: from tokenism to critical mass [J]. Journal of Business Ethics, 2011, 102 (2): 299—317.

[152] Torkkeli M T, Kock C J, Salmi P A. The "Open Innovation" paradigm: a contingency perspective [J]. Journal of Industrial Engineering Management Accounting, 2009, 2 (1): 176—207.

[153] Tsai W. Knowledge transfer inintraorganizational networks: effects of

network position and absorptive capacity on business unit innovation and performance [J]. Academy of Management Journal, 2001, 44 (5): 996—1004.

[154] Van deVrande V, De Jong J P, Vanhaverbeke W, et al. Open innovation in SMEs: trends, motives and management challenges [J]. Technovation, 2009, 29 (6 7): 423—437.

[155] Walsh J P, Lee Y－N, Nagaoka S. Openness and innovation in the US: collaboration form, idea generation and implementation [J]. Research Policy, 2016, 45 (8): 1660—1671.

[156] Wang C, Hu Q. Knowledge sharing in supply chain networks: effects of collaborative innovation activities and capability on innovation performance [J]. Technovation, 2020, 94: 102010—102013.

[157] Wang C H, Chang C H, Shen G C. The effect of inbound open innovation on firm performance: evidence from high－tech industry [J]. Technological Forecasting & Social Change, 2015, 99: 222—230.

[158] Wang F, Chen J, Wang Y, et al. The effect of R&D novelty and openness decision on firms' catch－up performance: empirical evidence from China [J]. Technovation, 2014, 34 (1): 21—30.

[159] Wang Y, Roijakkers N, Vanhaverbeke W, et al. How Chinese firms employ open innovation to strengthen their innovative performance [J]. International Journal of Technology Management, 2012, 59 (3/4): 235—254.

[160] Wasserman S. Social network analysis methods and applications [J]. Contemporary Sociology, 1995, 91 (435): 219—220.

[161] Wei J, Liu Y. Government support and firm innovation performance: Empirical analysis of 343 innovative enterprises in China [J]. Chinese Management Studies, 2015, 9 (1): 38—55.

[162] Wernerfelt. A resource － based view of the firm [J]. Strategic Management Journal, 1984, 5 (2): 171—180.

[163] West J, Salter A, Vanhaverbeke W, et al. Open innovation: the next decade [J]. Research Policy, 2014, 43 (5): 805—811.

[164] Wheatley K K, Doty D H. Executive compensation as a moderator of

the innovation—performance relationship [J]. Journal of Business & Management, 2010, 16 (1): 89—102.

[165] Wynarczyk P. Open innovation in SMEs: a dynamic approach to modern entrepreneurship in the twenty—first century [J]. Journal of Small Business, 2013, 20 (2): 258—278.

[166] Xu X L, Chen H H, Li Y, et al. The role of equity balance and executive stock ownership in the innovation efficiency of renewable energy enterprises [J]. Journal of Renewable and Sustainable Energy, 2019, 11 (5): 055901—1—055901—11.

[167] Zeng S X, Xie X M, Tam C M J T. Relationship between cooperation networks and innovation performance of SMEs [J]. Technovation, 2010, 30 (3): 181—194.

[168] Zhang G, Tang C. How R & D partner diversity influences innovation performance: an empirical study in the nano — biopharmaceutical field [J]. Scientometrics, 2018, 116 (3): 1487—1512.

[169] Zhou H, Yao Y, Chen H. How does open innovation affect firms' innovative performance: the roles of knowledge attributes and partner opportunism [J]. Chinese Management Studies, 2018, 12 (4): 720—740.

[170] Zona F, Gomez—Mejia L R, Withers M C. Board interlocks and firm performance: toward a combined agency — resource dependence perspective [J]. Journal of Management Studies, 2018, 44 (2): 589—618.

[171] 陈朝月，许治. 企业外部技术获取模式与企业创新绩效之间的关系探究 [J]. 科学学与科学技术管理，2018, 39 (1): 143—153.

[172] 陈劲，吴波. 开放式创新下企业开放度与外部关键资源获取 [J]. 科研管理，2012, 33 (9): 10—21.

[173] 陈小悦，徐晓东. 股权结构、企业绩效与投资者利益保护 [J]. 经济研究，2001 (11): 3—11+94.

[174] 陈钰芬，陈劲. 开放度对企业技术创新绩效的影响 [J]. 科学学研究，2008, 2 (2): 419—426.

[175] 陈钰芬，陈劲. 开放式创新促进创新绩效的机理研究 [J]. 科研管理，2009, 30 (4): 1—9.

[176] 程隆云，岳春苗. 上市公司高管层股权激励绩效的实证分析 [J]. 经济与管理研究，2008（6）：17−22.

[177] 崔小雨，陈春花，苏涛. 高管团队异质性与组织绩效的关系研究：一项 Meta 分析的检验 [J]. 管理评论，2018，30（9）：152−163.

[178] 狄鹤. 技术创新在董事会资本作用于公司绩效过程中的中介传导效应研究 [D]. 长春：吉林大学，2018.

[179] 翟瑞瑞，陈岩，姜鹏飞. 多元技术创新模式与企业创新绩效——基于吸收能力中介机制的研究 [J]. 软科学，2016（2）：44−49.

[180] 方红星，金玉娜. 公司治理，内部控制与非效率投资：理论分析与经验证据 [J]. 会计研究，2013（7）：63−69.

[181] 冯根福，温军. 中国上市公司治理与企业技术创新关系的实证分析 [J]. 中国工业经济，2008（7）：91−101.

[182] 高俊光，陈劲，孙雪薇. 创新开放度对新创小企业创新绩效影响研究 [J]. 科学学研究，2019，37（4）：729−738.

[183] 古家军，胡蓓. TMT 知识结构、职业背景的异质性与企业技术创新绩效关系——基于产业集群内企业的实证研究 [J]. 研究与发展管理，2008，20（2）：32−37.

[184] 顾海峰，卞雨晨. 董事会资本、风险承担与企业创新投入 [J]. 西安交通大学学报（社会科学版），2020，40（6）：13−21.

[185] 郭磊，蔡虹. 基于专利组合分析的中国电信产业技术创新能力研究 [J]. 科学学与科学技术管理，2013（9）：79−87.

[186] 郭尉. 创新开放度对企业创新绩效影响的实证研究 [J]. 科研管理，2016（10）：43−50.

[187] 黄园，陈昆玉. 高管层股权激励对企业技术创新的影响研究——基于深沪 A 股上市公司的面板分析 [J]. 科技管理研究，2012（12）：179−182.

[188] 贾春香，刘艳娇. 公司治理结构对企业创新绩效的影响——基于研发投入的中介作用 [J]. 科学管理研究，2019，37（2）：117−121.

[189] 李博. 董事会资本对企业技术创新的影响研究 [D]. 北京：首都经济贸易大学，2018.

[190] 李晨蕾，柳卸林，朱丽. 国际研发联盟网络结构对企业创新绩效的影响研究——基于社会资本视角 [J]. 科学学与科学技术管理，2017（1）：54−63.

[191] 李连华. 公司治理结构与内部控制的链接与互动 [J]. 会计研究，2005

(2)：20－21.

[192] 李玲，陶厚永. 纵容之手、引导之手与企业自主创新——基于股权性质分组的经验证据 [J]. 南开管理评论，2013，16 (3)：69－79.

[193] 李显君，王巍，刘文超，等. 中国上市汽车公司所有权属性、创新投入与企业绩效的关联研究 [J]. 管理评论，2018，30 (2)：71－82.

[194] 梁杰，谢恩，赵龙峰. 企业与多类型伙伴间的重复合作对研发创新绩效的影响研究 [J]. 科学学与科学技术管理，2020，41 (7)：40－51.

[195] 梁靓. 开放式创新中合作伙伴异质性对创新绩效的影响机制研究 [D]. 杭州：浙江大学，2014.

[196] 林晚发，王雅炯，幸丽霞. 企业定性信息与债券信用评级：基于股权性质的分析 [J]. 中国软科学，2020，352 (4)：128－136.

[197] 刘柏，郭书妍. 董事会人力资本及其异质性与公司绩效 [J]. 管理科学，2017，30 (3)：23－34.

[198] 刘冬颖，王书山，张明亲. 陕西装备制造业集中度对技术创新绩效影响研究 [J]. 科技管理研究，2013，33 (2)：53－53.

[199] 刘凤朝，默佳鑫，马荣康. 高管团队海外背景对企业创新绩效的影响研究 [J]. 管理评论，2017，29 (7)：135－147.

[200] 刘三林，孟凡萍. 技术创新与制度和管理创新的一体化 [J]. 研究与发展管理，2000，12 (5)：17－20.

[201] 刘婷，张海雪. 创新开放度对企业创新绩效的影响：一项 Meta 分析 [J]. 科技进步与对策，2019，36 (8)：93－100.

[202] 刘振，刘博. 股权集中度、管理者薪酬组合与自主创新投资 [J]. 科研管理，2018，39 (12)：95－102.

[203] 隆云滔，裴瑞敏，杨国梁. 电子及通信设备制造业区域创新绩效演化研究 [J]. 科技管理研究，2018，38 (16)：162－168.

[204] 吕峻. 股权性质、管理层激励和过度投资 [J]. 经济管理，2019，41 (9)：160－174.

[205] 马连福，冯慧群. 董事会资本对公司治理水平的影响效应研究 [J]. 南开管理评论，2014 (2)：46－55.

[206] 马宁，官建成. 影响我国工业企业技术创新绩效的关键因素 [J]. 科学学与科学技术管理，2000，22 (3)：16－20.

[207] 马文甲，高良谋. 开放度与创新绩效的关系研究——动态能力的调节作用 [J]. 科研管理，2016，37 (2)：47－54.

[208] 马文甲,张琳琳,巩丽娟. 外向型开放式创新导向与模式的匹配对企业绩效的影响 [J]. 中国软科学,2020 (2):167-173.

[209] 马艳艳,刘凤朝,姜滨滨,等. 企业跨组织研发合作广度和深度对创新绩效的影响——基于中国工业企业数据的实证 [J]. 科研管理,2014 (6):33-40.

[210] 彭华涛,Sadowski B. 开放式创新网络形成及演化的探索性案例研究 [J]. 科研管理,2014,35 (8):51-58.

[211] 曲亮,任国良. 高管政治关系对国有企业绩效的影响——兼论国有企业去行政化改革 [J]. 经济管理,2012 (1):50-59.

[212] 邵云飞,欧阳青燕,孙雷. 社会网络分析方法及其在创新研究中的运用 [J]. 管理学报,2009,6 (9):1188-1193.

[213] 孙慧,杨王伟. 高管激励,创新投入与创新绩效——基于高管"双元"资本的调节效应 [J]. 科技管理研究,2019,39 (10):16-23.

[214] 汪蕾,蔡云,陈鸿鹰. 企业社会网络对创新绩效的作用机制研究——基于浙江的实证 [J]. 科技管理研究,2011 (14):59-64.

[215] 王昌林,蒲勇健. 公司治理、技术创新路径与产业专业化 [J]. 管理工程学报,2005,19 (3):10-14.

[216] 王国顺,杨昆. 社会资本、吸收能力对创新绩效影响的实证研究 [J]. 管理科学,2011,24 (5):23-36.

[217] 王楠. 董事会社会资本、CEO权力与企业研发投资的关系研究——来自创业板上市公司的经验证据 [J]. 科研管理,2019,40 (5):244-253.

[218] 王沈娜. 上市公司董事的海外经历对公司绩效的影响研究 [D]. 成都:西南财经大学,2016.

[219] 王涛. 新产品合作研发战略与创业型企业创新绩效研究 [J]. 山东大学学报 (哲学社会科学版),2012 (3):60-66.

[220] 王永明,宋艳伟. 独立董事对上市公司技术创新投资的影响研究 [J]. 科学管理研究,2010,28 (5):94-97.

[221] 魏锋,刘星. 国有企业内部治理机制对企业技术创新的影响 [J]. 重庆大学学报 (自然科学版),2004,27 (3):143-147.

[222] 温忠麟,侯杰泰,张雷. 调节效应与中介效应的比较和应用 [J]. 心理学报,2005,37 (2):268-274.

[223] 温忠麟,张雷,侯杰泰,等. 中介效应检验程序及其应用 [J]. 心理学

报，2004，36（5）：614-620.

[224] 吴航，陈劲，郑小勇. 新兴经济体中企业国际多样化与创新绩效：所有权结构的调节效应 [J]. 科研管理，2014（11）：77-83.

[225] 吴敬琏. 建立有效的公司治理结构 [J]. 天津社会科学，1996（1）：16-18.

[226] 吴闻潭，曹宝明. 股权结构、多元化经营与公司绩效——基于中国粮油加工业上市公司的实证研究 [J]. 现代经济探讨，2018（7）：99-109.

[227] 吴颖宣，施建军. 董事会社会资本、外部环境与企业风险 [J]. 山西财经大学学报，2018，40（8）：82-82.

[228] 武月，崔勋. 董事会职业背景对企业高层管理团队多样性的影响研究 [J]. 管理学报，2019，16（1）：35-44.

[229] 肖梦，邓宏兵，谢伟伟. 中国区域创新发展绩效测度研究 [J]. 科技管理研究，2019，39（14）：1-10.

[230] 徐传谌，唐晓燕. 企业规模与技术创新关系研究综述 [J]. 科技管理研究，2011（8）：139-143.

[231] 徐二明，张晗. 中国上市公司国有股权对技术创新方式的影响 [J]. 经济管理，2008（15）：3-10.

[232] 徐二明，张晗. 中国上市公司国有股权对创新战略选择和绩效的影响研究 [J]. 管理学报，2011（2）：52-59.

[233] 徐莉萍，辛宇，陈工孟. 股权集中度和股权制衡及其对公司经营绩效的影响 [J]. 经济研究，2006（1）：90-100.

[234] 徐向艺，汤业国. 董事会结构与技术创新绩效的关联性研究——来自中国中小上市公司的经验证据 [J]. 经济与管理研究，2013（2）：35-41.

[235] 徐言琨，侯克兴. 科技型企业创新网络结构与创新绩效影响关系研究 [J]. 工业技术经济，2020，39（4）：36-41.

[236] 徐长生，孔令文，倪娟. A股上市公司股权激励的创新激励效应研究 [J]. 科研管理，2018，39（9）：93-101.

[237] 许瑜，冯均科. 内部控制、高管激励与创新绩效——基于内部控制有效性的实证研究 [J]. 软科学，2017，31（2）：79-82.

[238] 闫春，蔡宁. 创新开放度对开放式创新绩效的作用机理 [J]. 科研管理，2014（3）：18-24.

[239] 杨慧军，杨建君. 外部搜寻、联结强度、吸收能力与创新绩效的关系 [J]. 管理科学，2016（3）：24-37.

[240] 杨皖苏，曾媛，杨希. 创新主体差异性，知识资源获取与企业创新绩效 [J]. 郑州大学学报（哲学社会科学版），2019，52（5）：64－70.

[241] 杨勇，达庆利，周勤. 公司治理对企业技术创新投资影响的实证研究 [J]. 科学学与科学技术管理，2007，28（11）：61－65.

[242] 杨治. 高科技公司高管团队专业异质性对企业探索式创新的影响：来自上市公司的实证研究 [J]. 科研管理，2017，38（10）：31－39.

[243] 殷俊杰，邵云飞. 创新搜索和惯例的调节作用下联盟组合伙伴多样性对创新绩效的影响研究 [J]. 管理学报，2017，14（4）：545－553.

[244] 袁信，王国顺. 高科技企业跨国创新网络及风险机制研究 [J]. 软科学，2007（4）：107－110.

[245] 岳鹄，张宗益，朱怀念. 创新主体差异性、双元组织学习与开放式创新绩效 [J]. 管理学报，2018，15（1）：48－56.

[246] 张维今，李凯，王淑梅. CEO 权力的调节作用下董事会资本对公司创新的内在机制影响研究 [J]. 管理评论，2018，30（4）：70－82.

[247] 张妍，魏江. 研发伙伴多样性与创新绩效——研发合作经验的调节效应 [J]. 科学学与科学技术管理，2015，36（11）：103－111.

[248] 张玉娟，汤湘希. 股权结构、高管激励与企业创新——基于不同产权性质 A 股上市公司的数据 [J]. 山西财经大学学报，2018，40（9）：76－93.

[249] 张兆国，曹丹婷，向首任. 制度背景，董事长任期与企业技术创新绩效 [J]. 中国软科学，2017（10）：119－132.

[250] 张子余，袁澍蕾. 生命周期视角下董监高治理机制与企业技术创新 [J]. 软科学，2017，31（6）：96－99.

[251] 张宗益，宋增基. 上市公司股权结构与公司绩效实证研究 [J]. 数量经济技术经济研究，2003，20（1）：128－132.

[252] 赵宇恒，邢丽慧，金世辉. 国有企业政治关联对高管变更的影响——基于企业风险的实证研究 [J]. 当代经济研究，2013（11）：88－92.

[253] 周杰，薛有志. 公司内部治理机制对 R&D 投入的影响——基于总经理持股与董事会结构的实证研究 [J]. 研究与发展管理，2008，20（3）：1－9.

[254] 周立群，刘根节. 由封闭式创新向 开放式创新的转变 [J]. 经济学家，2012，6（6）：53－57.

[255] 朱德胜，周晓珊. 股权制衡，高管持股与企业创新效率 [J]. 南开管理评论，2016，19（3）：136－144.

后　记

2021 年 6 月份，我毕业于四川大学商学院，获得管理学博士学位后，就职于成都大学商学院，研究方向为创业与创新管理。

本书阐明了企业运营的两大重要因素——管理团队与创新之间的关系，揭示了管理团队的人力资本、社会资本引发企业创新与变革的关键作用，明确了企业领导班子人力资本与社会资本多样化搭配对促进企业健康发展的重要性。

本书的完成实属不易。在此，我衷心地向指导、帮助和支持我的老师、同学、家人及朋友表示感谢。有你们的陪伴，才有了我的成长和提升。我尤其要诚挚感谢现在的工作单位——成都大学商学院各位领导的指导与支持。成都大学以建设国内一流的应用型城市大学为发展目标，依托成都市政府及四川省的大力支持，对于专任教师的科研工作给予了非常大的支持力度。良好的科研与教学环境是本书出版的重要保障。

本书的完成当然也离不开现有学者相关研究的启发与支撑，在此一并致以诚挚的敬意。鉴于笔者水平有限，书中疏误难免，恳请读者批评指正。

李丽萍

2023 年 9 月于成都